Wissenschaftliche Beiträge
aus dem Tectum Verlag

Reihe Rechtswissenschaft

Wissenschaftliche Beiträge
aus dem Tectum Verlag

Reihe Rechtswissenschaft
Band 263

Tilmann Warweg

Ungeschriebene Kompetenzen des Aufsichtsrats einer deutschen Aktiengesellschaft

Tectum Verlag

Tilmann Warweg
Ungeschriebene Kompetenzen des Aufsichtsrats einer deutschen Aktiengesellschaft

Wissenschaftliche Beiträge aus dem Tectum Verlag
Reihe: Rechtswissenschaft; Bd. 263

Zugl. Diss.: Universität zu Köln, 2025

ISBN 978-3-68900-478-1
ePDF 978-3-68900-479-8
ISSN 1861-7875

Gesamtverantwortung für Druck und Herstellung:
Nomos Verlagsgesellschaft mbH & Co. KG

Printed in Germany

Besuchen Sie uns im Internet
www.tectum-verlag.de

Bibliografische Informationen der Deutschen Nationalbibliothek
Die Deutsche Nationalbibliothek verzeichnet diese Publikation in der Deutschen Nationalbibliografie; detaillierte bibliografische Angaben sind im Internet über http://dnb.d-nb.de abrufbar.

Meinen Eltern

Vorwort

Die vorliegende Arbeit wurde im Sommersemester 2025 von der rechtswissenschaftlichen Fakultät der Universität zu Köln als Dissertation angenommen. Rechtsprechung und Literatur konnten bis Anfang August 2025 berücksichtigt werden.

Mein besonderer Dank gilt zunächst meinem Doktorvater Herrn Prof. Dr. *Martin Henssler*, für die hervorragende Betreuung und seinen stets wertvollen fachlichen Rat. Daneben gilt mein herzlicher Dank Herrn Prof. Dr. *Jens Koch* für die zügige Anfertigung des umfangreichen Zweitgutachtens.

Darüber hinaus danke ich Herrn Dr. *Christian Deckenbrock*, der seit Beginn meines Studiums bis zum Abschluss dieser Arbeit ein freundschaftlich vertrauter Ansprechpartner für mich war und mir während dieser gesamten Zeit unterstützend zur Seite stand.

Besonders danken möchte ich schließlich meiner Freundin *Rosa*, die stets und in allen Lebenslagen für mich da ist, und meinen Eltern, ohne deren bedingungslose Unterstützung die Erstellung dieser Arbeit nicht möglich gewesen wäre. Ihnen ist die Arbeit in Dankbarkeit gewidmet.

London, im September 2025 *Tilmann Warweg*

Inhalt

1. Teil: Der Aufsichtsrat im Corporate Governance-System

A. Einführung

I. Problemaufriss

Die Anforderungen an die Tätigkeit des Aufsichtsrats[1] in einer deutschen Aktiengesellschaft (AG) haben sich in den vergangenen Jahren grundlegend verändert und sind in einigen Bereichen enorm angewachsen.[2] Diese Entwicklung ist zwar nicht ausschließlich, aber insbesondere bei der börsennotierten AG zu beobachten.[3] So ist als globale Entwicklung zu sehen, dass sich das Aufgabenfeld des Aufsichtsrats über die zu früherer Zeit im Vordergrund stehende nachträgliche Kontrolle der Geschäftsführung hinaus entwickelt hat.[4] Inzwischen zählt auch die präventive, in die Zukunft blickende Kontrolle des Vorstands[5] in Form einer strategischen Beratung über die zukünftige Ausrichtung der Gesellschaft zu den anerkannten Aufgaben des Aufsichtsrats.[6] Dies führt dazu, dass der

1 Mit dem Begriff „Aufsichtsrat" ist das Kollektivorgan der Aktiengesellschaft gemeint. Geht es hingegen um die einzelnen Mitglieder dieses Organs, werden diese klarstellend als „Aufsichtsratsmitglied" bezeichnet.

2 Arbeitskreis Recht des Aufsichtsrats, NZG 2021, 477 (477).

3 Arbeitskreis Recht des Aufsichtsrats, NZG 2021, 477 (477).

4 BGH, Urteil v. 25.3.1991 – II ZR 188/89, BGHZ 114, 127 (130); *Henssler* in: Henssler/Strohn, § 111 AktG, Rn. 1; *Arbeitskreis Recht des Aufsichtsrats*, NZG 2021, 477 (477).

5 Ebenso wie beim Begriff des „Aufsichtsrats" bezeichnet der Terminus „Vorstand" das Kollektivorgan. Sind einzelnen Mitglieder dieses Organs gemeint, werden diese als „Vorstandsmitglied" bezeichnet.

6 BGH, Urteil v. 25.3.1991 – II ZR 188/89, BGHZ 114, 127 (130); *Henssler* in: Henssler/Strohn, § 111 AktG, Rn. 1; *Arbeitskreis Recht des Aufsichtsrats*, NZG 2021, 477 (477).

Anschein erweckt wird, dass dem Aufsichtsrat in der heutigen Zeit teilweise eine fast schon mitunternehmerische Funktion zugesprochen wird.[7]

In der praktischen Arbeit des Aufsichtsrats wirkt sich diese Wandlung in der Form aus, dass er entgegen seiner ursprünglichen Konzeption als reines Innenorgan[8] nicht mehr ausschließlich als ein solches angesehen wird.[9] Diskussionen über die Zulässigkeit der Beantwortung von Fragen im Rahmen der Hauptversammlung oder einer zulässigen Außenkommunikation durch den Aufsichtsrat zeigen nur beispielhaft auf, dass der Aufsichtsrat in verschiedenen Bereichen seiner angedachten Rolle als Kontrollgremium entwachsen zu sein scheint.[10] Diese Entwicklung ergibt sich aus den Tendenzen des Gesetzgebers und des Rechtsanwenders, den Aufsichtsrat in immer mehr Aufgaben mit einzubeziehen, bei denen es sich um Geschäftsleitungsaufgaben handelt. In den Augen *Eberhardt Vetters* führt diese Rechtsentwicklung zu einer Änderung in der aktienrechtlichen Kompetenzordnung.[11] Für eine solche veränderte Wahrnehmung der Aufgaben des Aufsichtsrats innerhalb der Corporate Governance der AG lassen sich zahlreiche weitere Beispiele anbringen. So wurde der Aufsichtsrat vom Bundesgerichtshof dazu verpflichtet, mit dem Vorstand über die Strategie des Unternehmens zu beraten und somit Einfluss auf die strategische Entwicklung des Unternehmens zu nehmen.[12] Darüber hinaus hat eine verstärkte Einbindung des Aufsichtsrats in die Bestellung und Abberufung des Abschlussprüfers stattgefunden. Er wählt ihn aus und schlägt ihn der Hauptversammlung vor. Des Weiteren schließt er den Vertrag mit dem Abschlussprüfer selbst ab und legt das zu prüfende Programm fest.[13] Insgesamt ist also vor allem bei den großen börsennotierten AGs

7 So bezeichnet etwa *E. Vetter* in FS Westermann 2008, S. 1589 (1594f.) den Aufsichtsrat als „Mitunternehmer".

8 *Lutter/Krieger/Verse*, Rechte und Pflichten des Aufsichtsrats, § 1, Rn. 40.

9 Vgl. nur: *Habersack* in: MüKoAktG, § 111 AktG, Rn. 13f.; *Leyendecker-Langner*, NZG 2015, 44 (44).

10 Vgl. nur: *Hoffmann-Becking* in: MünchHdB GesR IV, § 29, Rn. 18; *Leyendecker-Langner*, NZG 2015, 44 (44); *J. Vetter* in: FS E. Vetter, 2019, S. 833 (836ff.); *Drinhausen/Marsch-Barner*, AG 2014, 337 (349f.); *Roth*, ZGR 2012, 343 (368).

11 So seine Ausführungen in *E. Vetter* in: FS Westermann 2008, S. 1589 (1594f.).

12 BGH, Urteil v. 25.3.1991 – II ZR 188/89, BGHZ 114, 127 (130).

13 § 111 II 3 AktG; Eine ausführlichere Darstellung hinsichtlich der Zusammenarbeit des

eine Professionalisierung und stärkere Einbindung des Aufsichtsrats in die Belange der Gesellschaft zu beobachten, welche eine klare Einordnung des Aufsichtsrats im Gefüge der AG erforderlich machen.[14]

Diese Professionalisierung führte dazu, dass die Anforderungen an die Arbeit der Aufsichtsräte über seine klassische Funktion als Kontrollorgan des Vorstands hinaus in den letzten Jahren stark angestiegen sind. Der Gesetzgeber hat die Auseinandersetzung mit diesen in der Praxis gestiegenen Anforderungen jedoch weitestgehend dem Deutschen Corporate Governance Kodex[15] überlassen.[16] Daher haben sich die in der Praxis etablierten Standards teilweise von den geltenden gesetzlichen Vorschriften entfernt.[17] Wesentliche Fragen zum Aufsichtsrat, auch zu der Rolle des Vorsitzenden innerhalb des Kompetenzgefüges des Gremiums Aufsichtsrat, finden somit im Gesetz entweder keinerlei Beantwortung oder werden lediglich ansatzweise behandelt.[18] Der Rechtsanwender steht daher vor der Frage, welche Kompetenzen dem Aufsichtsrat *de lege lata* zufallen.

Das Auseinanderdriften zwischen etablierten Rechtsvorschriften und der Rechtswirklichkeit im deutschen Aktienrecht ist auch in der Vergangenheit zu beobachten gewesen. So waren die Anknüpfungspunkte für die Aktienrechtsreformen in den Jahren 1937 sowie 1965 keine von Rechtstheoretikern in Gang gesetzten Entwicklungen, sondern in weiten Teilen eine gesetzliche Nachjustierung von in der Rechtspraxis längst etablierten Standards.[19] Freilich lässt sich von der Vergangenheit nicht unmittelbar auf die Gegenwart schließen. Es lässt aber erkennen, dass das Aktiengesetz bereits in der Vergangenheit Raum für Entwicklungen in der Anwendungspraxis gelassen hat. Bei überbordender Entfremdung von gesetzlichem Leitbild und Rechtswirklichkeit ist der Gesetzgeber sodann tätig geworden. In der Konsequenz sind Einzelfragen rund um die Kompe-

---

Aufsichtsrats mit dem Abschlussprüfer und dessen Bestellung *E. Vetter* in: Fleischer/Koch/Kropff/Lutter, 50 Jahre Aktiengesetz, ZGR-Sonderheft 19, S. 103 (125ff.).

14 So *VCI-Fachausschuss*, NZG 2022, 156 (156).

15 Nachfolgend „DCGK".

16 Arbeitskreis Recht des Aufsichtsrats, NZG 2021, 477 (477).

17 Arbeitskreis Recht des Aufsichtsrats, NZG 2021, 477 (477).

18 Arbeitskreis Recht des Aufsichtsrats, NZG 2021, 477 (477).

19 Vgl. *Ulmer*, Der Einfluß des Mitbestimmungsgesetzes auf die Struktur von AG und GmbH, S. 13.

tenzerweiterung des Aufsichtsrats, und damit eine Fortentwicklung der Rechtsanwendungspraxis, weiterhin Gegenstand eines kontroversen wissenschaftlichen Diskurses.[20]

Vor dem Hintergrund der äußerst hohen praktischen Relevanz der dargestellten Fragestellungen ergibt sich aus dem daraus resultierenden Bedürfnis einer grundlegenden und umfassenden Aufarbeitung ebenjener Fragen der Anlass für dieses Dissertationsvorhaben. Anknüpfend an den gegenwärtigen Forschungsstand sollen für die Praxis bedeutende Einzelfragen in Bezug auf ungeschriebene Kompetenzen des Aufsichtsrats zunächst analysiert und sodann bewertet werden, um auf diese Weise den Versuch zu unternehmen, die verschiedenen offenen Fragestellungen in ein dogmatisches Gesamtkonzept einzuordnen und dadurch einen Beitrag zum Diskurs über die Reichweite der Kompetenzen des Aufsichtsrats *de lege lata* zu leisten. Es bleibt zu beleuchten, in welchem Rahmen die aktuellen gesetzlichen Leitlinien Kompetenzerweiterungen des Aufsichtsrats zulassen oder ob die Rechtswirklichkeit dem Gesetzgeber bereits enteilt ist.

Die Kompetenzen des Aufsichtsrats, insbesondere in Bezug auf die Wahrnehmung von Geschäftsführungsaufgaben, muss stets im Lichte von §§76 Abs. 1, 111 Abs. 4 AktG beleuchtet werden, wonach die Wahrnehmung von Geschäftsführungsmaßnahmen grundsätzlich dem Vorstand obliegt. Beobachtet man also in der Rechtspraxis eine Ausdehnung der Kompetenzen des Aufsichtsrats, so muss man stets berücksichtigen, dass dies auf der anderen Seite mittelbar zu einer Begrenzung des Verantwortungsbereichs des Vorstands führt. Aus diesem Grund bleibt die Frage offen, in welchem Bereich Kompetenzen durch den Aufsichtsrat wahrgenommen werden dürfen, ohne dass dadurch gegen das aktienrechtliche Trennungsprinzip verstoßen wird. Grundlage dafür wird sein, dass das Aktiengesetz entsprechende Themenfelder nicht ausdrücklich regelt und der Aufsichtsrat diese sinnvollerweise ausfüllen kann. An dieser Stelle ist zu erörtern, ob für den Aufsichtsrat bei einer Erweiterung der durch ihn wahrzunehmenden Kompetenzen an bestehende rechtliche Vorschriften angeknüpft werden kann, welche als normative Grundlage dienen können.

20 *J. Vetter* in: FS E. Vetter, 2019, S. 833 (834f.).

Die Frage nach dem „Ob“ der Ausdehnung des Kompetenzbereichs des Aufsichtsrats mündet unmittelbar in der Folgefrage, wie diese Befugnisse inhaltlich ausgestaltet werden können. Führt man sich nämlich den Fall vor Augen, dass der Aufsichtsrat mit Investoren in den Dialog eintritt, sollte er dies ausschließlich auf Basis einer ausreichenden Informationsgrundlage tun. Dabei ist es für den Aufsichtsrat von großer Bedeutung, wie er diese Informationsgrundlage schaffen kann. In welchem Umfang ist er insoweit vom Vorstand über dessen Berichte an den Aufsichtsrat abhängig (§ 90 Abs. 1 AktG)? In welchem Ausmaß hat er über § 111 Abs. 2 S. 2 AktG die Möglichkeit, in eigener Initiative an Informationen innerhalb der Gesellschaft zu gelangen? Erweitert sich durch die Professionalisierung des Aufsichtsrats auch der zulässige Rahmen der selbstständigen Informationsbeschaffung über § 111 Abs. 2 S. 2 AktG, da die Entscheidungen des Aufsichtsrats komplexer werden und sich dadurch sein Informationsbedürfnis verschiebt? Darüber hinaus wirkt sich eine Stärkung der Kompetenzen des Aufsichtsrats auch auf dessen Haftungsrisiko aus. Sollte der Aufsichtsrat daher ebenso wie der Vorstand die Möglichkeit nach § 119 Abs. 2 AktG haben, Fragen der Geschäftsführung der Hauptversammlung vorzulegen? All diese Fragen sind eng miteinander verzahnt und deren Beantwortung hängt voneinander ab. Es gilt aufzuzeigen, wie sich die Positionierung des Aufsichtsrats in der modernen AG unter den gelten Vorschriften auf diese Problemfelder auswirkt.[21]

II. Zielsetzung der Untersuchung

Obwohl bereits einige der Untersuchungsgegenstände vereinzelt oder mehrfach Gegenstand juristischer Auseinandersetzungen in verschiedenen Formen waren,[22] rechtfertigt die fortdauernde Diskussion über die Stellung des Aufsichtsrats in der deutschen AG eine tiefergehende Aus-

21 So *VCI-Fachausschuss*, NZG 2022, 156 (156).

22 So etwa *Schauer* in einer umfassenden Monographie zur zulässigen Kommunikation des Aufsichtsrats mit Investoren oder *Hoffmann-Becking* zum Recht des Aufsichtsrats zur Prüfung durch Sachverständige.

einandersetzung mit den Rechten des Aufsichtsrats.[23] Insbesondere die Kommunikation des Aufsichtsrats mit Investoren wurde in der jüngeren Vergangenheit bereits tiefgreifend auch in juristischen Dissertationen behandelt.[24] Darauf soll in dieser Arbeit aufgebaut werden. Die dort bereits gewonnenen Erkenntnisse sollen gemeinsam mit den in dieser Arbeit neu erarbeiteten Untersuchungsergebnissen verknüpft und in einen Zusammenhang gebracht werden.

III. Begrenzung des Untersuchungsgegenstands

Zunächst ergibt sich eine Begrenzung des Untersuchungsgegenstands bereits aus dem Titel der Arbeit. Es handelt sich um eine aktienrechtliche Arbeit, die sich auf börsennotierte Gesellschaften konzentriert. Folglich werden weder die Gesellschaft mit beschränkter Haftung (GmbH) noch die Societas Europaea (SE) in dieser Arbeit behandelt. Die thematische Eingrenzung auf die AG begründet sich darin, dass, ungeachtet des Bedeutungsverlusts der AG, von den 40 größten im Deutschen Leitindex[25] gelisteten Unternehmen weiterhin über die Hälfte in dieser Rechtsform organisiert sind.[26] Die hohe praktische Relevanz dieser Rechtsform für die größten deutschen Unternehmen liegt somit auf der Hand. Es werden dabei die Kompetenzen und Befugnisse des Aufsichtsrats untersucht. Der Aufsichtsrat steht daher auch im Zentrum der Arbeit.[27] Ebenfalls bereits aus

---

23 Zur fortdauernden Relevanz siehe nur eine Auswahl jüngster Veröffentlichungen zur Rolle des Aufsichtsrats, *Arbeitskreis Recht des Aufsichtsrats*, NZG 2021, 477; *Arbeitsgruppe des VCI-Fachausschusses Unternehmensrecht*, NZG 2022; *Initiative „Developing Shareholder Communication“*, AG 2016, R300.

24 Sehr umfangreiche Aufarbeitungen dazu finden sich in den Dissertationen von *Knorr*, Kapitalmarktkommunikation durch den Aufsichtsrat einer AG, 2021, sowie von *Schauer*, Aufsichtsratskommunikation, 2021.

25 Kurz: „Dax“.

26 https://www.dgwz.de/verzeichnisse/dax-40-unternehmen (abgerufen am 5.9.2025).

27 Behandelt man die Kompetenzen des Aufsichtsrats, so sind an unterschiedlichen Stellen aufgrund der Verzahnung der Organe untereinander Ausführungen auch zu der Hauptversammlung und dem Vorstand unerlässlich. Eine umfangreiche Darstellung der Kompetenzen und Merkmale dieser weiteren Organe würde den Rahmen dieser Arbeit überdehnen. Daher finden solche Ausführungen in dieser Arbeit lediglich punk-

dem Titel dieser Arbeit ergibt sich, dass keine abschließende Darstellung der Rechte und Pflichten des Aufsichtsrats angestrebt wird. Stattdessen konzentrieren sich die Darstellungen auf ausgewählte Kompetenzen des Aufsichtsrats, die jeweils zwar normative Anknüpfungspunkte haben, deren rechtliche Zuordnung zum Kompetenzbereich des Aufsichtsrats sowie deren konkrete rechtliche Ausgestaltung aber gleichwohl umstritten sind und in Literatur und Rechtsprechung kontrovers diskutiert werden. Im Umfang beschränkt sich die Arbeit bei der Auswahl der zu erörternden (potentiellen) Kompetenzbereiche des Aufsichtsrats auf insgesamt vier aus der Praxis bekannte Themenbereiche, deren Erörterung für die praktische Arbeit des Aufsichtsrats und seiner Mitglieder von besonderer Relevanz ist. Diese Arbeit ist nicht rechtsvergleichend ausgelegt. Eine Gegenüberstellung des Aufsichtsrats in der deutschen AG zu der Rolle des Aufsichtsrats in ausländischen Rechtsordnungen, insbesondere anglo-amerikanischen Rechtssystemen, in denen aufgrund der Etablierung eines sog. *One-Tier Board Systems*[28] keine strikte Trennung zwischen Geschäftsführungs- und Kontrollorgan existiert, erfolgt daher nicht.

IV. Gang der Untersuchung

Die vorliegende Arbeit gliedert sich in *drei Teile*. Zu Beginn der Untersuchung im *ersten Teil* erfolgt eine knapp gehaltene Einführung in den Rechts- und Pflichtenkreis der Organe der AG. Es werden die Grundlagen der dualistischen Organisationsverfassung anhand der Trennung von Geschäftsführung und Überwachung aufgezeigt. Dabei konzentriert sich die Darstellung insbesondere auf den Kompetenzbereich des Aufsichtsrats auf der einen sowie den des Vorstands auf der anderen Seite, um deren jeweilige Wirkungskreise innerhalb der Verfassung der AG zu

tuell an denjenigen Stellen Platz, an denen sie zum Verständnis der Erläuterungen zum Aufsichtsrat erforderlich erscheinen.

28 Siehe ausführlich zum monistischen System in ausländischen Rechtsordnungen *Eberspächer* in: BeckOGK-AktG, SE-VO Art. 38, Rn. 5.

umreißen. Diese Zuordnung soll strikt anhand der gesetzlich normierten Organisationsverfassung[29] der AG erfolgen.

Darauffolgend wird näher auf die Vorschrift des § 111 Abs. 4 S. 1 AktG eingegangen und untersucht, wie sich der Regelungsgehalt dieser Vorschrift mit der Wahrnehmung von Geschäftsführungsaufgaben durch den Aufsichtsrat vereinbaren lässt. In diesem Zusammenhang beleuchtet die Arbeit verschiedene gesetzlich normierte Kompetenzen des Aufsichtsrats, über welche er nach außen gerichtete Aufgaben für die Gesellschaft wahrnimmt.

Zum Abschluss des ersten Teils widmet sich die Darstellung der Aufgabenwahrnehmung durch den Aufsichtsrat als Kollegialorgan. Dies umfasst die zulässige Delegation von Befugnissen und Aufgaben auf Ausschüsse oder den Aufsichtsratsvorsitzenden. In diesem Zusammenhang wird die Rolle des Aufsichtsratsvorsitzenden innerhalb des Organs Aufsichtsrat tiefergehend dargestellt.

Der *zweite Teil* befasst sich als Hauptteil mit den ungeschriebenen Kompetenzen des Aufsichtsrats. In kleinteiligen Untersuchungsschritten wird herausgearbeitet, inwieweit der Aufsichtsrat über die gesetzlich normierten Aufgaben hinaus Rechte und Pflichten für die Gesellschaft im Außenverhältnis in zulässiger Weise wahrnehmen darf. Dafür werden vier verschiedene Themenfelder, welche sich bei Diskussionen um die zulässige Reichweite der Aufsichtsratsarbeit besonders hervorgetan haben, in den Fokus gerückt. Zunächst wird die rechtliche Grundlage für die Beantwortung von Fragen in der Hauptversammlung durch den Aufsichtsrat untersucht. Als Teil dieser Fragestellung wird beleuchtet, ob über eine Berechtigung des Aufsichtsrats zur Beantwortung von Aktionärsfragen hinaus ihn in Einzelfällen sogar eine Pflicht zur Beantwortung solcher Fragen treffen kann.

Daneben wird das bereits in der Vergangenheit kontrovers diskutierte Themenfeld der aufsichtsratsgeführten Investorenkommunikation erörtert und untersucht, inwiefern ein solcher Dialog zwischen Investor

29 Die Verfassung der AG stellt ihre innere Ordnung dar. Von ihr darf im Wesentlichen nicht abgerückt werden, so dass durch das Gesetz festgelegt wird, welche Organe eine AG hat, welche Kompetenzen diese jeweiligen Organe haben und wie deren Zuständigkeiten voneinander abzugrenzen sind, vgl. *Spindler* in: MüKoAktG, Vor § 76, Rn. 1.

und Aufsichtsrat im Rahmen der geltenden Bestimmungen zulässig ist. Der Fokus der Untersuchung liegt darauf, welche konkreten Themenfelder zulässiger Gegenstand eines Dialogs zwischen Investor und Aufsichtsrat sein können. Im Anschluss wird der Frage nachgegangen, ob auch der Aufsichtsrat der Hauptversammlung Fragen der Geschäftsführung nach § 119 Abs. 2 AktG analog vorlegen kann. Dafür werden zunächst die rechtlichen Voraussetzungen für eine analoge Anwendung der Vorschrift geprüft und im Anschluss der konkrete Umfang eines Vorlagerechts des Aufsichtsrats dargestellt.

Das Recht des Aufsichtsrats zur Beauftragung eines Sachverständigen nach § 111 Abs. 2 S. 2 AktG bildet einen weiteren, in diesem Teil behandelten Themenkomplex. Neben dem Rangverhältnis zwischen der durch den Vorstand erfolgenden Information und der Selbstinformation des Aufsichtsrats stellt insbesondere die Frage nach der zulässigen Befragung von Mitarbeitern durch den Aufsichtsrat beziehungsweise einen von diesem beauftragten Sachverständigen als Bestandteil der Rechte des Aufsichtsrats im Rahmen von § 111 Abs. 2 S. 2 AktG einen wesentlichen Prüfabschnitt dieses Teils der Arbeit dar.

Eine zusammenfassende Darstellung der wesentlichen Untersuchungsergebnisse in Thesenform rundet die Arbeit im *dritten Teil* ab.

B. Zwingende Organtrias der deutschen AG

Die Verfassung der AG ist im vierten Teil des Aktiengesetzes in den Vorschriften der §§ 76 ff. AktG geregelt und sieht zwingend eine dreigliedrige Organisationsverfassung aus Vorstand, Aufsichtsrat und Hauptversammlung vor.[30] Da sich die aus den Eigentümern der Gesellschaft zusammengesetzte Hauptversammlung als Leitungsorgan für die Führung der Geschäfte bereits aus Koordinationsgründen und zugunsten einer professionellen Unternehmensführung nicht eignet,[31] wurden durch § 76 Abs. 1 AktG die Geschäftsleitungsaufgaben ausdrücklich in den Verantwortungsbereich des Vorstands gelegt. Der Aufsichtsrat als Überwachungsorgan sowie die Hauptversammlung sind hingegen grundlegend von der Geschäftsführung ausgeschlossen.[32] Dem Aufsichtsrat obliegt es als seine Hauptaufgabe, den Vorstand gem. § 111 Abs. 1 AktG bei seinen Geschäftsleitungsaufgaben zu überwachen,[33] während sich die Kompe-

30 *Dauner-Lieb* in: Henssler/Strohn, § 76 AktG, Rn. 1; *Kort* in: GroßKommAktG, § 76 AktG, Rn. 4; *Weber* in: Hölters/Weber, § 76 AktG, Rn. 1; *Koch*, § 76 AktG, Rn. 1; *Fleischer* in: BeckOGK-AktG, § 76 AktG, Rn. 7.

31 *Hoffmann-Becking* in: MünchHdB GesR IV, § 2, Rn. 8; Vgl. auch *Grigoleit* in: GrigoleitAktG, § 76 AktG, Rn. 2, 18, wonach eine etwaige Geschäftsführungskompetenz ohnehin nicht dem Willen der meist passiven Kleinanleger entspräche, auf deren Kapitalbeteiligung die AG in besonderem Maße ausgelegt ist.

32 BGH, Beschluss v. 6.3.1997 – II ZB 4/96, BGHZ 135, 48, 53 f.; BGH, Urteil v. 8.1.2019 – II ZR 364/18, BGHZ 220, 354, Rn. 34; *Spindler* in: MüKoAktG, § 76 AktG, Rn. 1; *Fleischer* in: BeckOGK-AktG, § 76 AktG, Rn. 7; *Fleischer*, ZIP 2003 (1).

33 *Koch*, § 76 AktG, Rn. 6; *Veil* in: BeckOGK-AktG, § 111 Rn. 1. *Lutter/Krieger/Verse*, Rechte und Pflichten des Aufsichtsrats, § 3, Rn. 61; *Hopt/Roth* in: GroßKommAktG, § 111 AktG, Rn. 18.

tenz der Hauptversammlung weitestgehend auf die Beschlussfassung in wichtigen Gesellschaftsangelegenheiten beschränkt (vgl. § 119 AktG).[34]

Durch den Zusatz in der Vorschrift des § 76 Abs. 1 AktG, dass der Vorstand die Unternehmensgeschicke „unter eigener Verantwortung" leite, wird darüber hinaus deutlich, dass er seine Entscheidungen in Bezug auf Geschäftsleitungsfragen weisungsfrei trifft, weshalb er sich weder Weisungen des Aufsichtsrats noch der Hauptversammlung oder einzelner Aktionäre beugen muss.[35] Diese führende Rolle des Vorstands hinsichtlich Geschäftsleitungsaufgaben wird daneben durch die Normen des § 111 Abs. 4 S. 1 AktG[36] und des § 119 Abs. 2 AktG[37] untermauert.[38]

Vor dem dargestellten Hintergrund, dass der Gesetzgeber den Vorstand als alleiniges Geschäftsführungsorgan ansieht, stellt sich die Frage nach (zusätzlichen) ungeschriebenen Kompetenzen des Aufsichtsrats zunächst als Kompetenzfrage in Abgrenzung zu den Aufgaben des Vorstands dar. Welche Kompetenzen fallen in den Bereich des Aufsichtsrats? Ist die Trennlinie zwischen Wahrnehmung von Geschäftsleitungsmaßnahmen und der bloßen Überwachung ebenjener Maßnahmen so trennscharf wie vom Gesetzgeber angenommen? Gibt es Felder, in denen die Kompetenzabgrenzung fließend ist? Führen die Anforderungen, die an den Aufsichtsrat hinsichtlich seiner Überwachungspflicht gestellt werden, im Einzelfall dazu, dass er neben dem Vorstand faktisch Geschäftsführungsmaßnahmen übernimmt?

---

34 *Grigoleit* in: GrigoleitAktG, § 76 AktG, Rn. 2; *Hoffmann-Becking* in: MünchHdB GesR IV, § 2, Rn. 8.

35 *Dauner-Lieb* in: Henssler/Strohn, § 76 AktG, Rn. 8; *Fleischer* in: BeckOGK-AktG, § 76 AktG, Rn. 68; *Koch*, § 76 AktG, Rn. 60.

36 Danach ist es nicht möglich, dem Aufsichtsrat Maßnahmen der Geschäftsführung zu übertragen.

37 Nach dieser Vorschrift kann von der Hauptversammlung über Fragen der Geschäftsführung nur dann entschieden werden, sofern der Vorstand dies verlangt.

38 *Fleischer* in: BeckOGK-AktG, § 76 AktG, Rn. 7; *Fleischer*, ZIP 2003, 1 (1).

C. Gesetzgeberische Einordnung der Rollen des Aufsichtsrats und des Vorstands

Im folgenden Abschnitt konzentriert sich die Darstellung auf die dem Aufsichtsrat durch den Gesetzgeber zugewiesenen Kompetenzen. Denn es gilt darzustellen, welche Rolle der Gesetzgeber dem Aufsichtsrat bei der Konzeption des Aktiengesetzes zugedacht hat und in welcher Form diese Konzeption überhaupt Raum für ungeschriebene Kompetenzen des Aufsichtsrats zulässt.

Die Aufgaben und Kompetenzen des Aufsichtsrats werden im AktG nur unvollständig und nicht abschließend dargestellt.[39] Als zentrale Norm für die Bestimmung der Zuständigkeiten des Aufsichtsrats regelt § 111 AktG die wichtigsten Aufgaben und Rechte des Aufsichtsrats. In § 111 Abs. 1 AktG heißt es: „Der Aufsichtsrat hat die Geschäftsführung zu überwachen." Die Vorschrift dient der Umsetzung des aktienrechtlichen Trennungsprinzips, wonach entsprechend dem dualistischen Grundgedanken des Aktienrechts Geschäftsführung und Überwachung von unterschiedlichen Organen wahrgenommen werden sollen.[40] Der Zweck der Vorschrift besteht darin, die Überwachung des Vorstands (neben anderen zentralen Aufgaben) als wesentliche Aufgabe des Aufsichtsrats herauszustellen und dadurch gleichzeitig den Zuständigkeitsbereich dieses Organs funktional von den Kompetenzen des Vorstands und der Hauptversammlung

39 *E. Vetter* in: Handbuch börsennotierte AG, § 27, Rn. 27.1.

40 *Hopt/Roth* in: GroßKommAktG, § 111 AktG, Rn. 601 ff.; *Drygala* in: Schmidt/Lutter, § 111 AktG, Rn. 1; *Semler* in: FS Lutter, 2000, S. 721.

abzugrenzen.[41] Dies soll die unterschiedlichen Zuständigkeiten der Verfassungsorgane der AG aufzeigen.[42]

Die grundsätzliche Stellung des Aufsichtsrats innerhalb des Kompetenzgefüges der AG kann somit aus der Zuweisung der Überwachungsaufgabe in § 111 Abs. 1 AktG sowie aus den nicht abschließenden Regelungen des § 111 Abs. 2 und 3 AktG hergeleitet werden.[43] Gleichzeitig kann § 111 AktG jedoch nicht als Ankernorm für eine detaillierte Darstellung der Kompetenzen des Aufsichtsrats herangezogen werden, denn die Vorschrift zählt die Aufgaben des Aufsichtsrats bewusst nicht abschließend auf.[44] Der Gesetzgeber hat es weder als umsetzbar noch als zweckmäßig angesehen, jegliche Kompetenzen des Aufsichtsrats in einer Vorschrift zusammenzufassen.[45] Daher hat er sich darauf beschränkt, in § 111 AktG lediglich die bedeutungsvollsten Aufgaben des Aufsichtsrats zu normieren.[46]

Die bewusst offene und nicht abschließende Gestaltung der Rechte und Pflichten des Aufsichtsrats im Aktiengesetz zeigt, dass der Gesetzgeber die Kompetenzzuweisung bei der Reform des Aktiengesetzes 1965 nicht überregulieren wollte. Durch die Verfassung der AG als solche und die Niederschrift wesentlicher Rechte und Pflichten des Aufsichtsrats an unterschiedlichen Stellen im Aktiengesetz hat der Gesetzgeber dennoch eine grundlegende Abgrenzung zwischen den Kompetenzen von Vorstand und Aufsichtsrat geschaffen. Gleichzeitig lässt er durch diese Regelungsform Raum für weitere Kompetenzen des Aufsichtsrats an anderer Stelle.[47] Dadurch ist vom Gesetzgeber im Aktiengesetz der Spielraum für ungeschriebene Kompetenzen des Aufsichtsrats in gewisser Weise ange-

41 *Koch,* § 111 AktG, Rn. 1; *Grigoleit* in: GrigoleitAktG, § 111 Rn. 1; *Hopt/Roth* in: GroßKommAktG, § 111 AktG, Rn. 19; *Habersack* in: MüKoAktG, § 111 AktG, Rn. 1f.; *Drygala* in: Schmidt/Lutter, § 111 AktG, Rn. 1.

42 *Koch,* § 111 AktG, Rn. 1; *Grigoleit* in: GrigoleitAktG, § 111 AktG, Rn. 1; *Hopt/Roth* in: GroßKommAktG, § 111 AktG, Rn. 19; *Habersack* in: MüKoAktG, § 111 AktG, Rn. 1f.; *Drygala* in: Schmidt/Lutter, § 111 AktG, Rn. 1.

43 *Hopt/Roth* in GroßKommAktG, § 111 AktG, Rn. 18; Eine umfassende Darstellung der Aufgaben des Aufsichtsrats: *Lutter*, DB 2009, 775 (776 ff.).

44 BT-Drs. IV/171, S. 143 f.

45 BT-Drs. IV/171, S. 144.

46 BT-Drs. IV/171, S. 144.

47 So ist dem Aufsichtsrat bspw. in § 84 AktG die ebenfalls wichtige Aufgabe der Bestellung und Abberufung des Vorstands zugewiesen.

legt. Lücken in den gesetzgeberischen Regelungen, die an Stellen entstehen, an denen die normierten Regelungen nicht abschließend sind, müssen gefüllt werden. Dies kann anhand der Auslegung der entsprechenden Norm erfolgen. Dabei muss zu jeder Zeit zwingend das aktiengesetzliche Kompetenzgefüge in Form der strikten Aufgabentrennung zwischen den drei Organen die äußerste Grenze der Auslegung sein. Dieses Gefüge darf sich im Ergebnis nicht verschieben. Eine Ausweitung der Kompetenzen des Aufsichtsrats auf der einen Seite darf nicht zu einer Beschneidung der Kompetenzen des Vorstands auf der anderen Seite führen. Lediglich offen gelassene Kompetenzlücken dürfen ausgefüllt werden.

Innerhalb dieser vom Gesetzgeber gesteckten Rahmenbedingungen besteht der Raum für eine Kompetenzerweiterung zugunsten des Aufsichtsrats im Zuge einer stetigen Entwicklung des Aktienrechts.

I. Überwachung als zentrale Aufgabe des Aufsichtsrats

§ 111 Abs. 1 AktG kann als eine Art Generalklausel angesehen werden, die vor allem durch die explizite Zuweisung der Überwachungsaufgabe in den Kompetenzbereich des Aufsichtsrats den aktienrechtlichen Grundgedanken des dualistischen Systems in der deutschen AG widerspiegelt. Danach sind auf der einen Seite die Erfüllung von Geschäftsführungsaufgaben strikt dem Vorstand zugewiesen und durch diesen zu erfüllen, während auf der anderen Seite der Aufsichtsrat als Überwachungsorgan fungiert und die Geschäftsführung kontrolliert.[48] Dieses dualistische System ist für das Aktienrecht zwingend.[49] Gegenstand der Überwachung ist „die Geschäftsführung". Dabei ist zuvörderst zu beachten, dass sich die Überwachung konkret auf die Geschäftsführung und nicht auf die Gesell-

48 *Drygala* in: Schmidt/Lutter, § 111 AktG, Rn. 4; *Hopt/Roth* in: GroßKommAktG, § 111 AktG, Rn. 601 ff.; *Henssler* in: Henssler/Strohn, § 111 AktG, Rn. 2; *Grigoleit* in: GrigoleitAktG, § 111 AktG, Rn. 1. Deutlich wird dies auch durch die Vorschrift des § 111 Abs. 4 S. 1 AktG, die den Aufsichtsrat grundsätzlich von allen Aufgaben der Geschäftsführung ausschließt.

49 *Henssler* in: Henssler/Strohn, § 111 AktG, Rn. 2.

schaft als solche oder ihre Arbeitnehmer bezieht.[50] Die Überwachung der Geschäftsführung ist nicht lediglich ein Recht des Aufsichtsrats, sondern es ist dessen Pflicht, dieser Aufgabe vollumfänglich nachzukommen.[51] Der Begriff der Geschäftsführung ist weit gefasst und lässt somit offen, worin der konkrete Überwachungsgegenstand gesehen werden soll. Er ist zumindest nicht mit dem Begriff der Geschäftsführung in § 77 Abs. 1 AktG gleichzusetzen, da dies bedeuten würde, der Aufsichtsrat hätte jegliche Geschäftsführungsmaßnahmen des Vorstands zu überwachen, wozu er aus Kapazitätsgründen nicht in der Lage wäre.[52]

Aus der historischen Betrachtung der Norm und im Verhältnis zum Wortlaut der aktuellen Fassung ergibt sich, dass der Aufsichtsrat nicht mehr wie bis zum Jahr 1937 nach § 246 HGB aF[53] aufgefordert ist, den Vorstand in „allen Zweigen der Verwaltung“ zu überwachen.[54] Stattdessen stimmt man darin überein, dass die Überwachungsaufgabe des Aufsichtsrats auf Leitungsmaßnahmen des Vorstands, also auf für die Gesellschaft wesentliche Entscheidungen von größerer Tragweite, eingegrenzt wird.[55] Diese Auffassung wird auch vom Normzweck gestützt, wonach der Aufsichtsrat im Rahmen der Überwachung der Geschäftsführung darauf zu achten hat, dass der Vorstand die erforderlichen Mittel zur Mehrung des Vermögens der Gesellschaft wahrnimmt und dabei gleichzeitig

---

50 *Henssler* in: Henssler/Strohn, § 111 AktG, Rn. 2; *Arnold*, ZGR 2014, 76 (85); *Winter* in: FS Hüffer, 2010, S. 1103, 1108.

51 *Drygala* in: Schmidt/Lutter, § 111 AktG, Rn. 6.

52 *Koch*, § 111 AktG, Rn. 2; *Veil* in: BeckOGK-AktG, § 111 AktG, Rn. 9; *Rack*, CB 2017, 59 (61).

53 § 246 Abs. 1 S. 1 HGB in der Fassung vom 10.5.1897: „Der Aufsichtsrat hat die Geschäftsführung der Gesellschaft in allen Zweigen der Verwaltung zu überwachen und sich zu dem Zwecke von dem Gange der Angelegenheiten der Gesellschaft zu unterrichten.“

54 *Koch*, § 111 AktG, Rn. 2; *Lutter/Krieger/Verse*, Rechte und Pflichten des Aufsichtsrats, § 3, Rn. 65.

55 BGH, Urteil v. 4.7.1977 – II ZR 150/75BGHZ 69, 207 (213); *Habersack* in: MüKoAktG, § 111 AktG, Rn. 18; *Grigoleit/Tomasic* in: GrigoleitAktG, § 111 AktG, Rn. 35; *Koch*, § 111 AktG, Rn. 2; *Lutter/Krieger/Verse*, Rechte und Pflichten des Aufsichtsrats, § 3, Rn. 65; *Groß-Bölting/Rabe* in: Hölters/Weber, § 111 AktG, Rn. 12; *Veil* in: BeckOGK-AktG, § 111 AktG, Rn. 10.

Schaden von der Gesellschaft abwendet.[56] Die in § 90 AktG aufgeführten Berichtspflichten des Vorstands gegenüber dem Aufsichtsrat können als Anknüpfungspunkt dafür herangezogen werden, welche Maßnahmen im Besonderen der Überwachung durch den Aufsichtsrat unterliegen sollen.[57]

II. Beratungsaufgabe des Aufsichtsrats

Eine wirksame Überwachung der Geschäftsführung kann sich nicht allein auf in der Vergangenheit liegende und vom Vorstand bereits getätigte Maßnahmen beziehen. Um eine effektive Überwachung der Geschäftsführung zu gewährleisten, hat der Aufsichtsrat darüber hinaus Beratungspflichten in Form einer präventiven, in die Zukunft gerichteten Kontrolle zu erfüllen.[58]

Im Rahmen dieser Beratungstätigkeit soll der Aufsichtsrat dem Vorstand als Diskussionspartner für Fragen hinsichtlich der zukünftigen Unternehmensentwicklung dienen und so bei bedeutenden Unternehmensanliegen in die Entscheidungsfindung einbezogen werden.[59] Dabei erfolgt

56 *Groß-Bölting/Rabe* in: Hölters/Weber, § 111 AktG, Rn. 4.

57 BGH, Urteil v. 25.3.1991 – II ZR 188/89, BGHZ 114, 127 (129f.); *Veil* in: BeckOGK-AktG, § 111 AktG, Rn. 10; *Grigoleit/Tomasic* in: GrigoleitAktG, § 111 AktG, Rn. 35; *Kropff*, NZG 1998, 613 (614).

58 BGH, Urteil v. 25.3.1991 – II ZR 188/89, BGHZ 114, 127 (130f.): Der BGH stellt in diesem wegweisenden Urteil fest, dass sich die Überwachungsaufgabe des Aufsichtsrats nicht lediglich auf eine *ex post*-Kontrolle, sondern darüber hinaus auch auf eine gleichlaufende *ex ante*-Überwachung, mithin eine Beratung des Vorstands, erstrecken soll; so auch: BGH, Urteil v. 21.4.1997 – II ZR 175/95, BGHZ 135, 244 (255); *Hopt/Roth* in: GroßKommAktG, § 111 AktG, Rn. 47; *Hoffmann-Becking* in: MünchHdB GesR IV, § 29, Rn. 51; *Koch*, § 111 AktG, Rn. 40; *Lutter/Krieger/Verse*, Rechte und Pflichten des Aufsichtsrats, § 3, Rn. 103; *Groß-Bölting/Rabe* in: Hölters/Weber, § 111 AktG, Rn. 35; *Mertens/Cahn* in: KölnerKommAktG, § 111 AktG, Rn. 40; Darüber hinaus ergibt sich bereits aus den Gesetzgebungsmaterialien zum Aktiengesetz 1965, dass der Gesetzgeber für den Aufsichtsrat eine Beratungsfunktion vorsieht, die es ihm ermöglicht, bei wichtigen Geschäftsführungsmaßnahmen in Bezug auf die Gesellschaft, beratend auf den Vorstand einzuwirken, siehe BT-Drs. IV/171, S. 121; a. A. *Theisen*, AG 1995, 193 (199).

59 *Grigoleit/Tomasic* in: GrigoleitAktG, § 111 AktG, Rn. 33; *Hoffmann-Becking* in: MünchHdB GesR IV, § 29, Rn. 50.

die Beratung – genauso wie die Überwachung[60] – lediglich in Bezug auf Grundfragen im Zusammenhang mit bedeutenden Leitentscheidungen für die Gesellschaft.[61] Da die Beratung des Vorstands Teil der ohnehin wahrzunehmenden Überwachungsaufgabe ist, ist der Aufsichtsrat zwar verpflichtet, beratend tätig zu werden, jedoch sind seine Meinungsäußerungen und Stellungnahmen in diesem Zusammenhang für den Vorstand rechtlich unverbindlich.[62]

Die Beschränkung der Beratungstätigkeit des Aufsichtsrats auf Leitungsentscheidungen erscheint bei teleologischer Betrachtung und unter Zugrundelegung der dualistischen Organisationsverfassung der AG sinnvoll, ja sogar zwingend. Der Vorstand muss gerade vor einer übergriffigen Wahrnehmung der Beratungsfunktion durch den Vorstand geschützt werden.[63] Andernfalls – nähme man etwa an, der Vorstand könne jegliche Entscheidungen, die die Gesellschaft betreffen, nur im Anschluss an eine Beratung mit dem Aufsichtsrat treffen – wäre er in der Erfüllung der Aufgaben des Tagesgeschäfts nicht nur gehemmt, seine Kompetenzen wären sogar erheblich beschnitten. Der Aufsichtsrat würde in gewisser Weise als oberste Kontrollinstanz der Gesellschaft fungieren, die jegliches Handeln des Vorstands im Vorfeld absegnen müsste. Dies würde weit über die Kompetenzen hinausgehen, die der Gesetzgeber dem Aufsichtsrat für die Wahrnehmung seiner Überwachungsaufgabe zugedacht hat.[64]

Geschäftsführungsbefugnis des Vorstands, § 77 Abs. 1 S. 1 AktG

Die Geschäftsführungsbefugnis nach § 77 Abs. 1 S. 1 AktG liegt allein beim Vorstand.[65] Zwar ergibt sich dies nicht ausdrücklich aus der Vorschrift, es wird dem Wortlaut nach aber vorausgesetzt und weist damit implizit die Kompetenz zur Geschäftsführung dem Vorstand zu.[66] Die Begriffe der Geschäftsführung und der Geschäftsleitung sind nicht iden-

60 Siehe zur Überwachung als Aufgabe des Aufsichtsrats A.II.1.

61 *Grigoleit/Tomasic* in: GrigoleitAktG, § 111 AktG, Rn. 33.

62 *Hoffmann-Becking* in: MünchHdB GesR IV, § 29, Rn. 50f.

63 Vgl. *Hopt/Roth* in: GroßKommAktG, § 111 AktG, Rn. 284.

64 Siehe eine ausführliche Darstellung der Reichweite der Überwachungspflichten des Aufsichtsrats in *Habersack* in: MüKoAktG, § 111 AktG, Rn. 18ff.

65 Dies ergibt sich insbesondere aus den §§ 76 Abs. 1, 78, 82 Abs. 2 AktG, *Spindler* in: MüKoAktG, § 77 AktG, Rn. 5; *Seibt* in: K. Schmidt/Lutter, § 77 AktG, Rn. 1.

66 *Weber* in: Hölters/Weber, § 77 AktG, Rn. 1; *Koch*, § 111 AktG, Rn. 1.

tisch.[67] Sie haben aber eine große Schnittmenge, und in § 76 Abs. 1 AktG wird die Geschäftsleitung als ein Teil des unveräußerlichen Kernbereichs der Geschäftsführung herausgehoben.[68] Geschäftsführung ist damit der weiter gefasste Begriff, der die Geschäftsleitung mit einschließt. Neben der Geschäftsleitung sind auch jegliche sonstigen Maßnahmen, die der Vorstand intern oder im Außenverhältnis gegenüber Dritten wahrnimmt, Teil der Geschäftsführung.[69] Damit umfasst die Geschäftsführung jedwede tatsächliche oder rechtsgeschäftliche Tätigkeit für die AG.[70]

Der Begriff der Geschäftsleitung hebt in konkretisierender Weise die Verantwortlichkeit des Vorstands für die Leitung der AG hervor.[71] Der Vorstand steht im verantwortlichen Zentrum der Gesellschaft und trifft die unternehmerischen Entscheidungen nach eigenem Ermessen.[72] Der Vorstand leitet die Gesellschaft also weisungsfrei, muss sich somit nicht den Weisungen der anderen Organe oder einzelner Aktionäre oder Dritter unterwerfen.[73] Bei der Ermessensausübung richtet der Vorstand die Leitung des Unternehmens an dem Unternehmensinteresse aus.[74] In der Präambel des DCGK 2023 wird das Unternehmensinteresse als „*die Verpflichtung von Vorstand und Aufsichtsrat, im Einklang mit den Prinzipien der sozialen Marktwirtschaft unter Berücksichtigung der Belange der Aktionäre, der Belegschaft und der sonstigen mit dem Unternehmen verbundenen Gruppen (Stakeholder) für den Bestand des Unternehmens und seine nachhaltige Wertschöpfung zu sorgen (Unternehmensinteresse)*“ formuliert.[75]

67 *Spindler* in: MüKoAktG, § 77 AktG, Rn. 5.

68 *Weber* in: Hölters/Weber, § 77 AktG, Rn. 3; *Spindler* in: MüKoAktG, § 76 AktG, Rn. 17.

69 *Weber* in: Hölters/Weber, § 77 AktG, Rn. 3; *Koch*, § 111 AktG, Rn. 3; *Kort* in: GroßKommAktG, § 111 AktG, Rn. 3.

70 *Kort* in: GroßKommAktG, § 77 AktG, Rn. 3; *Fleischer* in: BeckOGK-AktG, § 77 AktG, Rn. 3.

71 *Fleischer* in: BeckOGK-AktG, § 76 AktG, Rn. 4.

72 BGH, Urteil v. 7.3.1994, BGHZ 125, 239 (244); *Fleischer* in: BeckOGK-AktG, § 76 AktG, Rn. 4.

73 Eine Ausnahme von der Weisungsfreiheit liegt vor, wenn der Vorstand nach § 119 Abs. 2 AktG selbst eine Entscheidung der Hauptversammlung über eine Geschäftsführungsmaßnahme veranlasst hat, *Mertens/Cahn* in: KölnerKommAktG, § 76 AktG, Rn. 44; *Dauner-Lieb* in: Henssler/Strohn, § 76 AktG, Rn. 8.

74 *Dauner-Lieb* in: Henssler/Strohn, § 76 AktG, Rn. 10.

75 Siehe Präambel DCGK 2023; Auch die herrschende Meinung in der Literatur sieht für

Die Interessen der Stakeholder müssen also zur Wahrung des Unternehmensinteresses in Einklang gebracht werden, ohne einzelne der genannten Interessen zu bevorzugen.[76] Der Bezugspunkt der Leitungsaufgabe ist das Unternehmen, dessen Rechtsträger die AG ist.[77] Hat die Gesellschaft einen mehrköpfigen Vorstand, so sind die Mitglieder nach dem gesetzlichen Regelfall des § 77 Abs. 1 S. 1 AktG nur gemeinschaftlich zur Vertretung der Gesellschaft befugt (sog. Einstimmigkeitsprinzip).[78] Allerdings ist diese Regelung nicht zwingend, sodass in der praktischen Vorstandsarbeit aus Zweckmäßigkeitserwägungen heraus häufig in der Satzung oder der Geschäftsordnung abweichende Regelungen getroffen werden.[79]

---

die Wahrung des Unternehmensinteresses die Berücksichtigung der Interessen aller Stakeholder als erforderlich an, vgl. nur *Koch*, § 76 AktG, Rn. 73 ff.; *Mertens/Cahn* in: KölnerKommAktG, § 76 AktG, Rn. 15 ff.; *Dauner-Lieb* in: Henssler/Strohn, § 76 AktG, Rn. 10 f.

76 *Dauner-Lieb* in: Henssler/Strohn, § 76 AktG, Rn. 10f.

77 In Abgrenzung ist mit dem Wortlaut der § 76 Abs. 1 AktG „die Gesellschaft“ nicht der personale Zusammenschluss der Gesellschafter gemeint, *Hommelhoff*, Die Konzernleitungspflicht, 1982, 43 f.; *Fleischer* in: BeckOGK-AktG, § 76 AktG, Rn. 5.

78 *Spindler* in: MüKoAktG, § 77 AktG, Rn. 9.

79 Solche Abweichungen vom Grundsatz der Gesamtvertretung sind nach § 78 Abs. 2 und Abs. 3 AktG möglich, *Koch*, § 77 AktG, Rn. 9; *Spindler* in: MüKoAktG, § 77 AktG, Rn. 10.

D. Gesetzlich normierte Einbindung des Aufsichtsrats in die Geschäftsleitung

I. Geschäftsführungsverbot als Leitplanke für ungeschriebene Kompetenzen des Aufsichtsrats, § 111 Abs. 4 S. 1 AktG

Aus dem zuvor Dargestellten ergibt sich unmittelbar die Frage, wie die Wahrnehmung von Geschäftsführungsaufgaben durch den Aufsichtsrat mit dem aktienrechtlichen Trennungsprinzip vereinbar ist. Der Wortlaut von § 111 Abs. 4 S. 1 AktG hebt nämlich ausdrücklich hervor, dass Maßnahmen der Geschäftsführung dem Aufsichtsrat nicht übertragen werden können. Der Aufsichtsrat wird also zunächst grundsätzlich von der Geschäftsführung ausgeschlossen.[80] Der Begriff der Geschäftsführung ist dabei von den Geschäftsführungsbegriffen des § 111 Abs. 1 AktG sowie des § 77 AktG zu unterscheiden.[81]

Die Vorschrift ist eine Ausprägung der Funktionstrennung zwischen dem Geschäftsführungsorgan Vorstand und dem Kontrollorgan Aufsichtsrat.[82] Jedoch handelt es sich dabei nicht um ein absolutes Geschäftsführungsverbot in Bezug auf den Aufsichtsrat. Vielmehr werden dem Aufsichtsrat vom Gesetzgeber diverse originäre Geschäftsführungsaufgaben ausdrücklich zugewiesen, die gesetzlich normierte Ausnahmen von der Vorschrift des § 111 Abs. 4 S. 1 AktG darstellen.[83] Im Sinne eines funktio-

80 *Koch*, § 111 AktG, Rn. 51; *Henssler* in: Henssler/Strohn, § 111 AktG, Rn. 18.

81 *Hopt/Roth* in: GroßKommAktG, §111 AktG, Rn. 604; *Fleischer*, ZIP 2003, 1 (3).

82 *Grigoleit/Tomasic* in: GrigoleitAktG, § 111 Rn. 66.

83 BT-Drs. IV/171, S. 143f.; *Habersack* in: MüKoAktG, § 111 AktG, Rn. 113; *Grigoleit/Tomasic* in: GrigoleitAktG, § 111 AktG, Rn. 66; Eine ausführliche Darstellung der Ge-

nierenden Systems der *Checks and Balances* innerhalb der Gesellschaft wurden diese verschiedenen Kompetenzen des Aufsichtsrats gesetzlich normiert.[84] Zweck der Zuweisung dieser Geschäftsführungsaufgaben soll also sein, dem Aufsichtsrat insbesondere weitere Mittel zur Umsetzung seiner Hauptpflicht – der Überwachung des Vorstands – an die Hand zu gegeben.[85]

Die Vorschrift des § 111 Abs. 4 S. 1 AktG will folglich keinen generellen Ausschluss des Aufsichtsrats von jeglichen Geschäftsführungsmaßnahmen bezwecken. Sie soll vielmehr gewährleisten, dass sich der Aufsichtsrat nicht beliebig weitergehende Kompetenzen selbst zuweisen oder begründen kann.[86] Darüber hinaus lässt der Wortlaut darauf schließen, dass auch der Vorstand keine ihm originär zugewiesenen Aufgaben auf den Aufsichtsrat übertragen können soll.[87] Damit knüpft die Vorschrift an die Wertung des § 76 AktG an, wonach dem Vorstand ein unveräußerlicher Kernbereich an Geschäftsleitungsaufgaben als Teil der Geschäftsführung zusteht.[88]

Könnten unbegrenzt Geschäftsführungsaufgaben auf den Aufsichtsrat übertragen werden, würde das ursprünglich für die Kontrolle zuständige Organ zum ausführenden Organ werden; eine angemessene Überwachung solcher Geschäftsführungsmaßnahmen wäre sodann nicht mehr gegeben.[89] Daher findet die Wahrnehmung von Geschäftsführungsaufgaben durch den Aufsichtsrat ihre Grenzen dort, wo durch deren Erfüllung die Überwachungsfunktion des Aufsichtsrats gefährdet wäre.[90] § 111 Abs. 4 S. 1 AktG setzt damit den Rahmen für die zulässige Einbindung des Auf-

---

schäftsführungskompetenzen des Aufsichtsrats in *von Falkenhausen*, ZIP 2015, 956 (957f.).

84 BT-Drs. IV/171, S. 143 f.; *Koch*, § 111 AktG, Rn. 53; Auflistung der gesetzlich verankerten Kompetenzen in *Hopt/Roth*: GroßKommAktG, § 111 AktG, Rn. 597 ff. sowie in *v. Falkenhausen*, ZIP 2015, 956 (957f.).

85 *Habersack* in: MüKoAktG, § 111 AktG, Rn. 114; *Grigoleit/Tomasic* in: GrigoleitAktG, § 111 AktG, Rn. 66.

86 *Drygala* in: K. Schmidt/Lutter, § 111 AktG, Rn. 49.

87 *Veil* in: BeckOGK-AktG, § 111 AktG, Rn. 80; *Koch*, AG 2017, 129 (134f.); *Holle*, ZIP 2019, 1895 (1897).

88 Siehe A.II.3).

89 Dazu *Veil* in: BeckOGK-AktG, § 111 AktG, Rn. 80; *Grunewald*, ZIP 2016, 2009 (2010).

90 *Grunewald*, ZIP 2016, 2009 (2010).

sichtsrats in Geschäftsführungsaufgaben unter Achtung des aktienrechtlichen Trennungsprinzips. Im folgenden Abschnitt soll daher dargestellt werden, inwieweit das Aktiengesetz Geschäftsführungskompetenzen des Aufsichtsrats normiert und dieser dadurch in die Geschäftsführung der Gesellschaft eingebunden wird und Einfluss darauf nimmt.

1. Zustimmungsvorbehalte des Aufsichtsrats, § 111 Abs. 4 S. 2 AktG

Nach § 111 Abs. 4 S. 2 AktG hat die Satzung oder der Aufsichtsrat zu bestimmen, dass bestimmte Arten von Geschäften nur mit der Zustimmung des Aufsichtsrats vorgenommen werden dürfen. Zum Zwecke der präventiven Überwachung des Vorstands werden dazu einzelne Arten von Geschäften unter einen Zustimmungsvorbehalt gestellt.[91] Auch bestimmte Geschäfte von besonderer Bedeutung für die Gesellschaft können *ad hoc* unter einen Zustimmungsvorbehalt gestellt werden, wenn der Aufsichtsrat eine Maßnahme für unvertretbar hält und diese verhindern möchte.[92] In der Konsequenz wird durch die Verankerung von Zustimmungsvorbehalten die strikte Trennung zwischen Geschäftsführung und Überwachung überwunden und der Aufsichtsrat in Fragen der Geschäftsführung eingebunden.[93]

§ 111 Abs. 4 S. 2 AktG wird im Hinblick darauf untersucht, ob die Verankerung von Zustimmungsvorbehalten Rückschlüsse auf die zulässige Wahrnehmung von Geschäftsführungsmaßnahmen durch den Aufsichtsrat in ähnlich gelagerten Bereichen zulässt.

---

91 *Schick*, FS Krieger, 2020, 799 (804 ff.); *Altmeppen*, FS K. Schmidt, 2009, 23 (29 ff.); *Goette*, FS Baums, 2017, 475 (475); *Baums*, Bericht der Regierungskommission Corporate Governance, 2001, Rn. 34; *Rack*, CB 2017, 59 (61); *Grigoleit/Tomasic* in: GrigoleitAktG, § 111 AktG, Rn. 77.

92 Siehe nur BGH, Urteil v. 15.11.1993 – II ZR 235/92, BGHZ 124, 111 (127); *Hopt/Roth* in: GroßKommAktG, § 111 AktG, Rn. 650; *Habersack* in: MüKoAktG, § 111 AktG, Rn. 115; *Hoffmann-Becking* in: MünchHdB GesR IV, § 29, Rn. 61.

93 *Hopt/Roth* in: GroßKommAktG, § 111 AktG, Rn. 634 ff.; *Habersack* in: MüKoAktG, § 111 AktG, Rn. 114; *Lieder*, ZGR 2018, 523 (535 ff.); *Freund*, NZG 2018, 1361 (1361).

a) Zwecke des Zustimmungsvorbehalts

Wie bereits angeklungen soll die Integration von Zustimmungsvorbehalten der Teilnahme des Aufsichtsrats an der Geschäftsführung dienen. Als Teil der Überwachungsaufgabe kann der Aufsichtsrat auf diese Weise bereits in einem frühen Stadium bei Maßnahmen intervenieren, die er für nicht richtig hält. Der Zweck des Zustimmungsvorbehalts kann somit zu einem maßgeblichen Teil in der präventiven Überwachung des Vorstands gesehen werden. Dies mündet in der positiven Mitgestaltung unternehmerischer Entscheidungen des Vorstands, denn durch sein Vetorecht kann er aktiv Entscheidungen des Vorstands blockieren, wodurch solche Geschäftsführungsentscheidungen ohne die Mitwirkung des Aufsichtsrats nicht umgesetzt werden können. Ob er seine Zustimmung erteilt oder nicht, hat der Aufsichtsrat auf Grundlage einer eigenen Ermessensentscheidung im Hinblick auf die Zweckmäßigkeit der vom Vorstand vorgeschlagenen Maßnahme zu treffen.[94] Hält er die vom Vorstand vorgeschlagene Maßnahme für unzweckmäßig, kann er die Zustimmung dazu verweigern. Der Gestaltungsspielraum des Aufsichtsrats durch Zustimmungsvorbehalte ist in der Hinsicht begrenzt, dass er nicht auf eigene Initiative hin Geschäftsführungsmaßnahmen vornehmen oder veranlassen kann, sondern stets von der Durchführung durch den Vorstand abhängig ist.[95]

Infolgedessen sollte nicht das Vetorecht als solches den Zweck der Zustimmungsvorbehalte darstellen, sondern die bloße Existenz eines solchen Rechts führt bereits zu einem intensiveren Austausch zwischen Vorstand und Aufsichtsrat im Vorfeld der Entscheidungsfindung. Ein vereinbarter Zustimmungsvorbehalt entfaltet somit eine Präventivwirkung. Bei der Beratung über Geschäftsführungsmaßnahmen kann der Aufsichtsrat davon ausgehen, dass seine vorgebrachten Argumente vom Vorstand gehört werden. Auf diese Weise wird die Beratung des Vorstands durch den Aufsichtsrat als Teil seiner Überwachungsaufgabe sichergestellt. Zusätzlich wird der Aufsichtsrat auch über wichtige Entwicklungen der Gesellschaft zwingend informiert. Denn sofern eine Geschäftsführungsmaß-

94 *Henssler* in: Henssler/Strohn, § 111 AktG, Rn. 22.

95 *Hopt/Roth* in: GroßKommAktG, § 111 AktG, Rn. 634.

nahme einem Zustimmungsvorbehalt unterliegt, muss der Vorstand den Aufsichtsrat darin einbinden.[96]

Dem Aufsichtsrat wird überdies die Möglichkeit eingeräumt, durch eigene Standpunkte am unternehmerischen Entscheidungsprozess teilzunehmen.[97] Der Zustimmungsvorbehalt nach § 111 Abs. 2 S. 1 AktG stellt damit ein wichtiges Mitspracherecht des Aufsichtsrats bei Fragen der Geschäftsführung dar.[98] In Zusammenschau mit der Beratungspflicht des Aufsichtsrats im Hinblick auf die Unternehmensplanung der Gesellschaft[99] wird die ursprünglich strikte Abgrenzung zwischen Überwachungsaufgaben auf der einen und Geschäftsführungsaufgaben auf der anderen Seite relativiert. Erkennbar wird, dass § 111 Abs. 4 S. 2 AktG eine doppelte Stoßrichtung verfolgt. Einerseits soll die Vorschrift mittels ihrer Präventivwirkung die effektive Überwachung des Vorstands durch den Aufsichtsrat gewährleisten. Andererseits eröffnet sie dem Aufsichtsrat punktuell und gezielt die Teilhabe an der Geschäftsführung der Gesellschaft.[100] Die Einbindung des Aufsichtsrats in Geschäftsführungsmaßnahmen des Vorstands ist ein Mittel, um diesen Zweck zu erreichen. Die Einbindung des Aufsichtsrats in Geschäftsführungsmaßnahmen sichert somit primär die ordnungsgemäße Erfüllung der Überwachungsaufgaben ab.

b) Zustimmungsvorbehalt für „bestimmte Arten von Geschäften"

aa) Begriff des „Geschäfts"

§ 111 Abs. 4 S. 2 AktG sieht vor, dass entweder durch Satzung oder durch den Aufsichtsrat ein Zustimmungsvorbehalt für bestimmte Geschäfte verankert werden muss. Eine genauere Spezifizierung dieser Geschäfte lässt der Gesetzgeber offen. Es gilt zu prüfen, welche Maßnahmen unter den Begriff des „Geschäfts" fallen und damit einem Zustimmungsvorbehalt unterworfen werden können.

---

96 *Leyens*, Information des Aufsichtsrats, 2006, S. 36.

97 *Habersack* in: MüKoAktG, § 111 AktG, Rn. 114.

98 *Habersack* in: MüKoAktG, § 111 AktG, Rn. 110; *Koch*, § 111 AktG, Rn. 52; *Mertens/Cahn* in: KölnerKommAktG, § 111 AktG, Rn. 32.

99 Siehe dazu unter C.II.

100 *Habersack* in: MüKoAktG, § 111 AktG, Rn. 110; *Koch*, § 111 AktG, Rn. 52; *Mertens/Cahn* in: KölnerKommAktG, § 111 AktG, Rn. 32.

„Geschäfte" i. S. d. § 111 Abs. 4 S. 2 AktG sind zum einen Rechtsgeschäfte der Gesellschaft und zum weiteren auch unternehmensinterne Maßnahmen.[101] Unzulässig sind danach Zustimmungsvorbehalte, die in noch „laufende Entscheidungs- und Planungsprozesse des Vorstands" eingreifen und diese beschränken.[102] Dazu gehört, dass die Unternehmensplanung als solche nicht unter einen generellen Zustimmungsvorbehalt gestellt werden kann.[103] Hierbei handelt es sich nämlich um wesentliche Leitungsaufgaben, die dem alleinigen Kompetenzbereich des Vorstands angehören.[104] Geschäfte sind daher solche Tatbestände, hinsichtlich derer der Willensbildungsprozess des Vorstands bereits abgeschlossen ist.[105]

bb) Bestimmte Geschäfte, die in zulässiger Weise einem Zustimmungsvorbehalt unterworfen werden können

Anknüpfungspunkt für eine Konkretisierung der Art der Geschäfte, die an eine Zustimmung des Aufsichtsrats geknüpft werden können, könnte der verfolgte Zweck bei Verankerung eines Zustimmungsvorbehalts sein. Danach soll im Wesentlichen die Erfüllung der Überwachungsaufgabe durch den Aufsichtsrat sichergestellt und diesem eine Teilhabe an der Geschäftsführung ermöglicht werden.[106] Gemeinhin anerkannt ist, dass sich die Überwachungsaufgabe lediglich auf solche Geschäftsführungsmaßnahmen des Vorstands bezieht, die als besonders wesentlich und bedeutsam anzusehen sind – das allgemeine Tagesgeschäft des Vorstands darf daher nicht einem Zustimmungsvorbehalt unterworfen werden.[107] Die aktuelle Fassung des DCGK 2022 spricht überdies davon,

101 Beispiele für solche unternehmensinternen Maßnahmen sind der Erlass einer Geschäftsordnung oder die Festlegung bestimmter Planungsvorhaben, *Mertens/Cahn* in: KölnerKommAktG, § 111 AktG Rn. 79.

102 *Mertens/Cahn* in: KölnerKommAktG, § 111 AktG Rn. 84. So auch *v. Rechenberg*, BB 1990, 1356 (1361).

103 *Mertens* in: KölnerKommAktG, § 111 AktG, Rn. 86; *Habersack* in: MüKoAktG, § 111 AktG, Rn. 128.

104 *Mertens/Cahn* in: KölnerKommAktG, § 111 AktG, Rn. 86.

105 *Hopt/Roth* in: GroßKommAktG, § 111 AktG, Rn. 677; *Mertens/Cahn* in: KölnerKommAktG, § 111 AktG, Rn. 84; *Brouwer*, Zustimmungsvorbehalte des Aufsichtsrats im Aktien- und GmbH-Recht, S. 93.

106 Siehe C.I.

107 Siehe nur *Habersack* in: MüKoAktG, § 111 AktG, Rn. 19; *Henssler* in: Henssler/Strohn,

dass *„Geschäfte von grundlegender Bedeutung"* einem Zustimmungsvorbehalt zu unterwerfen sind.[108] Bedeutet dies also, dass jegliche wesentlichen Geschäftsführungsmaßnahmen einem Zustimmungsvorbehalt unterworfen werden können? Und welche Geschäfte sind für die Gesellschaft von grundlegender Bedeutung? Weder der Gesetzeswortlaut noch der einschlägige Grundsatz des DCGK 2022 gibt darauf eine konkrete Antwort.

Letztere Frage ließ sich in der Vergangenheit unter Heranziehung einer früheren Version des DCGK beantworten, wonach es in Ziff. 3.3 S. 2[109] hieß, dass solche Entscheidungen und Maßnahmen gemeint sind, die die Vermögens-, Finanz-, und Ertragslage des Unternehmens grundlegend verändern können. Aber auch bei diesem Zusatz handelte es sich nur um eine bedingt den Begriff der „grundlegenden Bedeutung" einschränkende Formulierung. Im Einzelfall erfolgen die Einschränkungen und Entscheidungen darüber, welche Geschäfte von grundlegender Bedeutung sind, immer abhängig von der Größe, der Branche, dem Risiko für das Unternehmen oder auch sonstigen Verhältnissen der Gesellschaft sowie der unternehmensstrategischen Bedeutung des jeweiligen Geschäfts.[110] Eine allgemein gültige Definition für Gesellschaften unterschiedlicher Größe ist daher nicht möglich.

Kommt man zu dem Schluss, dass bestimmte Geschäftsführungsmaßnahmen für die Gesellschaft als grundlegend zu kategorisieren sind, stellt sich die Folgefrage, ob auch sämtliche dieser Maßnahmen einem Zustimmungsvorbehalt des Aufsichtsrats unterworfen werden können oder sogar müssen. Nach § 76 AktG leitet der Vorstand die Geschäfte der AG in eigener Verantwortung. Der Aufsichtsrat ist zur Überwachung ebenjener Geschäftsführung berufen.

---

§ 111 AktG, Rn. 8; *Groß-Bölting/Rabe* in: Hölters/Weber, § 111 AktG, Rn. 15; *Grooterhorst*, NZG 2011, 921 (922); *Seebach*, AG 2012, 70 (70).

108 Grundsatz A.6 DCGK 2022.

109 Ziff. 3.3 S. 2 des Deutschen Corporate Governance Kodex 2017. Die Definition wurde bei der folgenden Kodex-Reform herausgestrichen, da die Wiedergabe des Gesetzes nur noch auf das Notwendige beschränkt werden sollte; die Regelung findet sich nun in Grundsatz 6 DCGK 2022.

110 *Mertens/Cahn* in: KölnerKommAktG, § 111 AktG, Rn. 84; *Habersack* in: MüKoAktG, § 111 AktG, Rn. 122; *v. Werder/Favoccia* in: KBLW, DCGK G6, Rn. 31; *Seebach*, AG 2012, 70 (70).

Teile der Literatur vertreten daher die Auffassung, dass der Aufsichtsrat für alle Geschäfte von grundlegender Bedeutung einen Zustimmungsvorbehalt festlegen müsse.[111] Gestützt wird diese Annahme auf die Gesetzesbegründung zur Änderung des § 111 Abs. 4 S. 2 AktG im Rahmen des TransPuG[112] sowie auf die Sorgfaltspflicht des Aufsichtsrats. Danach müssen jedenfalls die Geschäfte von grundlegender Bedeutung von einem Zustimmungsvorbehalt erfasst sein.[113]

Eine solche Sichtweise hätte weitreichenden Einfluss auf die Kompetenzverteilung zwischen Vorstand und Aufsichtsrat. Würden jegliche Geschäftsführungsmaßnahmen von grundlegender Bedeutung einem Zustimmungsvorbehalt unterworfen werden, würde in die Trennung zwischen Geschäftsführung und Überwachung erheblich eingegriffen.[114] Der Wortlaut der Norm widerspricht außerdem einer solchen Sichtweise. Vorzugswürdig ist daher die Ansicht, dass es sich bei Zustimmungsvorbehalten des Aufsichtsrats im Sinne der Wahrung der aktienrechtlichen Kompetenzverteilung um Ausnahmefälle handeln muss.[115] Ein generalklauselartiger Zustimmungsvorbehalt für jegliche Geschäfte von wesentlicher Bedeutung ist daher nach der hier vertretenen Ansicht unzulässig.

Die Festlegung, welche Geschäfte einem Zustimmungsvorbehalt unterliegen sollen, muss aus formaler Sicht einem Bestimmtheitserfordernis genügen.[116] Der Vorbehalt hat eindeutig zu bestimmen, welche Geschäfte der Zustimmung des Aufsichtsrats bedürfen, sodass es keinerlei Zweifel darüber gibt, ob der Vorstand im Einzelfall alleine handeln darf oder ausnahmsweise der Zustimmung bedarf.[117] Üblicherweise werden sol-

111 So etwa *Baums*, Bericht der Regierungskommission Corporate Governance, 2001, Rn. 34; *Lieder*, Der Aufsichtsrat im Wandel der Zeit, 2006, S. 585 f.; *Götz*, NZG 2002, 599, 602 f.; *Lange*, DStR 2003, 376 (380).

112 Gesetz zur weiteren Reform des Aktien- und Bilanzrechts, zu Transparenz und Publizität (Transparenz- und Publizitätsgesetz) vom 19.7.2002.

113 *Hopt/Roth* in: GroßKommAktG, § 111 AktG, Rn. 658.

114 *Altmeppen*, FS K. Schmidt, 2009, S. 23 (29); *Seebach*, AG 2012, 70 (70f.).

115 *Altmeppen*, FS K. Schmidt, 2009, S. 23 (29). Mit besonderem Nachdruck hervorhebend, dass Zustimmungsvorbehalte nicht das Tagesgeschäft erfassen dürfen, *Fonk*, ZGR 2006, 841 (846).

116 *Altmeppen*, FS K. Schmidt, 2009, S. 23 (29).

117 *Altmeppen*, FS K. Schmidt, 2009, S. 23 (29).

che Zustimmungsvorbehalte in der Form ausgestaltet, dass sie abstrakt generell für unbestimmt viele Einzelgeschäfte der im Vorbehalt bezeichneten Art gelten.[118] Sofern es sich um besonders bedeutsame Geschäfte für die Gesellschaft handelt, kann ausnahmsweise der Zustimmungsvorbehalt für einzelne konkret bezeichnete Geschäfte angeordnet werden.[119]

Inhaltlich darf durch die Festlegung von Zustimmungsvorbehalten die Entscheidungskompetenz des Vorstands nicht auf die Art eingeschränkt werden, dass ihm weite Teile der Unternehmensführung aus der Hand genommen werden.[120] Dies bildet den Maßstab dafür, für welche wesentlichen Geschäftsentscheidungen nach § 111 Abs. 4 S. 2 AktG ein Zustimmungsvorbehalt verankert werden darf.

Unzulässig ist es zwar, die Unternehmensplanung in ihrer Gesamtheit an die Zustimmung des Aufsichtsrats zu knüpfen. Es können aber im Einzelfall unternehmensinterne Planungen, die konkret bezeichnet werden und vom Vorstand verbindlich verabschiedet werden müssen, unter einen Zustimmungsvorbehalt gestellt werden.[121] Im Zusammenhang mit der Unternehmensplanung wird der Vorstand ohnehin auch ohne etablierten Zustimmungsvorbehalt für einzelne Fragen mit dem Aufsichtsrat in Kontakt treten. Denn im Rahmen der Überwachungsaufgabe obliegt es dem Aufsichtsrat, den Vorstand hinsichtlich wesentlicher, das Unternehmen betreffender Fragen zu beraten. Somit werden sich Vorstand und Aufsichtsrat auch losgelöst von einem verankerten Zustimmungsvorbehalt regelmäßig über die Unternehmensplanung austauschen.[122] Die Geschäftsführung soll im Kern beim Vorstand verbleiben und nicht breitflächig beschränkt werden.[123] Wäre dieser bei seinen Entscheidungsprozessen im Vorfeld der Wahrnehmung von Geschäftsführungsmaßnahmen

118 *Hoffmann-Becking* in: MünchHdB GesR IV, § 29, Rn. 62.

119 *Hoffmann-Becking* in: MünchHdB GesR IV, § 29, Rn. 62.

120 *Mertens/Cahn* in: KölnerKommAktG, § 111 AktG, Rn. 84.

121 *Mertens/Cahn* in: KölnerKommAktG, § 111 AktG, Rn. 86; *Habersack* in: MüKoAktG, § 111 AktG, Rn. 128; *Kropff*, NZG 1998, 613 (615ff.); a. A. *Goette*, FS Baums, 2017, 475 (482f.); *v. Rechenberg*, BB 1990, 1356 (1356).

122 Zum Zusammenspiel von Zustimmungsvorbehalten und Beratung durch den Aufsichtsrat, *Hasselbach*, NZG 2012, 41 (46f.); *Lutter/Krieger/Verse*, Rechte und Pflichten des Aufsichtsrats, § 8, Rn. 501.

123 *Mertens/Cahn* in: KölnerKommAktG, § 111 AktG, Rn. 84.

durch den Aufsichtsrat beschränkt, stellte dies einen zu starken Eingriff in die Vorstandsarbeit dar.

Darüber hinaus gibt es einige indisponible Kompetenzen des Vorstands, die seiner alleinigen Zuständigkeit unterliegen und keinem Zustimmungsvorbehalt unterworfen werden können.[124] Diese können nicht für zustimmungspflichtig erklärt werden, da der Vorstand zur Ausführung durch Gesetz verpflichtet ist und auch deren inhaltliche Ausgestaltung aus dem Gesetz bereits hervorgeht.

Möglich hingegen ist es, Personalentscheidungen einem Zustimmungsvorbehalt zu unterwerfen. Aber auch in diesem Zusammenhang ist ein genereller Vorbehalt für jegliche Entscheidungen, die die Besetzung von Leitungspositionen betreffen, unzulässig, da dies zu stark in die Personalhoheit des Vorstands als wesentlichem Teil seiner Leitungsaufgabe eingreifen würde.[125]

Ebenfalls kann der Abschluss von Unternehmensverträgen an die Zustimmung des Aufsichtsrats gebunden werden.[126]

cc) *Zustimmungsvorbehaltspflicht bei Geschäften von herausragender Bedeutung*

Im Einzelfall ist der Aufsichtsrat verpflichtet, bestimmte Geschäfte einem Zustimmungsvorbehalt zu unterwerfen. Ein bloß außergewöhnlicher Charakter der Maßnahme ist für eine Pflicht zur Vereinbarung eines Zustimmungsvorbehalts nicht ausreichend.[127] Für das Vorliegen solcher

---

124 Dazu zählen als wichtigste Pflichten die Erfüllung der Buchhaltungspflicht (§ 91 AktG), die Pflicht zur Verlustanzeige und zum Konkurs- bzw. Vergleichsantrag (§ 92 AktG), die Vorbereitung und Durchführung von Hauptversammlungsbeschlüssen (§ 83 AktG), die Stellung eines Insolvenzantrags nach § 15a InsO oder auch die Einberufung der Hauptversammlung (§ 121 Abs. 1 und Abs. 2 S. 1 AktG). Siehe auch für noch weitere Pflichten *Mertens/Cahn* in: KölnerKommAktG, § 111 AktG, Rn. 88; *v. Rechenberg*, BB 1990, 1356 (1360); *Semler/v. Schenck/Wilsing* in: Semler/v. Schenck/Wilsing, AR-HdB, 5. Auflage, 2021, § 9, Rn. 42; *Streyl/Schaper*, ZIP 2017, 410 (412).

125 *Mertens/Cahn* in: KölnerKommAktG, § 111 AktG, Rn. 87; *Habersack* in: MüKoAktG, § 111 AktG, Rn. 127.

126 *Habersack* in: MüKoAktG, § 111 AktG, Rn. 130; *Mertens/Cahn* in: KölnerKommAktG, § 111 AktG, Rn. 90; ausführlich dazu *Brouwer*, Zustimmungsvorbehalte des Aufsichtsrats im Aktien- und GmbH-Recht, S. 154

127 *Koch*, § 111 AktG, Rn. 68.

zustimmungsvorbehaltspflichtiger Geschäfte[128] ist es stattdessen erforderlich, dass die infrage stehende Maßnahme ein grundlegendes Geschäft betrifft.[129] Zusätzlich muss sie geeignet sein, die Ertragslage und Risikoexposition der Gesellschaft gravierend zu verändern.[130] Eine darüber hinausgehende Existenzgefährdung der Gesellschaft ist aber nicht notwendig.[131] Der Aufsichtsrat hat bei Festlegung der Zustimmungsvorbehalte die besonderen Verhältnisse der Gesellschaft zu berücksichtigen. Anhand dessen sind die Zustimmungsvorbehalte unternehmensbezogen zu konkretisieren.[132]

Überdies entsteht eine Zustimmungsvorbehaltspflicht des Aufsichtsrats, wenn nach seiner Auffassung eine vom Vorstand ins Auge genommene Geschäftsführungsmaßnahme rechtswidrig ist.[133] Ist eine Maßnahme des Vorstands aus wirtschaftlicher Sicht extrem risikobehaftet oder steht ein sonstiges, eindeutig unvertretbares Vorstandshandeln bevor, hat der Aufsichtsrat diese Maßnahme daher durch Beschluss eines Ad-hoc-Zustimmungsvorbehalts zu verhindern.[134] In derartigen Fällen erfolgt eine Ermessensreduzierung auf Null zum Erlass eines Zustimmungsvorbehalts, sodass der Aufsichtsrat die entsprechende Vorstandsmaßnahme an seine Zustimmung koppeln muss.[135]

c) Zwischenergebnis

Erkennbar wird, dass Zustimmungsvorbehalte nach § 111 Abs. 4 S. 2 AktG hauptsächlich als ein Kontrollinstrument des Aufsichtsrats zur Überwachung des Vorstands dienen sollen. Die Teilhabe des Aufsichtsrats an

---

128 Siehe dazu *Fleischer*, BB 2013, 835 (839).

129 *Hoffmann-Becking* in: MünchHdB GesR IV, § 29, Rn. 60; *Rodewig/Rothley* in: Semler/v. Schenck/Wilsing, AR-HdB, 5. Auflage, 2021, § 9, Rn. 7; *Koch*, § 111 AktG, Rn. 68.

130 *Hoffmann-Becking* in: MünchHdB GesR IV, § 29, Rn. 60; *Rodewig/Rothley* in: Semler/v. Schenck/Wilsing, AR-HdB, 5. Auflage, 2021, § 9, Rn. 7; *Koch*, § 111 AktG, Rn. 68.

131 *Koch*, § 111 AktG, Rn. 68; *Brouwer*, Zustimmungsvorbehalte, 2008, 94 ff.

132 *Hopt/Roth* in: GroßKommAktG, § 111 AktG, Rn. 680; *Habersack* in: MüKoAktG, § 111 AktG, Rn. 122.

133 *Kruchen* in: Backhaus/Tielmann, § 111 AktG, Rn. 565.

134 BGH, Urteil vom 15.11.1993 – II ZR 235/92, NJW 1994, 520; *Habersack* in: MüKo-AktG, § 111 AktG, Rn. 130; *Koch*, § 111 AktG, Rn. 62.

135 *Habersack*, FS Hüffer, 2010, 259 (266); Hüffer, NZG 2007, 47 (53); *Kruchen* in: Backhaus/Tielmann, § 111 AktG, Rn. 565.

der Geschäftsführung ist dabei nur Mittel zum Zweck und soll sich auf ausgewählte Bereiche beschränken. In diesen Teilbereichen kann der Aufsichtsrat unmittelbaren Einfluss auf die Geschäftsleitung des Vorstands nehmen. Denn dem Wortlaut des § 111 Abs. 4 S. 2 AktG nach sind bestimmte Arten von Geschäften unter einen Zustimmungsvorbehalt zu stellen. Der Aufsichtsrat erlangt durch deren Etablierung eine Art Vetorecht, wodurch die Geschäftsleitungsbefugnis des Vorstands im Einzelfall beschränkt wird.[136] Anders als die bloße Beratung des Vorstands wirkt ein Zustimmungsvorbehalt für den Vorstand bindend.[137]

Zu beachten ist auch, dass Zustimmungsvorbehalte dem Aufsichtsrat nur die Verhinderung der Durchführung einzelner Maßnahmen ermöglichen, indem er seine Zustimmung verweigert. Er kann dadurch nicht die Vornahme einzelner Maßnahmen veranlassen.[138] Zustimmungsvorbehalte dürfen nicht unbegrenzt festgelegt werden.[139] Die Beurteilung der Zulässigkeit von Zustimmungsvorbehalten erfolgt in drei Stufen. *Erstens* gibt es Maßnahmen, die keinem Zustimmungsvorbehalt unterworfen werden können.[140] Inhaltlich sind Zustimmungsvorbehalte dahingehend unzulässig, dass sie nicht zu weit in die selbstbestimmte Leitung der AG durch den Vorstand eingreifen. Insbesondere darf ein Zustimmungsvorbehalt nicht als Generalklausel für jegliche Geschäfte von wesentlicher Bedeutung formuliert sein. Die Implementierung eines Zustimmungsvorbehalts steht stets im Spannungsverhältnis mit der selbstbestimmten Vorstandsarbeit und dessen grundsätzlich eigenverantwortlicher Geschäftsleitungskompe-

136 *Veil* in: BeckOGK-AktG, § 111 AktG, Rn. 81; *Henssler* in: Henssler/Strohn, § 111 AktG, Rn. 18; *Habersack*, FS Hüffer, 259 (259).

137 *Drygala* in: Schmidt/Lutter, § 111 AktG, Rn. 49; *Hopt/Roth* in: GroßKommAktG, § 111 AktG, Rn. 634; *Mertens/Cahn* in: KölnerKommAktG, § 111 AktG, Rn. 84; *Veil* in: BeckOGK-AktG, § 111 AktG, Rn. 81 ff. Zu beachten ist allerdings, dass das Vetorecht keine Außenwirkungen entfaltet, sondern sich lediglich auf das Innenverhältnis beschränkt. Nach außen hin bleibt der Vorstand grundsätzlich auch bei fehlender Zustimmung des Aufsichtsrats vertretungsberechtigt. Eine Einschränkung der Vertretungsmacht kommt einzig in Fällen des Missbrauchs der Vertretungsmacht in Betracht, *Grigoleit/Tomasic* in: GrigoleitAktG, § 111 AktG, Rn. 95.

138 *Hoffmann-Becking* in: MünchHdB GesR IV, § 29, Rn. 39.

139 *Hopt/Roth* in: GroßKommAktG, § 111 AktG, Rn. 678; *Fleischer*, BB 2013, 835 (839f.); *Seebach*, AG 2012, 70 (70f.).

140 I.1.b).

tenz. Es gibt außerdem einige indisponible Kompetenzen des Vorstands, die seiner alleinigen Zuständigkeit unterliegen. Diese können keinem Zustimmungsvorbehalt unterworfen werden, da der Vorstand zur Ausführung durch Gesetz verpflichtet ist und auch deren inhaltliche Ausgestaltung aus dem Gesetz bereits hervorgeht.

Zweitens gibt es Maßnahmen, die zwar einem Zustimmungsvorbehalt unterworfen werden können, aber nicht zwingend unterworfen werden müssen.[141] Dies sind Geschäftsführungsmaßnahmen von grundlegender Bedeutung für die Gesellschaft. Eine allgemeingültige Definition, welche Art von Geschäften darunter fällt, existiert nicht. Im Einzelfall erfolgen die Einschränkungen und Entscheidungen darüber, welche Geschäfte für die Gesellschaft von grundlegender Bedeutung sind, immer abhängig von der Größe, der Branche, dem Risiko für das Unternehmen oder auch sonstigen Verhältnissen der Gesellschaft sowie der unternehmensstrategischen Bedeutung des jeweiligen Geschäfts.

Da es sich bei Zustimmungsvorbehalten um ein Überwachungsinstrument handelt, bildet die ordnungsgemäße Erfüllung der Überwachungstätigkeit des Aufsichtsrats den zulässigen Rahmen für die Verankerung von Zustimmungsvorbehalten. Darüber hinausgehende Verankerungen von Zustimmungsvorbehalten würden den Vorstand in seiner Arbeit übermäßig einschränken und müssen dementsprechend als unzulässig angesehen werden.[142]

Drittens gibt es den Bereich, in dem ein Zustimmungsvorbehalt zwingend erforderlich ist, was bei Maßnahmen von herausragender Bedeutung für die Gesellschaft der Fall ist.[143] Dies ist anzunehmen, wenn die Maßnahme geeignet ist, die Ertragslage und Risikoexposition der Gesellschaft gravierend zu verändern. Bei der Bewertung, ob eine solche Maßnahme vorliegt, sind die besonderen Verhältnisse der Gesellschaft zu berücksichtigen. Anhand dessen sind die Zustimmungsvorbehalte unternehmensbezogen zu konkretisieren.

---

141 I.1.b).

142 Ausführlich zur Unzulässigkeit von zu weit reichenden Zustimmungsvorbehalten: *Hopt/Roth* in: GroßKommAktG, § 111 AktG, Rn. 678.

143 I.1.b).cc).

Insgesamt muss der Katalog von Zustimmungsvorbehalten die Freiheit des Vorstands wahren, die Unternehmensführung als Ganzes weiterhin in den eigenen Händen zu halten. Dieser Grundsatz muss bei der Festlegung von Zustimmungsvorbehalten übergeordnetes Leitkriterium sein.

2. Gesetzlich normierte (nach außen wirkende) Geschäftsführungskompetenzen des Aufsichtsrats

Neben der Möglichkeit Geschäftsführungskompetenzen des Vorstands unter einen Zustimmungsvorbehalt des Aufsichtsrats zu stellen, sind dem Aufsichtsrat einige originäre Geschäftsführungsaufgaben durch spezialgesetzliche Regelungen zugewiesen. An denjenigen Stellen, an denen eine solche spezialgesetzliche Regelung eine Geschäftsführungskompetenz des Aufsichtsrats begründet (*lex specialis*), muss die allgemeinere Regelung des § 111 Abs. 4 S. 1 AktG dahinter zurückstehen. Einige wesentliche dieser Regelungen werden im Folgenden dargestellt und sollen die Einbindung des Aufsichtsrats in die Geschäftsführung der AG aufzeigen. Denn der folgende Abschnitt soll darstellen, wie der Gesetzgeber neben der Kontrollmöglichkeit durch Zustimmungsvorbehalte fragmentarisch von der Grundkonzeption einer strikten Trennung zwischen Geschäftsführung und Überwachung abweicht und damit Raum für eine Wahrnehmung von Geschäftsführungsaufgaben in einzelnen Bereichen durch den Aufsichtsrat schafft.

a) Personalentscheidungen des Aufsichtsrats

Der Aufsichtsrat ist für die Bestellung der Vorstandsmitglieder sowie deren Abberufung nach §§ 84 Abs. 1, S. 1 bzw. 84 Abs. 3 AktG ausschließlich zuständig. Darüber hinaus kann er gemäß § 84 Abs. 2 AktG aus der Mitte der Vorstandsmitglieder heraus einen Vorsitzenden ernennen. Formal trifft allein der Gesamtaufsichtsrat[144] die Entscheidung über die Bestellung der Vorstandsmitglieder nach freiem Ermessen durch Beschluss.[145] Die

144 Im Aktiengesetz 1937 konnte die Bestellung noch einem Ausschuss übertragen werden; dies ist heute nicht mehr möglich, *Spindler* in: MüKoAktG, § 84 AktG, Rn. 19.

145 *Spindler* in: MüKoAktG, § 84 AktG, Rn. 19, 20; *Lutter/Krieger/Verse*, Rechte und Pflichten des Aufsichtsrats, § 7, Rn. 331.

Bestellung kann für bis zu fünf Jahre erfolgen, und im Anschluss ist sowohl eine Wiederbestellung als auch eine Abberufung möglich.[146]

Zusätzlich ist der Aufsichtsrat über § 84 Abs. 1 S. 5 AktG für die Ausgestaltung der Anstellungsverträge zwischen der Gesellschaft und den Vorstandsmitgliedern zuständig. Die Regelungen für die Bestellung des Vorstands gelten dabei sinngemäß.

Mit diesen Geschäftsführungsmaßnahmen nimmt der Aufsichtsrat zumindest mittelbar erheblichen Einfluss auf die zukünftige Strategie des Unternehmens. Denn er kann auswählen, welche Personen auf der obersten Ebene des Unternehmens agieren sollen und über dieses Vehikel eigene Ansichten hinsichtlich der zukünftigen Ausrichtung des Unternehmens etablieren. Insbesondere letzterer Punkt ist für den weiteren Gang der Arbeit von Bedeutung, da der Aufsichtsrat durch die Befugnisse, die ihm durch § 84 AktG verliehen werden, weiterführenden und andauernden Einfluss auch auf die Unternehmensstrategie nimmt, die als solche grundsätzlich der Kompetenz des Vorstands angehört. Die Auswirkungen von Personalentscheidungen wirken noch mehrere Jahre nach dem eigentlichen Bestellungsbeschluss fort. Daher verdient diese Aufgabe des Aufsichtsrats ein besonderes Augenmerk im Hinblick auf seine generelle Einbindung in Geschäftsführungstätigkeiten der Gesellschaft.

aa) Bestellung und Abberufung von Vorstandsmitgliedern

Die Bestellung und Abberufung von Vorstandsmitgliedern stellt eines der wesentlichen Aufsichtsmittel des Aufsichtsrats dar. Durch diese Aufgabenzuweisung vereint der Aufsichtsrat auf sich zwei Instrumente sowohl vorbeugender als auch repressiver Überwachung, mit denen er jeweils massiven Einfluss auf die Geschäftstätigkeiten des Unternehmens ausüben kann.[147] Denn durch die Auswahl der Vorstandsmitglieder kann der Aufsichtsrat den zukünftigen Kurs des Unternehmens maßgeblich beeinflussen.[148]

Wenn man alleine an die tatsächliche Konstellation denkt, dass ein auf Wiederbestellung bedachtes Vorstandsmitglied ein intrinsisches Interesse

146 *Spindler* in: MüKoAktG, § 84 AktG, Rn. 58.

147 *Lutter/Krieger/Verse*, Rechte und Pflichten des Aufsichtsrats, § 7, Rn. 331.

148 *Lutter/Krieger/Verse*, Rechte und Pflichten des Aufsichtsrats, § 7, Rn. 331.

daran hat, im Einklang mit den Vorstellungen des Aufsichtsrats zu agieren, um in seinem Amt zu verbleiben, wird der rein faktische Einfluss des Aufsichtsrats auf die Unternehmenspolitik deutlich.[149] Im Folgenden soll daher der über den eigentlichen Bestellungsakt hinausreichende Einfluss des Aufsichtsrats auf die Unternehmenspolitik herausgestellt werden.

„*Personen stehen für Programme.*“[150] Je nach Situation des Unternehmens sind unterschiedliche Führungstypen mit unterschiedlicher Expertise gefragt. Jede Führungsperson hat allein aufgrund individueller Charaktereigenschaften eine unterschiedliche Art, die AG zu führen und setzt inhaltlich unterschiedliche Schwerpunkte. So sind in einer Krisensituation andere Persönlichkeitsmerkmale gefragt als in Zeiten dynamischen Wachstums.[151] Dieses Beispiel zeigt, dass sich der Aufsichtsrat bei Auswahl der Vorstandspersönlichkeiten in einem ersten Schritt an der konkreten Situation, in der sich das Unternehmen zum Zeitpunkt der Bestellung neuer Vorstandsmitglieder befindet, orientieren sollte. Mit der Entscheidung für eine Person wird damit gleichzeitig eine Entscheidung darüber getroffen, wie die Gesellschaft in ihrer Gesamtheit oder aber auch nur ein einzelnes Ressort in Zukunft geführt wird.[152] Denn das einzelne Vorstandsmitglied wird durch sein Mitwirken im Gesamtvorstand Einfluss auf die Unternehmenspolitik nehmen.[153] Indem bestimmte Positionen bzw. Ressorts im Vorstand mit ausgewählten Personen besetzt werden, kann der Aufsichtsrat eine bestimmte Unternehmenspolitik etablieren.[154] Daher muss der Aufsichtsrat bei der Bestellung von Vorstandsmitgliedern stets überlegen und entscheiden, welche zukünftige Geschäftspolitik die Gesellschaft verfolgen soll.[155]

Aus dem faktischen Einfluss des Aufsichtsrats auf die zukünftige Unternehmensausrichtung lässt sich jedoch nicht der zwingende Rückschluss darauf ziehen, dass ein grundlegender Einfluss des Aufsichtsrats auf die

149 *Mertens/Cahn* in: KölnerKommAktG, § 111 AktG, Rn. 42.

150 Zitat aus *Krieger*, Personalentscheidungen des Aufsichtsrats, S. 35.

151 Dieses Beispiel entnommen aus *Krieger*, Personalentscheidungen des Aufsichtsrats, S. 35.

152 *Krieger*, Personalentscheidungen des Aufsichtsrats, S. 35.

153 *Krieger*, Personalentscheidungen des Aufsichtsrats, S. 35.

154 *Krieger*, Personalentscheidungen des Aufsichtsrats, S. 35.

155 So auch *Lutter*, FS Albach, 2001, S. 225 (226).

tägliche Geschäftsführung zulässig sein soll. Eine solche Schlussfolgerung würde nämlich bedeuten, dass durch § 84 AktG die sich aus § 76 Abs. 1 AktG ergebende Alleinzuständigkeit des Vorstands für Leitungsaufgaben der Gesellschaft bewusst begrenzt werden sollte. Daher ist zu untersuchen, wie die Bestellung von Vorstandsmitgliedern im Hinblick auf die in die Zukunft gerichtete Unternehmenspolitik rechtlich zu beurteilen ist. In welchem Rahmen kann und darf der Aufsichtsrat unter Wahrung der Grenzen des aktienrechtlichen Trennungsprinzips durch seine Personalentscheidung bewusst Einfluss auf die Unternehmenspolitik nehmen?

Im Ausgangspunkt ist davon auszugehen, dass der Aufsichtsrat bei der Auswahl des Vorstandsmitglieds stets die konkrete Unternehmenssituation im Blick hat und dies in seine Bewertungen einfließt. Alles andere wäre auch nicht im Interesse der Gesellschaft und würde damit keiner sorgfältigen Aufgabenwahrnehmung durch den Aufsichtsrat entsprechen. Es stellt sich die Frage, ob der Aufsichtsrat auf Grundlage einer eigenen Bewertung der aktuellen Situation ein solches Vorstandsmitglied auswählen darf, welches die aus Sicht des Aufsichtsrats vielversprechendste Agenda für die konkrete Situation des Unternehmens verfolgt.

Alternativ und vor dem Hintergrund von § 76 Abs. 1 AktG erschiene es zweckmäßig, wenn der Aufsichtsrat angehalten wäre, sich an der von den übrigen Vorstandsmitgliedern vorgegebenen Strategie orientieren zu müssen und somit nicht den nach eigener Auswertung der Situation besten, sondern den zur Verfolgung der vom Vorstand vorgegebenen Strategie besten Kandidaten auswählen müsste.[156] Decken sich die Vorstellungen von Aufsichtsrat und Vorstand, ist diese Problemstellung zwar hinfällig. Allerdings werden die Ansichten besonders in Krisensituationen nicht immer deckungsgleich sein. Diese Fragestellung ist in Anbetracht der Einbindung des Aufsichtsrats in Geschäftsführungsmaßnahmen relevant, denn im Ergebnis geht es darum, ob der Aufsichtsrat mit dem Mittel der Bestellung eines Vorstandsmitglieds seine eigenen Vorstellungen hinsichtlich der Unternehmenspolitik gegen den Vorstand durchsetzen kann und über dieses Vehikel weitreichenden Einfluss in die Erfüllung von Geschäftsführungsaufgaben erlangt.

---

156 Diese Frage aufwerfend *Krieger*, Personalentscheidungen des Aufsichtsrats, S. 35ff.

Grundsätzlich sind dem Vorstand die Erfüllung der Geschäftsführungsaufgaben und dem Aufsichtsrat die Überwachung der Geschäftsführung zugewiesen. Als Bestandteil der Überwachungsaufgabe soll der Aufsichtsrat negative Entwicklungen in der Gesellschaft aufdecken und kann auch, sofern er dies für erforderlich hält, mit gestalterischen Überwachungsmaßnahmen tätig werden.[157] Verfolgt der Vorstand nun eine in den Augen des Aufsichtsrats unvertretbare Unternehmenspolitik, widerspräche es der Überwachungsaufgabe des Aufsichtsrats, dieser zu folgen. Im Gegenteil ist es seine Pflicht, in einem solchen Fall diese zu verhindern und mit den ihm zur Verfügung stehenden Mitteln entgegenzuwirken. Im Rahmen seiner Personalhoheit steht ihm dafür als repressives Mittel die Abberufung und als präventives Mittel die (Neu-)Bestellung eines Vorstandsmitglieds zur Verfügung.[158] Das Recht aus § 84 Abs. 3 AktG zum Widerruf der Bestellung eines Vorstandsmitglieds aus wichtigem Grund verdeutlicht, dass der Aufsichtsrat in besonderen Situationen bewusst in die Unternehmenspolitik eingreifen soll.[159] Er muss die von ihm für falsch befundene verfolgte Unternehmenspolitik nicht fördern, sondern darf einschreiten. Als milderes Mittel kommt zunächst die beratende Einwirkung auf den Vorstand in Betracht, um ein von beiden Organen getragenes Konzept zu entwickeln.[160] Verbleibt dies erfolglos, darf der Aufsichtsrat personelle Konsequenzen ergreifen. Soweit es erforderlich ist, darf er den von ihm für unvertretbar gehaltenen Vorstellungen des Vorstands entgegenwirken, indem er bei der Personalwahl Bewerber in den Vorstand einbringt, die die aus Sicht des Aufsichtsrats präferierten Konzeptionen umsetzen, um den Kurs des Unternehmens auf diese Weise zu ändern.

Daran anknüpfend stellt sich die Frage, inwiefern der Aufsichtsrat eigene Konzeptionen durch die Personalwahl in den Vorstand einbringen darf, wenn er den aktuellen Kurs des Vorstands zwar nicht für unvertretbar, einen anderen Weg aber für zweckmäßiger hält. Zunächst ist es

157 Ein Beispiel für eine gestalterische Überwachungsmaßnahme ist die Abberufung und Neubestellung von Vorstandsmitgliedern, *Habersack* in: MüKoAktG, § 111 AktG, Rn. 56.

158 *Koch*, § 111 AktG, Rn. 31; *Krieger*, Personalentscheidungen des Aufsichtsrats, S. 36.

159 *Mertens/Cahn* in: KölnerKommAktG, § 111 AktG, Rn. 42.

160 *Krieger*, Personalentscheidungen des Aufsichtsrats, S. 36.

dem Aufsichtsrat untersagt, die Geschäftsführung an sich zu ziehen und den Vorstand dadurch in seinen Kompetenzen zu beschneiden. Er darf daher auch nicht versuchen, seine eigenen Vorstellungen durchzusetzen, wenn der vom Vorstand aufgezeigte Weg in gleicher Weise gut vertretbar ist.[161] Der Aufsichtsrat soll daher vor allem vom Vorstand vorangetriebene Fehlentwicklungen unterbinden, anstatt aktiv die Vorstandsarbeit zu beeinflussen. Gleichzeitig soll sich der Aufsichtsrat nicht auf die alleinige nachgelagerte Kontrolltätigkeit beschränken, sondern aktiv dem Vorstand bei der Erfüllung seiner Geschäftsführungsaufgaben zur Seite stehen. Dafür ist erforderlich, dass er sich vor allem auf Grundlage der Vorstandsberichte ein eigenes Bild hinsichtlich der Unternehmenslage macht, dieses auswertet und seine sich daraus ergebende Sicht der Dinge mit dem Vorstand teilt.

Dieser Umstand ist im Zusammenhang mit weiteren Einwirkungsmöglichkeiten des Aufsichtsrats wie den Zustimmungsvorbehalten aus § 111 Abs. 4 S. 2 AktG zu sehen, wonach der Aufsichtsrat aktiv Entscheidungen der Geschäftsführung blockieren kann.

Springt man zurück zu den Personalentscheidungen des Aufsichtsrats, erscheint es widersinnig, wenn er einerseits über Zustimmungsvorbehalte in die Vorstandsarbeit bereits aus Zweckmäßigkeitserwägungen (und eben nicht erst, wenn er ein Verhalten für unvertretbar hält) eingreifen darf und bei dem Widerruf der Bestellung hingegen ein anderer Maßstab anzulegen ist. Freilich ist die Abberufung eines Vorstandsmitglieds der weitaus stärkere Eingriff und auch in der Außendarstellung beachtenswerter als die bloße Versagung der Zustimmung zu einzelnen Geschäftsführungsmaßnahmen. Bei deutlich abweichenden Vorstellungen hinsichtlich der Ausrichtung der Unternehmenspolitik könnte dies jedoch dazu führen, dass der Aufsichtsrat personell das Vorstandsmitglied stützt und dann aber über seine Beratungstätigkeit sowie durch Zustimmungsverweigerung der Arbeit des Vorstands entgegenwirkt.[162]

Wenn der Aufsichtsrat also über andere Überwachungsmittel bereits auf die Unternehmenspolitik aus reinen Zweckmäßigkeitserwägungen ein-

161 *Krieger*, Personalentscheidungen des Aufsichtsrats, S. 37.
162 *Krieger*, Personalentscheidungen des Aufsichtsrats, S. 39.

wirken kann, wäre es nur konsequent, dies auch im Rahmen seiner Personalpolitik zu gestatten, sodass der Aufsichtsrat seine Überwachungskompetenzen mit einem einheitlichen Maßstab ausüben kann. Ohnehin ist bei dieser Diskussion zu berücksichtigen, dass die Vorstandsmitglieder einerseits ein Interesse an einer mit dem Aufsichtsrat im Einklang stehenden Unternehmenspolitik haben, um nach Ablauf der Amtszeit die realistische Möglichkeit einer Neubestellung zu haben. Andererseits wird von den Anteilseignern erwartet, dass der Aufsichtsrat sorgfältig die Auswahl der Vorstandsmitglieder betreibt. Widerruft der Aufsichtsrat die Bestellung eines Mitglieds des Vorstands, ist dies regelmäßig das Eingeständnis eines vorangegangenen Fehlverhaltens im Auswahlprozess, weshalb der Aufsichtsrat zuvörderst auf andere Aufsichtsmittel zurückgreifen wird.

bb) Zwischenergebnis

Die Bestellung des Vorstands erfolgt notwendigerweise selbstständig durch den Aufsichtsrat und ohne Weisung Dritter.[163] Die Unabhängigkeit der Entscheidung des Aufsichtsrats darf dabei nicht eingeschränkt werden, weder durch rechtsgeschäftliche Vereinbarung noch durch die Satzung der Gesellschaft.[164] Über die Personalhoheit hat der Aufsichtsrat somit ein weitreichendes Kontrollinstrument, welches ihm Einfluss auf die zukünftige Unternehmenspolitik gewährt. Dabei darf der Aufsichtsrat seine Personalkompetenz neben seinen sonstigen Aufsichtsmitteln bewusst für die Gestaltung der zukünftigen Unternehmenspolitik einsetzen. Er kann darüber aktiv Einfluss auf unternehmerische Entscheidungen der Gesellschaft nehmen. Es handelt sich dabei nicht um ein der Geschäftsführung des Vorstands nachgeordnetes Kontrollinstrument, welches der Aufsichtsrat nur bei Maßnahmen des Vorstands, die er für unvertretbar hält, einsetzen darf. Auch aus Zweckmäßigkeitserwägungen kann von diesem Aufsichtsmittel Gebrauch gemacht werden, wenn das unternehmerische Konzept des Vorstands den Aufsichtsrat nicht mehr überzeugt.

---

163 OLG Düsseldorf, Beschluss v. 13.7.2015 – I-26 W 16/14, NZG 2015, 1115 (1117); *Seibt* in: Schmidt/Lutter, § 84 AktG, Rn. 13; *Weber* in: Hölters/Weber, § 84 AktG, Rn. 9; *Koch*, § 84 AktG, Rn. 5.

164 *Habersack* in: MüKoAktG, § 84 AktG, Rn. 15; *Fleischer* in: BeckOGK-AktG, § 84 AktG, Rn. 10.

Im Hinblick auf den Fortgang dieser Arbeit zeigt die vorangegangene Darstellung, dass dem Aufsichtsrat durch die Ausübung seiner Personalkompetenz hinsichtlich der Geschäftsführung der Gesellschaft eine wesentliche Rolle zukommt. Diese mitentscheidende Rolle des Aufsichtsrats ist durch die gesetzlichen Regelungen zur Bestellung und Abberufung von Vorstandsmitgliedern im Aktiengesetz verankert und bewegt sich im Rahmen des aktienrechtlichen Trennungsprinzips.

b) Abgabe der Entsprechenserklärung, § 161 AktG

Die Vorschrift des § 161 AktG wurde durch das TransPuG[165] im Jahr 2002 eingefügt und geht auf eine Empfehlung der Regierungskommission Corporate Governance zurück, welche neben der Erarbeitung des DCGK eine gesetzliche Verpflichtung der Unternehmensorgane zur Information über die Einhaltung (oder Nichteinhaltung) der von der Regierungskommission entwickelten Grundsätze empfohlen hat.[166] Der DCGK enthält international sowie national anerkannte Standards guter Unternehmensführung.[167] Dabei handelt es sich um eine Vielzahl von Hinweisen zur Verbesserung der Corporate Governance, welche in Form von Anregungen und Empfehlungen formuliert sind. Darüber hinaus beschreibt der Kodex gesetzliche Vorschriften aus dem Aktiengesetz zur Leitung und Überwachung deutscher börsennotierter Gesellschaften.

Über die Entsprechenserklärung in § 161 AktG erhält der Kodex eine gesetzliche Grundlage. Denn die Empfehlungen und Hinweise im Kodex sind zwar nicht verbindlich, jedoch sind jegliche Abweichungen zu den Empfehlungen zu begründen und im Zusammenhang mit der verpflichtend jährlich abzugebenden Entsprechenserklärung zu veröffentlichen – sog. „Comply or Explain". Der Aufsichtsrat sowie der Vorstand müssen in der Erklärung darlegen, welchen Empfehlungen sie in der Vergangenheit bereits gefolgt sind, welche sie in der Zukunft umsetzen werden und welchen Empfehlungen nicht gefolgt wurde oder in Zukunft nicht gefolgt werden wird und worin etwaige Abweichungen von den von der Kom-

---

165 Transparenz- und Publizitätsgesetz v. 19.7.2002 (BGBl. I S. 2681).

166 *E. Vetter* in: Henssler/Strohn, § 161 AktG, Rn. 1.

167 *Semler/Wagner*, NZG 2003, 553 (553).

mission erarbeiteten Empfehlungen liegen.[168] Die Erklärung hat somit zwei Ebenen. Es handelt sich einerseits um eine Wissens- und andererseits um eine Absichtserklärung.[169] Dies geschieht in Form einer Entsprechenserklärung, die gem. § 161 Abs. 1 AktG vom Vorstand und Aufsichtsrat abzugeben ist.[170]

In Bezug auf den Aufsichtsrat trifft dieser einen Beschluss über die Abgabe und Inhalt der Entsprechenserklärung als Gesamtorgan. Zwar wird § 161 Abs. 1 AktG nicht in § 107 Abs. 3 S. 7 AktG unter den undelegierbaren Aufgaben des Aufsichtsrats aufgeführt, aufgrund der Vergleichbarkeit zu den dort genannten Aufgaben sowie der Zuweisung in die Gesamtverantwortung des Aufsichtsrats ist der Beschluss dennoch als eine Kollegialentscheidung zu treffen und kann nicht auf einen Ausschuss delegiert werden.[171] Gem. § 108 Abs. 1 AktG bedarf der Beschluss des Aufsichtsrats einer einfachen Mehrheit. Sofern sich die Kodexbestimmungen jedoch an einzelne Aufsichtsratsmitglieder persönlich richten, bedarf es der Zustimmung jedes einzelnen Mitglieds.[172] Davon ausgenommen sind Vorschriften, die sich an den Aufsichtsratsvorsitzenden richten, da dieser allgemein lediglich besondere Aufgaben für den Aufsichtsrat wahrnehme und sich die Empfehlungen daher nicht an die Person richteten, sondern an das gesamte Organ.[173]

aa) Rechtliche Einordnung der Kodex-Empfehlungen

Die Verpflichtungserklärung von Aufsichtsrat und Vorstand, die nach § 161 Abs. 1 AktG von beiden Organen jeweils abgegeben wird, bezieht sich ausweislich des Wortlauts der Norm lediglich auf die vom DCGK auf-

---

168 *Bayer/Scholz* in: BeckOGK-AktG, § 161 AktG, Rn. 60 f.; *Peltzer*, NZG 2002, 593 (594 f.); *Borges*, ZGR 2003, 508 (525 ff.).

169 *Semler/Wagner*, NZG 2003, 553 (554).

170 Verpflichteter sind also die Organe Aufsichtsrat sowie Vorstand und nicht die Gesellschaft; zutreffend *Koch*, § 161 AktG, Rn. 6; *E. Vetter* in: Henssler/Strohn, § 161 AktG, Rn. 8; *Spindler* in: K. Schmidt/Lutter, § 161 AktG, Rn. 18; a. A. *Schürnbrand*, FS Schneider, 2011, S. 1197 (1197 ff.).

171 *Bayer/Scholz* in: BeckOGK-AktG, § 161 AktG, Rn. 65, 70.

172 *Bayer/Scholz* in: BeckOGK-AktG, § 161 AktG, Rn. 70.

173 *Lutter* in: KölnerKommAktG, § 161 AktG, Rn. 61; *Krieger*, FS Ulmer, 2003, S. 365 (375).

geführten Empfehlungen. Dabei muss sich die Erklärung auf alle Empfehlungen erstrecken, also einschließlich auf diejenigen, die nicht den Aufsichtsrat und seinen Zuständigkeitsbereich betreffen.[174] Es handelt sich bei den Empfehlungen des DCGK zwar nicht um Rechtsnormen, da sie kein Ausfluss staatlicher Gesetzgebung sind, doch ihnen „soll" gemäß der Erklärung nach § 161 Abs. 1 AktG entsprochen werden. Die Vorschriften verlangen also für sich Geltungsanspruch, haben aber keinen zwingenden Charakter.[175] Sie sind daher als sog. „Soft Law" zu kategorisieren. Die tatsächliche Akzeptanz des DCGK ist allerdings extrem hoch in Anbetracht der hohen Zustimmungswerte in den abgegebenen Entsprechenserklärungen der relevanten Gesellschaften zu den formulierten Empfehlungen, wodurch die praktische Wirkkraft der Regelungen verstärkt wird.[176]

Die Empfehlungen des Kodex sind keine staatlichen Rechtssätze oder im Geschäftsverkehr übliche Handelsbräuche, ihnen fehlt vielmehr die unmittelbare rechtliche Verbindlichkeit.[177] Gleichzeitig wohnt den Empfehlungen aufgrund ihrer hohen tatsächlichen Akzeptanz dennoch eine unbestrittene Relevanz im Rechts- und Geschäftsverkehr inne, da sich viele Akteure an den Kodex und seine Empfehlungen gebunden fühlen.[178]

bb) Der DCGK zur Einbindung des Aufsichtsrats in die Geschäftsführung

Inhaltlich äußert sich der DCGK an mehreren Stellen zur Teilhabe bzw. Einbindung des Aufsichtsrats hinsichtlich Fragen der Geschäftsführung. So gibt er in Grundsatz 6[179] in Anlehnung an die Personalkompetenz des Aufsichtsrats wieder, dass der Aufsichtsrat die Mitglieder des Vorstands bestellt und entlässt. Im Rahmen der Überwachung und Beratung des Vorstands ist der Aufsichtsrat in Entscheidungen von grundlegender Bedeutung für das Unternehmen einzubinden. Grundsatz 6 hebt hervor, dass dies insbesondere auch Nachhaltigkeitsfragen umfasst. Für Geschäfte

174 *Lutter/Krieger/Verse* in: Rechte und Pflichten des Aufsichtsrats, Rn. 513.

175 Vgl. *Koch*, § 161 AktG, Rn. 3.

176 *Koch*, § 161 AktG, Rn. 3; *Seibt/Mohamed*, AG 2022, 357 (358).

177 *Koch*, AG 2022, 1 (1).

178 Das Verständnis von Teilnehmern des Rechtsverkehrs vom DCGK sowie seinen Anregungen und Empfehlungen kritisch beleuchtend, *Koch*, AG 2022, 1; *Seibt/Mohamed*, AG 2022, 357 (357).

179 Grundsatz 6 DCGK 2022.

von grundlegender Bedeutung für das Unternehmen legen die Satzung oder der Aufsichtsrat Zustimmungsvorbehalte fest.

Im Zusammenhang mit der Überwachungsaufgabe des Aufsichtsrats regt der DCGK 2022 an, dass der Aufsichtsrat in angemessenem Rahmen bereit sein solle, mit Investoren über aufsichtsratsspezifische Themen Gespräche zu führen.[180]

Darüber hinaus habe der Aufsichtsrat sicherzustellen, dass er vom Vorstand angemessen informiert wird.[181] Daher empfiehlt der DCGK 2022 dem Aufsichtsratsvorsitzenden, zwischen den Sitzungen mit dem Vorstand regelmäßig Kontakt zu halten und mit ihm Fragen der Strategie, der Geschäftsentwicklung, der Risikoanlage, des Risikomanagements und der Compliance des Unternehmens zu beraten.[182]

Bzgl. der Bestellung von Vorstandsmitgliedern durch den Aufsichtsrat äußert sich der DCGK in Grundsatz 9 DCGK 2022 dahingehend, dass der Aufsichtsrat entsprechend den gesetzlichen und satzungsmäßigen Vorgaben über die Anzahl der Vorstandsmitglieder, die erforderlichen Qualifikationen und die Besetzung der einzelnen Personen entscheidet. Der DCGK empfiehlt diesbezüglich, bei der Besetzung des Vorstands auf Diversität zu achten, im Zusammenwirken von Vorstand und Aufsichtsrat hinsichtlich der langfristigen Nachfolgeplanung die Festlegung einer Altersgrenze für Vorstandsmitglieder sowie die Erstbestellung von Vorstandsmitgliedern auf längstens drei Jahre zu beschränken und eine Wiederbestellung vor Ablauf eines Jahres vor dem Ende der Bestelldauer nur bei Vorliegen besonderer Gründe durchzuführen.[183]

c) Vertretung der Gesellschaft gegenüber Vorstandsmitgliedern

Gemäß § 78 AktG vertritt grundsätzlich der Vorstand die AG gerichtlich und außergerichtlich. Von diesem Grundsatz weicht das Gesetz ab, wenn es um Geschäfte der Gesellschaft mit Vorstandsmitgliedern geht. In diesen Fällen vertritt nach § 112 AktG ausnahmsweise der Aufsichtsrat die Gesellschaft gegenüber den Vorstandsmitgliedern gerichtlich und außergericht-

180 Anr. A.6 DCGK 2022.
181 Grundsatz 16 DCGK 2022.
182 Empf. D.5 DCGK 2022.
183 Empf. B.1-B.5 DCGK 2022.

lich. Die Vorschrift bezweckt eine unbefangene und von sachfremden Erwägungen unbeeinflusste Vertretung der Gesellschaft sicherzustellen.[184] Erfasst werden dabei alle Rechtsgeschäfte mit Vorstandsmitgliedern sowie die Prozessführung mit diesen.[185] Zentraler Gedanke dieser Regelung ist es, potentielle Interessenkonflikte, die bei der Vertretung durch den Vorstand in diesen Fällen auftreten könnten, zu vermeiden und die Gesellschaft vor einer daraus resultierenden abstrakten Gefährdung von Gesellschaftsinteressen zu schützen.[186] Denn § 112 AktG soll verhindern, dass der Vorstand bei Geschäften zwischen Gesellschaft und einem Vorstandsmitglied potentiell nicht die erforderliche Unbefangenheit zur Wahrung der Gesellschaftsinteressen aufbringt.[187]

Die Vertretungsbefugnis des Aufsichtsrats ist in dieser Hinsicht dergestalt beschränkt, dass sie lediglich zur Vertretung der Gesellschaft, nicht aber zur Vertretung Dritter ermächtigt.[188] Auch ist die Vertretung grundsätzlich nur gegenüber Vorstandsmitgliedern, nicht aber gegenüber Dritten gestattet – eine Vertretung gegenüber Dritten beschränkt sich auf Ausnahmefälle.[189] Die Vertretungsregelung des § 112 AktG ist nicht abschließend, sondern regelt lediglich die explizit im Wortlaut der Norm genannten Fälle der gerichtlichen und außergerichtlichen Vertretung der Gesellschaft für jegliche Arten von Geschäften und Rechtsstreitigkeiten gegenüber den Vorstandsmitgliedern.[190] Daneben kommen weitere Fälle der Vertretung der Gesellschaft durch den Aufsichtsrat in Betracht.[191] Typische

184 BGH, Urteil v. 29.6.1987 – II ZR 173/86, BGHZ 103, 213 (216); *Hopt/Roth* in: GroßKommAktG, § 112 AktG, Rn. 4ff.; *Mertens/Cahn* in: KölnerKommAktG, § 112 AktG, Rn. 2.

185 *Grigoleit* in: GrigoleitAktG, § 112 AktG, Rn. 9.

186 BGH, Urteil v. 29.11.2004 – II ZR 364/02, NZG 2005, 276; *Henssler* in: Henssler/Strohn, § 112 AktG, Rn. 1.

187 BGH, Urteil v. 8.2.1988 – II ZR 159/87, NJW 1988, 1384 (1385).

188 Ein potentieller „Dritter" ist beispielsweise eine abhängige Gesellschaft, *Habersack* in: MüKoAktG, § 112 AktG, Rn. 8.

189 Zu solchen Ausnahmefällen wie bei wirtschaftlicher Identität zwischen Vorstandsmitglied und dem Dritten oder Geschäften mit Familienangehörigen von Vorstandsmitgliedern, *Habersack* in: MüKoAktG, § 112 AktG, Rn. 9ff., 18.

190 *Veil* in: BeckOGK-AktG, § 112 AktG, Rn. 30ff.; *Theusinger/Guntermann*, AG 2017, 798 (802ff.).

191 Ausführlich zum Anwendungsbereich von § 112 AktG mit typischen Beispielen für

Beispiele sind der Abschluss und die Kündigung von Anstellungs-, Pensions- und sonstigen Verträgen mit dem Vorstand.[192] Auch Beratungsverträge mit ausgeschiedenen Vorstandsmitgliedern fallen zwingend unter die von § 112 AktG erfassten Rechtsgeschäfte.[193]

d) Bericht des Aufsichtsrats an die Hauptversammlung, §§ 171 Abs. 2, 176 Abs. 1 S. 2 AktG

Nach § 171 Abs. 2 AktG hat der Aufsichtsrat den Jahresabschluss, den Lagebericht und den Vorschlag für die Verwendung des Bilanzgewinns zu prüfen und im Anschluss an die Hauptversammlung schriftlich zu berichten (§ 171 Abs. 1 und Abs. 2 S. 1 AktG). Gemäß § 171 Abs. 2 S. 2 AktG hat der Aufsichtsrat auch mitzuteilen, wie er die Geschäftsführung der Gesellschaft während des vergangenen Geschäftsjahres geprüft hat. Muss der Jahresabschluss durch einen Abschlussprüfer geprüft werden, hat der Aufsichtsrat zum Ergebnis der Prüfung zusätzlich Stellung zu nehmen (§ 171 Abs. 2 S. 3 AktG).

Nach § 175 Abs. 2 S. 1 AktG ist der Bericht des Aufsichtsrats in dem Geschäftsraum der Gesellschaft zur Einsicht durch die Aktionäre auszulegen und auf Verlangen jedem Aktionär eine Abschrift des Berichts zu erteilen (§ 175 Abs. 2 S. 2 AktG). Letztlich hat der Aufsichtsratsvorsitzende gem. § 176 Abs. 1 S. 2 AktG auf der Hauptversammlung den schriftlichen Bericht zu erläutern.

aa) Inhalt des Berichts des Aufsichtsrats, § 171 Abs. 2 S. 2 AktG

(1) Zweck der Berichtspflicht

Die Pflicht des Aufsichtsrats, einen schriftlichen Bericht an die Hauptversammlung auszufertigen, dient der Erfüllung zweier wesentlicher Zwecke.

Einerseits hat der Bericht eine sog. Informationsfunktion gegenüber den Aktionären, aber auch der Öffentlichkeit, indem er diese Akteure über das Ergebnis der durch den Aufsichtsrat durchgeführten Prüfung

---

Fälle der Vertretung der Gesellschaft durch den Aufsichtsrat, *Veil* in: BeckOGK-AktG, § 112 AktG, Rn. 30 ff.

192 *Veil* in: BeckOGK-AktG, § 112 AktG, Rn. 31.

193 Solche Beratungsverträge sind in der Praxis überaus beliebt, *Habersack* in: MüKo-AktG, § 112 AktG, Rn. 17; *Veil* in: BeckOGK-AktG, § 112 AktG, Rn. 31.

der Abschlussunterlagen wiedergibt.[194] Nach § 171 Abs. 2 S. 4 AktG fasst der Aufsichtsrat dieses Ergebnis am Ende seines Berichts in einer Erklärung zusammen.

Andererseits legt der Aufsichtsrat durch den Bericht Rechenschaft über seine Tätigkeit ab (sog. Rechenschaftsfunktion).[195] Er legt darin dar, in welcher Art und Weise und in welchem Umfang er die Geschäftsführung geprüft hat. Der Aufsichtsrat muss also darlegen, in welchem Maß er im abgelaufenen Geschäftsjahr seinen Pflichten nachgekommen ist und wie er diese erfüllt hat.[196] Die Berichtspflicht hält den Aufsichtsrat dazu an, seiner eigenen Überwachungsaufgabe sorgfältig nachzukommen und dient damit als Anreizmittel für den Aufsichtsrat, eine effiziente und wirksame Überwachung der Geschäftsführung durchzuführen.[197]

(2) Inhaltliche Reichweite des Aufsichtsratsberichts

Einzelne Berichtsgegenstände sind in § 171 Abs. 2 AktG aufgeführt, darüber hinaus bleiben die Formulierungen im Gesetz zur inhaltlichen Gestaltung des Berichts offen. Der konkrete Inhalt sowie der Umfang des Berichts liegen insofern im Ermessen des Aufsichtsrats.[198] In der Vergangenheit beschränkten sich die Berichte über die Überwachung der Geschäftsführung regelmäßig auf formelhafte Standardformulierungen über eine in allen Belangen ordnungsgemäß durchgeführte Überwachung der Geschäftsführung.[199] Inzwischen wird die notwendige Ausführlichkeit der Berichterstattung differenziert beurteilt und hat sich an dem Informationsbedürfnis der Empfänger zu orientieren.[200] Dieser Maßstab

---

194 OLG Stuttgart, Urteil v. 15.3.2006 – 20 U 25/05, NZG 2006, 472 (476); *Hennrichs/Pöschke* in: MüKoAktG, § 171 AktG, Rn. 206; *Koch*, § 171 AktG, Rn. 17; *Waclawik* in: Hölters/Weber-AktG, § 171 AktG, Rn. 16.

195 *Hennrichs/Pöschke* in: MüKoAktG, § 171 AktG, Rn. 207; *Koch*, § 171 AktG, Rn. 17; *Waclawik* in: Hölters/Weber-AktG, § 171 AktG, Rn. 16.

196 *Hennrichs/Pöschke* in: MüKoAktG, § 171 AktG, Rn. 207; *Koch*, § 171 AktG, Rn. 17; *Waclawik* in: Hölters/Weber-AktG, § 171 AktG, Rn. 16.

197 *Drygala*, AG 2007, 381 (382).

198 *Hennrichs/Pöschke* in: MüKoAktG, § 171 AktG, Rn. 210.

199 *Adler/Düring/Schmaltz* in: ADS-AktG, § 171 AktG, Rn. 69; *Koch*, § 171 AktG, Rn. 20; *Ekkenga* in: KölnerKommAktG, § 171 AktG, Rn. 68.

200 *Hennrichs/Pöschke* in: MüKoAktG, § 171 AktG, Rn. 211.

dient dazu, sicherzustellen, dass die Aktionäre die für sie notwendigen Informationen erhalten, um fundiert beurteilen zu können, ob der Aufsichtsrat seine Überwachungsaufgabe pflichtgemäß erfüllt hat.[201]

Befindet sich die Gesellschaft in wirtschaftlichen Schwierigkeiten oder liegen außergewöhnliche Umstände vor,[202] erhöhen sich die inhaltlichen Anforderungen an die Überwachungspflicht und damit in der Konsequenz auch an die Berichtspflichten des Aufsichtsrats.[203] Denn in den Berichten muss der Aufsichtsrat darlegen, in welchem Maß und auf welche Art er seine Überwachungstätigkeit der wirtschaftlich prekären Lage der Gesellschaft angepasst hat.[204] So sollte der Bericht die unterschiedlichen genutzten Überwachungsinstrumente aufführen und darlegen, wie der Aufsichtsrat davon Gebrauch gemacht hat.[205]

Aber auch darüber hinausgehend darf sich der Aufsichtsratsvorsitzende nach überwiegender Auffassung zu jeglichen Themenbereichen äußern, die in seinem sachlichen Aufgabenbereich liegen, auch wenn sie im Wortlaut des § 171 Abs. 2 S. 2 AktG nicht explizit aufgeführt sind.[206] Dabei kann der Aufsichtsrat insbesondere über die Bestellung und Abbe-

201 *E. Vetter* in: GroßKommAktG, § 171 AktG, Rn. 210; *Richardt* in: Semler/v. Schenck/Wilsing, AR-HdB, 5. Auflage, 2021, § 10, Rn. 275.

202 Zu denken ist dabei an besondere Personalentscheidungen des Aufsichtsrats oder schlicht Bedenken gegen die aktuelle Geschäftsführung, welche sich aus der Überwachungstätigkeit ergeben haben. Solche Erkenntnisse und Bedenken sind unter Angabe weitergehender Informationen darzulegen,

203 OLG Hamburg, Urteil v. 12.1.2001 – 11 U 162/00, NZG 2001, 513 (516); OLG Stuttgart, Urteil v. 15.3.2006 – 20 U 25/05, NZG 2006, 472 (475); *Drygala* in: K. Schmidt/Lutter, § 171 AktG Rn. 9; *Hennrichs/Pöschke* in: MüKoAktG, § 171 AktG, Rn. 220; *Kiethe*, NZG 2006, 888 (890ff.); *Maser/Bäumker*, AG 2005, 906 (908); *Sünner*, AG 2006, 450 (451); Siehe ausführlich zu ausgewählten Berichtsthemen *Marsch-Barner*, FS Stilz, 2014, S. 397 (401 ff.).

204 *Grigoleit/Zellner* in: GrigoleitAktG, § 171 AktG, Rn. 19.

205 Zu denken ist dabei an die Berichterstattung nach § 90 Abs. 1 AktG, die Unterrichtung des Aufsichtsrats nach § 90 Abs. 2 AktG, die Einsichtnahme in Bücher oder die Beauftragung von Sachverständigen nach § 111 Abs. 2 AktG oder die Anordnung, Prüfung und Bewilligung zustimmungspflichtiger Geschäfte nach § 111 Abs. 4 S. 2 AktG, siehe *E. Vetter*, ZIP 2006, 257 (259).

206 Siehe eine beispielhafte Auflistung der Themenbereiche, zu denen sich der Aufsichtsrat üblicherweise äußert, *Lutter/Krieger/Verse*, Rechte und Pflichten des Aufsichtsrats, § 9, Rn. 580 ff. sowie *Marsch-Barner*, FS Stilz, 2014, S. 397 (401 ff.).

rufung von Vorstandsmitgliedern berichten, stellt doch die Personalhoheit eine der wesentlichen Aufgaben des Aufsichtsrats dar.[207] Vereinzelt werden im Bericht des Aufsichtsrats sogar Ausführungen zu den zentralen Beratungsthemen des Aufsichtsrats erwartet.[208] Dem steht grundsätzlich das Beratungsgeheimnis des Aufsichtsrats entgegen, welches dadurch beeinträchtigt werden kann. Dementsprechend wird in dieser Hinsicht die Berichtspflicht durch das Beratungsgeheimnis begrenzt.[209] Gibt der Aufsichtsrat das Beratungsgeheimnis im Einzelfall auf und trägt seine Entscheidungsgründe nach außen, weil er es beispielsweise als notwendig für eine ausreichende Informationsvermittlung an die Aktionäre erachtet, kann dies aufgrund des durch § 116 Abs. 2 AktG geschützten Beratungsgeheimnisses nicht pauschal, sondern lediglich als Ergebnis einer sorgfältigen Abwägungsentscheidung erfolgen.[210]

Unterschiedlich wird beurteilt, wie der Umfang der Berichtspflicht ausfällt, wenn keine besonderen Probleme oder Vorkommnisse bei der Überwachung aufgetreten sind und daher keine gesonderten Prüfungsmaßnahmen vorgenommen wurden. Überwiegend wird in diesen Fällen angenommen, dass der Bericht sich in einer allgemeinen und kurz gehaltenen Berichterstattung erschöpfen könne.[211] Es sei nicht notwendig, tiefergehend auf die Häufigkeit und die Gegenstände sowie Maßnahmen der durchgeführten Prüfungen einzugehen.[212] Der Gebrauch von standardisierten Formulierungen sei daher zulässig, sofern diese weiterhin einer

207 *Lutter/Krieger/Verse*, Rechte und Pflichten des Aufsichtsrats, § 9, Rn. 580 ff.

208 Statt vieler anderer LG München, Urteil v. 5.4.2007 – 5HK O 15964/06, AG 2007, 417 (418); OLG Stuttgart, Urteil v. 15.3.2006 – 20 U 25/05, NZG 2006, 472 (475 f.); *E. Vetter*, ZIP 2006, 257 (262); *Hoffmann-Becking*, NZG 2017, 281 (284). In der Praxis ist zu beobachten, dass viele Aufsichtsräte von börsennotierten Gesellschaften in den Berichten an die Hauptversammlung aufgrund der gestiegenen Erwartungshaltung an diese Berichte recht detailliert und konkret von Aufsichtsratssitzungen und den darin behandelten Themen berichten, *Marsch-Barner*, FS Stilz, 2014, S. 397 (402); *E. Vetter*, ZIP 2006, 257 (259); *Hoffmann-Becking*, NZG 2017, 281 (284).

209 *Hoffmann-Becking*, NZG 2017, 281 (284).

210 *Marsch-Barner*, FS Stilz, 2014, S. 397 (402); *Hoffmann-Becking*, NZG 2017, 281 (284).

211 LG Krefeld, Urteil v. 20.12.2006 – 11 O 70/06, ZIP 2007, 730 (732); *Kiethe*, NZG 2006, 888 (891); *Maser/Bäumker*, AG 2005, 906 (908f.); *Schulz* in: Bürgers/Lieder, § 171 AktG, Rn. 12; *E. Vetter*, ZIP 2006, 257 (262).

212 LG Krefeld, Urteil v. 20.12.2006 – 11 O 70/06, ZIP 2007, 730 (732).

inhaltlichen Berichterstattung dienen und der Bericht dadurch nicht an Informationsgehalt einbüßt.[213] Nicht mehr ausreichend sei die Berichterstattung, wenn der Bericht nicht über pauschale Sprachwendungen hinausgehe und für die Hauptversammlung nicht mehr als ausreichende Informationsgrundlage herangezogen werden könne.[214] Teilweise wird im Kontrast dazu aber selbst in denjenigen Fällen, in denen keine besonderen Erkenntnisse aus der Prüfung hervorgingen, eingefordert, dass zumindest detailliert erläutert wird, wie der Aufsichtsrat zu seiner Bewertung der Unternehmenslage gelangt ist.[215]

Im Ergebnis ist für den Aufsichtsrat entscheidend, dass er mit seinem Bericht die Hauptversammlung ausreichend informiert, damit diese einen Überblick über die durchgeführten Maßnahmen zur Wahrnehmung der Überwachungsaufgabe durch den Aufsichtsrat erhält.[216] Dabei kann der Aufsichtsrat seine Ausführungen durchaus kurz fassen, sollte aber den Informationsgehalt seiner Ausführungen gewährleisten.

(3) Zusätzliche Berichtspflichten bei der börsennotierten AG

Den Aufsichtsrat der börsennotierten AG treffen zusätzliche Berichtspflichten. Nach § 171 Abs. 2 S. 2 Hs. 2 AktG hat er insbesondere anzugeben, welche Ausschüsse gebildet worden sind, sowie die Anzahl der Sitzungen

---

213 LG Krefeld, Urteil v. 20.12.2006 – 11 O 70/06, ZIP 2007, 730 (732); *Grigoleit/Zellner* in: GrigoleitAktG, § 171 AktG, Rn. 19; *Hennrichs/Pöschke* in: MüKoAktG, § 171 AktG, Rn. 220; *Gernoth/Wernicke*, NZG 2010, 531 (532).

214 LG Krefeld, Urteil v. 20.12.2006 – 11 O 70/06, ZIP 2007, 730 (732); *Grigoleit/Zellner* in: GrigoleitAktG, § 171 AktG, Rn. 19; *Gernoth/Wernicke*, NZG 2010, 531 (532); a. A., bereits pauschale und formelhafte Wendungen als ausreichend ansehend *Adler/Düring/Schmaltz* in: ADS-AktG, § 171 AktG, Rn. 69; *Koch*, § 171 AktG, Rn. 20; *Ekkenga* in: KölnerKommAktG, § 171 AktG, Rn. 68.

215 OLG Stuttgart, Urteil v. 15.3.2006 – 20 U 25/05, NZG 2006, 472 (475 f.); LG München I, Urteil v. 10.3.2005 – 5HK O 18110/04, ZIP, 1031 (1031 f.); *Theisen/Linn/Schöll*, DB 2007, 2493 (2500); *Trescher*, DB 1989, 1981 (1982); *Lutter*, AG 2008, 1 (3); Nach *Grottel/Hoffmann* in: BeckBilanzKomm. HGB, Vor §§ 325–329, Rn. 27 sind auch im Normalfall „ausführliche und individuelle AR-Berichte erforderlich“; *Adler/Düring/Schmaltz* in: ADS-AktG, § 171 AktG, Rn. 67. Etwas zurückhaltender im Hinblick auf den Umfang des Berichts *Drygala* in: K. Schmidt/Lutter, § 171 AktG, Rn. 23.

216 So auch *Maser/Bäumker*, AG 2005, 906 (909).

des Plenums und der Ausschüsse.[217] Darüber hinaus muss der Aufsichtsrat die Prüfung der CSR-Berichterstattung in seinem Bericht darlegen.[218]

Zusätzlich enthält der DCGK 2022 speziell für börsennotierte Gesellschaften sowie Gesellschaften mit Kapitalmarktzugang im Sinne des § 161 Abs. 1 S. 2 AktG gesonderte Empfehlungen für den Aufsichtsrat im Rahmen seiner Berichtspflicht. Es wird empfohlen, dass der Aufsichtsrat darüber hinaus in seinem Bericht an die Hauptversammlung über aufgetretene Interessenkonflikte aufklärt und über deren Behandlung informiert.[219] Zusätzlich empfiehlt der DCGK 2022 in Empf. D.7, dass im Bericht des Aufsichtsrats angegeben werden soll, wie viele Sitzungen des Aufsichtsrats und der Ausschüsse in Präsenz oder als Video- oder Telefonkonferenzen durchgeführt wurden und an wie vielen Sitzungen des Aufsichtsrats und der Ausschüsse die Aufsichtsratsmitglieder jeweils teilgenommen haben.[220]

bb) Erläuterungspflicht, § 176 Abs. 1 S. 2 Hs. 2 AktG

Dem Aufsichtsratsvorsitzenden wird ausdrücklich die Pflicht übertragen, den Aufsichtsratsbericht mündlich zu erläutern (§ 176 Abs. 1 S. 2 Hs. 2 AktG). Der Vorsitzende ist bei der Erläuterung an den Inhalt des vom Auf-

---

217 OLG München, Urteil v. 24.9.2008 – 7 U 4230/07, AG 2009, 121 (123); *E. Vetter*, ZIP 2006, 257 (260).

218 *E. Vetter*, FS Seibert, 2019, 1007 (1016 ff.). „CSR" bedeutet „Corporate Social Responsibility" und umfasst die gesellschaftliche Verantwortung von Unternehmen im Sinne eines nachhaltigen Wirtschaftens. Definition des Bundesministeriums für Arbeit und Soziales: „CSR ist die Verantwortung von Unternehmen für ihre Auswirkungen auf die Gesellschaft. Dies umfasst soziale, ökologische und ökonomische Aspekte, wie sie etwa in international anerkannten Referenzdokumenten zur Unternehmensverantwortung ausgeführt sind, insbesondere in der ILO-Grundsatzerklärung über Unternehmen und Sozialpolitik, den OECD-Leitsätzen für multinationale Unternehmen, den UN-Leitprinzipien für Wirtschaft und Menschenrechte, im UN Global Compact oder in der ISO 26000. Konkret geht es beispielsweise um faire Geschäftspraktiken, mitarbeiterorientierte Personalpolitik, den sparsamen Einsatz von natürlichen Ressourcen, den Schutz von Klima und Umwelt sowie ernst gemeintes Engagement vor Ort und Verantwortung auch in der Lieferkette." (https://www.csr-in-deutschland.de/DE/CSR-Allgemein/CSR-Grundlagen/csr-grundlagen.html, abgerufen am 5.9.2025).

219 Empf. E.1 DCGK 2022.

220 Nach § 171 Abs. 2 S. 2 Hs. 2 AktG sind diese Angaben für börsennotierte AGs verpflichtend.

sichtsratsplenum formulierten Berichts gebunden – er darf also grundsätzlich keine eigenen Vorstellungen nach außen tragen. Trägt er im Einzelfall eigene Standpunkte nach außen oder vertritt er eine andere als in dem Bericht aufgeführte Auffassung, hat er dies kenntlich zu machen.[221]

Der Aufsichtsratsvorsitzende soll dabei den Inhalt des Berichts nicht schlicht wiedergeben, sondern schwerpunktmäßig die wesentlichen Punkte zusammenfassen. Darüber hinaus nimmt der Vorsitzende üblicherweise Bezug auf die Lage der Gesellschaft und bewertet diese sowie die Entwicklung der Gesellschaft aus Sicht des Aufsichtsrats.[222] Insbesondere in Bezug auf Vorstandsangelegenheiten, sofern Ausführungen dazu nicht ohnehin schon in den schriftlichen Bericht aufgenommen wurden, kann der Aufsichtsratsvorsitzende in seinen Erläuterungen über den Berichtsinhalt hinausgehen und bei Personalwechseln auf Vorstandsebene tiefergehend auf die Gründe eingehen, um auf diese Weise aufkommende Fragen zu dem Thema vorwegzunehmen.[223]

cc) Erkenntnisse über die Außenwirkung des Aufsichtsratsberichts

Ausgehend von der Grundkonzeption des Aufsichtsrats als Innenorgan verdeutlicht die Pflicht zur Erstellung eines Aufsichtsratsberichts und der anschließenden Erläuterung durch den Aufsichtsratsvorsitzenden, dass der Aufsichtsrat und seine Mitglieder entgegen diesem traditionellen Verständnis auch nach außen wirkende Kompetenzen auf sich vereinen. Mit dem Bericht des Aufsichtsrats an die Hauptversammlung nach § 171 Abs. 2 S. 1, 2 AktG tritt der Aufsichtsrat nämlich in den direkten Kontakt zu den Aktionären und berichtet an diese über Art und Umfang, wie er die Geschäftsführung im vergangenen Jahr geprüft hat. Er nimmt somit in diesem Bereich die nach außen gerichtete Kommunikation der Gesellschaft wahr.

Darüber hinaus tritt der Aufsichtsratsvorsitzende durch die Erläuterung des Berichts nach § 176 Abs. 2 S. 2 Hs. 2 AktG in den mündlichen

221 *Ekkenga* in: KölnerKommAktG, § 176 AktG, Rn. 13; *Grigoleit/Zellner* in: GrigoleitAktG, § 176 AktG, Rn. 4; *Hennrichs/Pöschke* in: MüKoAktG, § 171 AktG, Rn. 161.

222 *Drygala* in: K. Schmidt/Lutter, § 176 AktG, Rn. 13.

223 *Hennrichs/Pöschke* in: MüKoAktG, § 171 AktG, Rn. 162; *Lutter/Krieger/Verse*, Rechte und Pflichten des Aufsichtsrats, § 9, Rn. 580 ff.

Kontakt mit der Hauptversammlung. Er geht mit seinen Ausführungen sogar teilweise auf die Lage und Entwicklung der Gesellschaft aus Sicht des Aufsichtsrats und damit inhaltlich über den reinen Berichtsinhalt ein, den der Wortlaut des § 171 Abs. 2 S. 2 AktG vorsieht, hinaus.[224] Weitergehend kann der Vorsitzende auch zu anderen in seinem Kompetenzbereich liegenden Themenbereichen Stellung nehmen und sich dazu äußern.

II. Zwischenergebnis

Die vorstehenden Ausführungen haben deutlich gemacht, dass das Aktiengesetz Kompetenzen für den Aufsichtsrat bereithält, im Rahmen derer dieser mit Außenwirkung für die Gesellschaft tätig wird. Die Kernkompetenz des Aufsichtsrats liegt weiterhin in der Erfüllung seiner Überwachungs- und Beratungsaufgabe. Gleichzeitig zeigen die dargestellten, gesetzlich fest verankerten Kompetenzen auf, dass dem Aufsichtsrat über die Überwachung der Geschäftsführung hinaus eine wichtige und nach außen gerichtete Funktion für die Gesellschaft zukommt.

Das Geschäftsführungsverbot des § 111 Abs. 4 S. 1 AktG gilt also nicht absolut. Der Gesetzgeber selbst überwindet es in den beispielhaft aufgeführten Fällen und lässt den Aufsichtsrat Geschäftsführungsaufgaben wahrnehmen. Mittelbar nimmt der Aufsichtsrat sogar über die Personalkompetenz Einfluss auf strategische Entscheidungen der Gesellschaft beziehungsweise beeinflusst die strategische Ausrichtung in gewissem Maße.

Die Einbindung des Aufsichtsrats in Geschäftsführungsmaßnahmen darf nicht grenzenlos erfolgen. Der Rahmen seiner Einflussmöglichkeiten wird durch den aktienrechtlichen Trennungsgrundsatz definiert und darf lediglich innerhalb der vom Gesetzgeber gesteckten Rahmenbedingungen in Bezug auf die Aufgabenbereiche der verschiedenen Organe erfolgen. Die Geschäftsleitungskompetenz liegt beim Vorstand (§ 76 Abs. 1 AktG). Der Vorstand ist also das vorrangig in Geschäftsführungsangelegenheiten tätig werdende Organ. Erst nachgelagert und nur in Einzelfällen wird die Trennung zwischen Geschäftsführung und Überwachung überwun-

224 Siehe III.2.d).iii).

den, und auch der Aufsichtsrat darf Geschäftsführungsaufgaben für die Gesellschaft übernehmen. Ausnahmen für solche Einzelfälle finden ihre Begründung einerseits in Interessenkonflikten des Vorstands, würde dieser selbst entsprechende Aufgaben erfüllen. Andererseits soll stets die effektive Überwachung von Geschäftsleitungsmaßnahmen gewährleistet sein, damit der Aufsichtsrat seinen Überwachungsauftrag erfüllen kann. Maßstab ist also ein funktionierendes System der *Checks and Balances* innerhalb der AG. Aus den im vorangegangenen Abschnitt dargestellten Aufsichtsratskompetenzen geht hervor, dass der Gesetzgeber die Notwendigkeit der Einbindung des Aufsichtsrats in einzelne Fragen der Geschäftsführung an verschiedenen Stellen gesehen und normiert hat. Aber auch ohne solche normierten Sonderfälle kann es im Einzelfall erforderlich sein, dass der Aufsichtsrat zur Erfüllung seiner gesetzlich zugewiesenen Aufgaben weitere ungeschriebene Kompetenzen als Annex wahrnehmen muss.[225] Im Folgenden wird daher anhand konkreter Kompetenzen des Aufsichtsrats beleuchtet, in welchen Fällen einerseits das Bedürfnis der Anerkennung weitergehender Aufgaben des Aufsichtsrats besteht und inwieweit andererseits eine solche (zusätzliche) Kompetenzanerkennung auf Seiten des Aufsichtsrats gleichzeitig mit dem Trennungsprinzip und der Leitungskompetenz des Vorstands vereinbar ist.

225 Vgl. *Veil* in: BeckOGK-AktG, § 111 AktG, Rn. 80; *Habersack* in: MüKoAktG, § 111 AktG, Rn. 113.

E. Aufsichtsrat als Kollegialorgan und Grenzen der zulässigen Delegation von Rechten und Pflichten des Aufsichtsrats

I. Aufgabenwahrnehmung des Aufsichtsrats als Kollegialorgan

Zentrale Norm für die inhaltliche Determinierung des Aufgabenbereichs des Aufsichtsrats ist § 111 AktG. Behandelt man die Frage, wie weit und auf welche Bereiche sich der Kompetenzbereich des Aufsichtsrats erstreckt, so gehört dazu unweigerlich auch die Auseinandersetzung damit, wer zur Kompetenzwahrnehmung in Erscheinung tritt. Denn dies hat grundlegende Auswirkungen auf die Machtverteilung im Aufsichtsrat. Insbesondere aus mitbestimmungsrechtlicher Sicht im Hinblick auf den Einfluss von Anteilseigner- sowie Arbeitnehmervertretern ist diese Frage von Bedeutung. Nähme man nämlich in einzelnen Aufgabenbereichen eine Verengung der Wahrnehmungskompetenz auf den Aufsichtsratsvorsitzenden an, stärkte dies zwangsläufig die Anteilseignerseite, da aus diesen Reihen regelmäßig der Vorsitzende gewählt wird. Bleibt man hingegen konsequent der grundsätzlichen aktienrechtlichen Konzeption treu, wonach der Aufsichtsrat als Organ die Rechte und Pflichten auf sich vereint, wird auch der Einflussbereich der Arbeitnehmer, der durch die mitbestimmungsrechtlichen Vorschriften verankert ist, gesichert.[226]

---

226 Siehe nur *Koch*, § 107 AktG, Rn. 10; *Habersack* in: MüKoAktG, § 111 AktG, Rn. 135 ff.; *Lutter/Krieger/Verse* in: Rechte und Pflichten des Aufsichtsrats, § 11, Rn. 651; *Drinhausen/Marsch-Barner*, AG 2014, 337 (337 ff.).

1. Organ als Träger von Rechten und Pflichten

Träger der dem Aufsichtsrat zugewiesenen Rechte ist daher allein der Aufsichtsrat selbst und nicht eines seiner Mitglieder.[227] Dies bedeutet, dass die Aufgaben des Aufsichtsrats durch die einzelnen Mitglieder für das Organ erfüllt werden. Nicht nur durch einzelne Mitglieder, sondern auch durch gesondert betraute Funktionsträger wie Ausschüsse oder den Vorsitzenden des Aufsichtsrats können die Aufgaben des Organs erfüllt werden. Diese dem Aufsichtsrat übertragen Aufgaben nimmt er als Kollegialorgan wahr.[228] Er bildet seinen Willen daher grundsätzlich im Plenum.[229] Die Rechte des Aufsichtsrats sind entsprechend als gemeinschaftliche Rechte ausgestaltet und werden gemeinsam durch seine Mitglieder wahrgenommen, indem ein einheitlicher Organwille gebildet wird.[230] Dementsprechend werden alle Erklärungen und Stellungnahmen des Aufsichtsrats mit Rechtswirkung[231] durch Beschlussfassung im Gremium entschieden.[232] Als Folge des Kollegialprinzips kann die Beschlussfassung durch das Plenum nicht durch eine Entscheidung eines einzelnen Mitglieds oder des Vorsitzenden substituiert werden.[233] Auch über Anträge des Vorsitzenden ist durch Beschluss zu entscheiden.[234] Konkrete gesetzlich normierte Vorschriften für die Aufgabenzuweisung an den Aufsichtsrat und im Speziellen für die Aufgabenverteilung und Organisation innerhalb des Gremiums

227 Eingehend dazu *Koch*, AG 2017, 129 (135).

228 BGH, Urteil. v. 6.4.1964, II ZR 75/62, BGHZ 41, 282 (286); *Habersack* in: MüKoAktG, § 108 AktG, Rn. 9; *E. Vetter*, AG 2016, 873 (875).

229 BGH, Urteil. v. 6.4.1964, II ZR 75/62, BGHZ 41, 282 (286); *Habersack* in: MüKoAktG, § 108 AktG, Rn. 9; *E. Vetter*, AG 2016, 873 (875).

230 Siehe nur *Hopt/Roth* in: GroßKommAktG, § 108 AktG, Rn. 19; *Drygala* in: K. Schmidt/Lutter, § 108 AktG, Rn. 2; *Koch*, § 108 AktG, Rn. 2.

231 Dabei handelt es sich um jegliche Willenserklärungen, die vom Aufsichtsrat für die Gesellschaft abgegeben werden (§ 112 AktG), sowie sonstige Erklärungen aus dem Aufgabenbereich des Aufsichtsrats, *Drygala* in: Schmidt/Lutter, § 108 AktG, Rn. 2.

232 Der Beschluss ist das wesentliche Handlungsmittel des Aufsichtsrats, *Drygala* in: Schmidt/Lutter, § 108 AktG, Rn. 2; *Mertens/Cahn* in: KölnerKommAktG, § 108 AktG, Rn. 7 ff.

233 BGH, Urteil v. 14.5.2013 – II ZB 1/11, NZG 2013, 792, Rn. 22; *Drygala* in: Schmidt/Lutter, § 108 AktG, Rn. 2.

234 *Hopt/Roth* in: GroßKommAktG, § 107 AktG, Rn. 20; *Mertens/Cahn* in: KölnerKommAktG, § 108 AktG, Rn. 18; *Habersack* in: MüKoAktG, § 108 AktG, Rn. 9; *Drygala* in: Schmidt/Lutter, § 108 AktG, Rn. 2.

gibt es an wenigen Stellen im Aktien- sowie im Mitbestimmungsgesetz.[235] Darüber hinaus enthält auch der DCGK 2022 einige Empfehlungen und Anregungen.[236] Die nur fragmentarischen Regelungen über die Aufsichtsratstätigkeit lassen Raum für abweichende und ergänzende Regelungen über die Ordnung der Aufsichtsratstätigkeit.

Eine Möglichkeit, diese Regelungen zu treffen, ist über die Satzung der Gesellschaft, wodurch sich der Aufsichtsrat selbst binden könnte.[237] Allerdings unterliegt es Einschränkungen, wenn Geschäftsordnungsfragen in der Satzung verankert werden, sodass nicht jegliche Aspekte dort geregelt werden können. So kann vor allem nicht in der Satzung etabliert werden, welche Aufgaben an Ausschüsse übertragen werden – diese Entscheidung kann lediglich der Aufsichtsrat selbst durch entsprechenden Beschluss treffen.[238]

a) Interne Organisation des Aufsichtsrats

Das Verhältnis der Aufsichtsratsmitglieder untereinander unterliegt dem Leitbild der Gleichberechtigung.[239] Danach haben im Grundsatz alle Mitglieder die gleichen Rechte sowie die gleichen Pflichten und sind gemeinsam dem Gesellschaftszweck verpflichtet.[240] Unberührt von diesem Grundsatz bleibt die durch eine interne Wahl erfolgende Hervor-

---

235 Siehe eine Auflistung der relevanten Normen mit Kompetenzzuweisung zu besonderen Funktionsträgern sowie zur inneren Ordnung des Aufsichtsrats *Lutter/Krieger/Verse* in: Rechte und Pflichten des Aufsichtsrats, § 11, Rn. 651.

236 Zum DCGK 2022 und seiner rechtlichen Einordnung siehe A.III.2).b).

237 *Lutter/Krieger/Verse* in: Rechte und Pflichten des Aufsichtsrats, § 11, Rn. 652. Auch, soweit der Anwendungsbereich des MitbestG eröffnet ist, schränkt dies die Möglichkeit des Aufsichtsrats nicht ein, über die Satzung Fragen der Geschäftsführungsordnung zu regeln, BGH, Urteil v. 25.2.1982 – II ZR 123/81, BGHZ 83, 106 (106).

238 *Lutter/Krieger/Verse* in: Rechte und Pflichten des Aufsichtsrats, § 11, Rn. 652.

239 BGH, Urteil v. 25.2.1982 – II ZR 123/81, BGHZ 83, 106 (106); BGH, Urteil v. 17.5.1993 – II ZR 89/92, BGHZ 122, 342 (359); BGH, Urteil v. 5.6.1975 – II ZR 156/73, BGHZ 64, 325 (330); *Grigoleit* in: GrigoleitAktG, § 101 AktG, Rn. 28; *Habersack* in: MüKoAktG, Vor § 95 AktG, Rn. 14; *Hopt/Roth* in: GroßKommAktG, § 107 AktG, Rn. 13f.; *Schlitt*, DB 2005, 2007, 2008.

240 BGH, Urteil v. 25.2.1982 – II ZR 123/81, BGHZ 83, 106 (106); BGH, Urteil v. 17.5.1993 – II ZR 89/92, BGHZ 122, 342 (359); *Grigoleit* in: GrigoleitAktG, § 101 AktG, Rn. 28; *Habersack* in: MüKoAktG, Vor § 95 AktG, Rn. 14.

hebung einzelner Personen in exponierte Stellungen wie bei Mitgliedern eines Ausschusses oder eines Aufsichtsratsvorsitzenden.[241] Die Zusammensetzung des Aufsichtsrats wird über § 96 AktG für alle Formen der AG geregelt.[242] Dabei handelt es sich um eine dynamische Vorschrift, die den Weg in verschiedene Mitbestimmungsregime eröffnet und in das Aktiengesetz integriert.[243] Bei mitbestimmten Gesellschaften gibt es über die Mitbestimmungsgesetze[244] spezialgesetzliche Vorschriften bezüglich der personellen Zusammensetzung des Aufsichtsrats.[245] Durch diese Form der Verzahnung der Gesetze miteinander wird sichergestellt, dass Änderungen in den Mitbestimmungsgesetzen automatisch in das Aktienrecht implementiert werden.[246]

b) Zulässige Delegation von Befugnissen auf Ausschüsse

§ 107 Abs. 3 AktG eröffnet dem Aufsichtsrat die Möglichkeit, aus seiner Mitte heraus einen oder mehrere Ausschüsse zu bestellen, um dadurch eine effiziente Erfüllung der Aufgaben des Aufsichtsrats zu gewährleisten.[247] Generell kann der Aufsichtsrat nicht nach freiem Belieben Entscheidungen auf Ausschüsse verlagern und das Gesamtorgan damit die Entscheidungshoheit über bestimmte Fragen aus der Hand geben. Die Erfüllung besonderer Aufgaben ist dem Aufsichtsratsplenum vorbehalten und kann nicht auf Ausschüsse delegiert werden.[248] Welche Entscheidungen dies sind und daher dem Plenum vorbehalten sind, ergibt sich vor allem aus § 107 Abs. 3 S. 7 AktG. Gleichzeitig ergibt sich aus der Vorschrift des § 107 Abs. 3 S. 7 AktG eindeutig, dass es dem Aufsichts-

241 *Habersack* in: MüKoAktG, Vor § 95 AktG, Rn. 14.

242 *Spindler* in: BeckOGK-AktG, § 96 AktG, Rn. 1.

243 *Henssler* in: Henssler/Strohn, § 96 AktG, Rn. 1; *Grigoleit/Tomasic* in: GrigoleitAktG, § 96 AktG, Rn. 1; *Spindler* in: BeckOGK-AktG, § 96 AktG, Rn. 1; *Habersack* in: MüKoAktG, § 96 AktG, Rn. 1; *Mertens/Cahn* in: KölnerKommAktG, § 96 AktG, Rn. 1.

244 Dabei handelt es sich um das MitbestG, MontanMitbestG, MontanMitbestErgG, DrittelbG und MgVG.

245 *Spindler* in: BeckOGK-AktG, § 96 AktG, Rn. 1; *Habersack* in: MüKoAktG, § 96 AktG, Rn. 1.

246 *Habersack* in: MüKoAktG, § 96 AktG, Rn. 1.

247 Umfassende Darstellung des Zwecks und Nutzens der Delegation von Aufgaben auf den Aufsichtsrat bei *Hopt/Roth* in: GroßKommAktG, § 107 AktG, Rn. 298 ff.

248 *Lutter/Krieger/Verse* in: Rechte und Pflichten des Aufsichtsrats, § 11, Rn. 746.

ratsplenum grundsätzlich offen steht, innerhalb der vom Gesetzgeber gezogenen Grenzen auch Ausschüsse mit Beschlusskompetenz, die anstelle des Plenums handeln, einzusetzen.[249] Weitergehend besteht daneben ein ungeschriebenes Delegationsverbot für Entscheidungen des Aufsichtsrats, die seine Selbstorganisation betreffen.[250] Demnach dürfen weder der Erlass einer Geschäftsordnung, noch die Entscheidungen über die Bildung von Ausschüssen, den Widerruf der Bestellung des Aufsichtsratsvorsitzenden oder die Beschlussfassung über den Antrag auf gerichtliche Abberufung eines Aufsichtsratsmitglieds aus wichtigem Grund nach § 103 Abs. 3 S. 2 AktG auf einen Ausschuss übertragen werden.[251] Ebenfalls nicht auf einen Ausschuss delegierbar ist die Entscheidung über die Abgabe der Entsprechenserklärung nach § 161 AktG.[252] Ein allgemeines Verbot, wonach besonders wichtige oder für die Gesellschaft wesentliche Entscheidungen nicht auf Ausschüsse übertragen werden dürfen, besteht darüber hinaus aber nicht.[253]

aa) Besetzung eines vom Aufsichtsrat bestellten Ausschusses

Eine ausdrückliche Mindest- oder Höchstzahl für die Mitgliederanzahl eines Ausschusses ist im Aktiengesetz nicht normiert. Aus der Terminologie „Ausschuss“ lässt sich jedoch herleiten, dass ein solcher aus mehr als einer Person bestehen muss.[254] Handelt es sich um lediglich vorbereitende oder exekutierende Ausschüsse, die bestimmte Entscheidungen umsetzen, ist eine Anzahl von zwei Mitgliedern ausreichend. Sofern der Ausschuss jedoch anstelle des Plenums tätig werden soll und eigenmächtig abschließende Beschlüsse treffen kann, folgt aus dem Gedanken von § 108 Abs. 2 S. 3[255], dass ein solcher Ausschuss aus mindestens drei Mitgliedern

249 Siehe auch *Habersack* in: MüKoAktG, § 107 AktG, Rn. 94.
250 *Mertens/Cahn* in: KölnerKommAktG, § 107 AktG, Rn. 168 ff.; *Habersack* in: MüKoAktG, § 107 AktG, Rn. 148.
251 *Mertens/Cahn* in: KölnerKommAktG, § 107 AktG, Rn. 168 ff.; *Habersack* in: MüKoAktG, § 107 AktG, Rn. 148.
252 *Mertens/Cahn* in: KölnerKommAktG, § 107 AktG, Rn. 175; *Leyens* in: GroßKommAktG, § 161 AktG, Rn. 227.
253 *Lutter/Krieger/Verse* in: Rechte und Pflichten des Aufsichtsrats, § 11, Rn. 746.
254 *Hoffmann-Becking* in: MünchHdB GesR IV, § 32, Rn. 46.
255 Nach § 108 Abs. 2 S. 3 AktG müssen an einer Beschlussfassung des Aufsichtsrats min-

bestehen muss.[256] Seine Grenze nach oben findet die Anzahl an zulässigen Aufsichtsratsmitgliedern, wenn sich die Ausschussbesetzung quantitativ an die Anzahl der Mitglieder im Plenum derart angleicht, dass der Ausschuss nicht mehr dazu geeignet ist, seinen Zweck zu erfüllen und zu einer effizienteren Aufsichtsratsarbeit beizutragen.[257]

Die Auswahl der einzelnen Ausschussmitglieder erfolgt vor dem Hintergrund, dass grundsätzlich alle Aufsichtsratsmitglieder, unabhängig davon, ob sie Anteilseigner- oder Arbeitnehmervertreter sind, gleiche Rechte und Pflichten haben.[258] Dieser Grundsatz findet auch auf die Besetzung der Ausschüsse Anwendung, weshalb es bei der Auswahl eines Aufsichtsratsmitglieds für einen Ausschuss unerheblich ist, welche dieser beiden Gruppen das Mitglied im Aufsichtsrat vertritt.[259] Alle Aufsichtsratsmitglieder haben also das gleiche passive Wahlrecht, welches bei der Besetzung des Ausschusses gewahrt werden muss. Einzige Ausnahme von diesem Grundsatz ist § 27 Abs. 3 MitbestG[260] wodurch das passive Wahlrecht aller Mitglieder im Anwendungsbereich der Norm aufgehoben wird.[261]

Das Plenum richtet sich bei der Auswahl der Ausschussmitglieder danach, welche Mitglieder für eine erfolgreiche Ausschussarbeit aufgrund ihrer Qualifikation am besten geeignet sind.[262] Die Satzung der Gesellschaft kann nicht vorschreiben, aus welchen Aufsichtsratsvertretern der Ausschuss zusammengesetzt sein soll, da dies die Organisationsfreiheit

---

destens drei Mitglieder teilnehmen. Ein Ausschuss mit weniger als drei Mitgliedern wäre demnach nicht beschlussfähig.

256 *Hoffmann-Becking* in: MünchHdB GesR IV, § 32, Rn. 46.

257 *Hoffmann-Becking* in: MünchHdB GesR IV, § 32, Rn. 46.

258 *Hoffmann-Becking* in: MünchHdB GesR IV, § 32, Rn. 47ff.

259 BGH, Urteil v. 25.2.1982 – II ZR 123/81, BGHZ 83, 106 (113); *Hoffmann-Becking* in: MünchHdB GesR IV, § 32, Rn. 47ff.

260 Danach bildet der Aufsichtsrat unmittelbar nach der Wahl des Aufsichtsratsvorsitzenden und seines Stellvertreters einen Ausschuss zur Wahrnehmung der in § 31 Abs. 3 S. 1 MitbestG bezeichneten Aufgabe. Diesem Ausschuss müssen der Aufsichtsratsvorsitzende, sein Stellvertreter und je ein von den Aufsichtsratsmitgliedern der Arbeitnehmer und von den Aufsichtsratsmitgliedern der Anteilseigner gewähltes Mitglied angehören.

261 *Hoffmann-Becking* in: MünchHdB GesR IV, § 32, Rn. 47ff.

262 *Hopt/Roth* in: GroßKommAktG, § 107 AktG, Rn. 350; *Habersack* in: MüKoAktG, § 107 AktG, Rn. 125.

des Aufsichtsrats beschränken würde.[263] Dagegen ist es aber möglich, dass der Aufsichtsrat für sich in der Geschäftsordnung eine bestimmte personenmäßige Zusammensetzung des Ausschusses bestimmt, da die selbstauferlegte Geschäftsordnung zu jeder Zeit durch einfachen Mehrheitsbeschluss im Plenum durchbrochen werden kann.[264]

bb) Ausschussbesetzung in der mitbestimmten Gesellschaft

Das MitbestG sieht in § 27 Abs. 3 MitbestG eine Sondervorschrift für die mitbestimmte Gesellschaft bei der Besetzung des Vermittlungsausschusses vor. Daneben ist es zulässig, auch Entscheidungen nach § 32 MitbestG auf einen Ausschuss zu delegieren.[265] Wird bei mitbestimmten Gesellschaften von dieser Möglichkeit Gebrauch gemacht, bestehen Besonderheiten hinsichtlich der Besetzung eines solchen Ausschusses. Wie bei Beschlüssen im Plenum gilt nämlich auch für die durch einen Ausschuss getroffenen Entscheidungen das Mehrheitserfordernis des § 32 Abs. 1 S. 2 AktG, weshalb eine entsprechende Entscheidung von der Mehrheit der durch die Anteilseigner bestellten Aufsichtsratsmitglieder gefasst werden muss.[266] Daher muss der Ausschuss in einer mitbestimmten Gesellschaft, der eine Entscheidung nach § 32 MitbestG trifft, so besetzt werden, dass analog zum Plenum der Ausschuss zumindest mit der Mehrheit der Vertreter der Anteilseignerseite, die dem Aufsichtsrat angehören, besetzt wird.[267]

---

263 BGH, Urteil v. 17.5.1993 – II ZR 89/92, BGHZ 122, 342 (355); *Koch*, § 107 AktG, Rn. 25; *Groß-Bölting/Rabe* in: Hölters/Weber, § 107 AktG, Rn. 91; *Hopt/Roth* in: GroßKommAktG, § 107 AktG, Rn. 298; *Mertens/Cahn* in: KölnerKommAktG, § 107 AktG, Rn. 96.

264 *Hopt/Roth* in: GroßKommAktG, § 107 AktG, Rn. 331 f.

265 Man kann insofern von einem „Beteiligungsausschuss" sprechen, *Hoffmann-Becking* in: MünchHdB GesR IV, § 29, Rn. 88.

266 *Habersack* in: Habersack/Henssler, Mitbestimmungsrecht, § 32 MitbestG Rn. 28; *Lutter/Krieger/Verse* in: Rechte und Pflichten des Aufsichtsrats, § 11, Rn. 521.

267 *Habersack* in: Habersack/Henssler, Mitbestimmungsrecht, § 32 MitbestG, Rn. 28; *Hoffmann-Becking*, MünchHdB GesR IV, § 29 Rn. 88; *Lutter/Krieger/Verse* in: Rechte und Pflichten des Aufsichtsrats, § 11, Rn. 521; a. A. wonach mindestens drei Anteilseignervertreter im Ausschuss vertreten sein müssen, *Rodewig/Rothley* in: Semler/v. Schenck/Wilsing, AR-HdB, 5. Auflage 2021, § 9, Rn. 246 ff.; *Paefgen*, Struktur und Aufsichtsratsverfassung der mitbestimmten AG, S. 382 ff.

Darüber hinausgehend ist sowohl für den Beteiligungsausschuss als auch für sonstige Aufsichtsratsausschüsse umstritten, ob neben Vertretern der Anteilseignerseite auch Arbeitnehmervertreter einem „Beteiligungsausschuss" angehören dürfen oder ob sie lediglich zur Teilnahme an Beratungen nach § 109 Abs. 2 AktG berechtigt sind.[268] Anerkannt ist zumindest, dass sich aus dem MitbestG zwar kein zwingendes Gebot paritätischer Zusammensetzung von Ausschüssen folgern lässt – eine auf messbaren sachlichen Kriterien beruhende und die Eigenschaften der Aufsichtsratsmitglieder berücksichtigende imparitätische Zusammensetzung eines Ausschusses ist also nicht grundsätzlich unzulässig.[269] Nach ganz herrschender Meinung wird aber angenommen, dass eine imparitätische Besetzung des Ausschusses lediglich dann zulässig sein soll, wenn dafür sachliche Gründe vorliegen.[270] Die notwendige Voraussetzung des Vorliegens eines sachlichen Grundes begründet das Gebot der angemessenen Beteiligung von Arbeitnehmervertretern, wonach diese nicht schlicht aufgrund ihrer Gruppenzugehörigkeit bei der Besetzung von Ausschüssen übergangen werden dürfen.[271] Letztlich wird man über die zulässige Besetzung eines Ausschusses, abhängig von den Umständen des Einzelfalls, entscheiden müssen. Bei einer paritätischen Besetzung des Ausschusses stellt sich die Frage der Diskriminierung von Arbeitnehmervertretern nicht. Ist ein Ausschuss imparitätisch besetzt, müssen dafür als zentrales Kriterium sach-

---

268 Dafür *Habersack* in: Habersack/Henssler, Mitbestimmungsrecht, § 32, Rn. 28; *Schubert* in: Wißmann/Kleinsorge/Schubert, MitbestG, § 32, Rn. 24; *Raiser* in: Raiser/Veil/Jacobs, MitbestG, § 32, Rn. 21; a. A. *Mertens/Cahn* in: KölnerKommAktG, § 32 MitbestG, Rn. 22; *Hoffmann-Becking* in: MünchHdB GesR IV, § 29, Rn. 88.

269 *Habersack* in: MüKoAktG, § 107 AktG, Rn. 128.

270 BGH, Urteil v. 17.5.1993 – II ZR 89/92, BGHZ 122, 342 (358 ff.); OLG Hamburg, Urteil v. 15.9.1995 – 11 U 20/95, ZIP 1995, 1673 (1676); *Habersack* in: Habersack/Henssler, Mitbestimmungsrechtrecht, § 25 Rn. 127; *Raiser* in: Raiser/Veil/Jacobs, MitbestG, § 25, Rn. 56; *Oetker* in: GroßKommAktG, § 25 MitbestG, Rn. 35ff.; *Hopt/Roth* in: GroßKommAktG, § 107 AktG, Rn. 356 f.; *Mertens/Cahn* in: Kölner Komm AktG, § 107 AktG, Rn. 126; *Carl* in: Goette/Arnold, AR-HdB, § 3, Rn. 219 f.; *Oetker*, ZGR 2000, 19 (52 ff.).

271 *Habersack* in: MüKoAktG, § 107 AktG, Rn. 128.

liche Gründe vorliegen.[272] In der Praxis ist eine imparitätische Besetzung des Aufsichtsrats nur selten vorzufinden.[273]

cc) Kompetenzübertragung auf einen Ausschuss

Wird ein beschließender Ausschuss eingesetzt, handelt dieser anstelle des Aufsichtsrats.[274] Er nimmt damit die Beschlusskompetenz für den Aufsichtsrat wahr, nachdem dieser sie auf den Ausschuss übertragen hat. Die Rechte, die der Ausschuss hat, sind daher stets vom Aufsichtsrat abgeleitet und von dessen Kompetenzen abhängig. Eigene Kompetenzen des Ausschusses, die nicht auch (zuvor) Kompetenzen des Aufsichtsrats waren, können nicht begründet werden. Damit ist der Ausschuss in seinem Handeln abhängig von den dem Aufsichtsrat obliegenden Rechten und Pflichten. Er kann in seinem Handeln also nicht über diese Rechte und Pflichten hinausgehen. Man kann dies als Auswirkung der Organisationsautonomie des Aufsichtsrats sehen, der selbstständig und nach pflichtgemäßem Ermessen entscheiden können soll, in welchen Fällen er einen Ausschuss mit welchen Befugnissen einrichtet, um seine gesetzlichen Pflichten zu erfüllen.[275] So kann auch weder ein Hauptversammlungsbeschluss noch eine Satzungsregelung den Aufsichtsrat zu einer Ausschussbildung verpflichten oder sie ihm verbieten.[276]

---

272 *Hopt/Roth* in: GroßKommAktG, § 107 AktG, Rn. 356f.; *Mertens/Cahn* in: KölnerKommAktG, § 107 AktG, Rn. 126; *Habersack* in: MüKoAktG, § 107 AktG, Rn. 128; *Oetker*, ZGR 2000, 19 (52ff.); Ebenfalls umstritten ist die Folgeproblematik, ob es Arbeitnehmervertretern ermöglicht werden muss, in sämtlichen Ausschüssen mit wenigstens einem Mitglied vertreten zu sein; dazu ausführlich *Habersack* in: MüKoAktG, § 107 AktG, Rn. 129.

273 Etwa bei Kreditausschüssen in Kreditinstituten, wenn Arbeitnehmervertreter keinerlei Expertise haben.

274 Dies ergibt sich aus der Vorschrift des § 107 Abs. 3 S. 7 AktG, die Überweisung an einen Ausschuss für bestimmte Fälle ausschließt; *Lutter/Krieger/Verse*, Rechte und Pflichten des Aufsichtsrats, § 11, Rn. 744; *Mertens/Cahn* in: KölnerKommAktG, § 107 AktG, Rn. 95; *Habersack* in: MüKoAktG, § 107 AktG, Rn. 94; *Beuthien*, NZG 2010, 333 (333).

275 Teilweise auch als „Aufsichtsratsautonomie" bezeichnet, BGH, Urteil v. 17.5.1993 – II ZR 89/92, BGHZ 122, 342 (355); *Koch*, § 107 AktG, Rn. 25; *Hopt/Roth* in: GroßKommAktG, § 107 AktG, Rn. 298; *Mertens/Cahn* in: KölnerKommAktG, § 107 AktG, Rn. 96.

276 *Walla* in: BeckOGK-AktG, § 107 AktG, Rn. 102; *Koch*, § 107 AktG, Rn. 24f.

2. Delegation von Aufgaben auf den Aufsichtsratsvorsitzenden

Es fehlt an einer gesetzlichen Regelung, die allgemein die Rechtsstellung des Aufsichtsratsvorsitzenden hervorhebt und seinen Aufgabenbereich umreißt.[277] In einem ersten Schritt kann festgehalten werden, dass dem Vorsitzenden des Aufsichtsrats diejenigen Aufgaben und Kompetenzen zufallen, die dem Vorsitzenden eines solchen Gremiums üblicherweise obliegen.[278] Dazu zählen u. a. die Einberufung, Vorbereitung und Leitung von Aufsichtsratssitzungen sowie die Repräsentation des Aufsichtsrats.[279] Auch im Rahmen des Aufsichtsratsberichts kommt ihm mit seiner Pflicht zur Erläuterung des Berichts vor der Hauptversammlung[280] eine Sonderrolle zu (§ 176 Abs. 1 S. 2 AktG). Trotz dieser besonderen Aufgaben ist der Aufsichtsratsvorsitzende weiterhin als ein Teil des Aufsichtsrats ohne eigene Organqualität zu sehen. Diese Rolle des Aufsichtsratsvorsitzenden manifestiert sich darin, dass seine Anordnungen und Entscheidungen durch Mehrheitsbeschluss im Plenum abgeändert und folglich übergangen werden können.[281] Entscheidungen des Vorsitzenden stehen damit unter dem Vorbehalt der mehrheitlichen abändernden Entscheidung des Plenums, denn sofern eines oder mehrere Mitglieder des Aufsichtsrats gegenteiliger Auffassung zum Vorsitzenden sind, hat auf Antrag des entsprechenden Mitglieds das Aufsichtsratsplenum zu entscheiden.[282]

a) Rechtliche Stellung des Aufsichtsratsvorsitzenden innerhalb des Aufsichtsrats

Gesetzlicher Anknüpfungspunkt für die Stellung des Aufsichtsratsvorsitzenden innerhalb des Organs ist § 107 Abs. 1 S. 1 AktG. Danach muss der Aufsichtsrat einen Vorsitzenden und (mindestens) einen Stellvertreter aus seiner Mitte wählen.[283] Die rechtliche Einordnung des Aufsichtsratsvorsitzenden und eine Konkretisierung seiner vom Gesetzgeber

---

277 So *Koch*, § 107 AktG, Rn. 9.

278 Siehe dazu *Habersack* in: MüKoAktG, § 107 AktG, Rn. 48 f.; *Drinhausen/Marsch-Barner*, AG 2014, 337 (338 ff.).

279 *Lutter/Krieger/Verse*, Rechte und Pflichten des Aufsichtsrats, § 11, Rn. 679.

280 Siehe ausführlich D.I.2.d).

281 *Hoffmann-Becking* in: MünchHdB GesR IV, § 31, Rn. 49.

282 *Hoffmann-Becking* in: MünchHdB GesR IV, § 31, Rn. 49.

283 Aus dem klaren Wortlaut der Norm ergibt sich, dass sowohl der Vorsitzende als auch

zugedachten Rolle erfolgt in den gesetzlichen Regelungen nur sehr fragmentarisch. Einzelne Vorschriften im Aktiengesetz und im MitbestG sowie Anregungen und Empfehlungen im DCGK 2022 behandeln die Stellung des Vorsitzenden nur sehr punktuell.[284] Darüber hinaus kann die Stellung des Vorsitzenden in der Satzung oder in der Geschäftsordnung des Aufsichtsrats konkretisiert werden.[285]

In Abweichung von dem grundsätzlich geltenden Kollegialprinzip werden dem Aufsichtsratsvorsitzenden einerseits anhand einer Reihe von Einzelvorschriften unterschiedliche besondere Aufgaben zugewiesen und andererseits übernimmt er kraft Gewohnheitsrechts darüber hinaus noch jegliche Aufgaben, die dem Vorsitzenden eines solchen Gremiums normalerweise übertragen sind.[286]

Um diese Tätigkeitsbereiche des Aufsichtsratsvorsitzenden systematisch darzustellen, können die von ihm wahrzunehmenden Aufgaben in drei verschiedene Funktionsbereiche unterteilt werden.[287] Einerseits übernimmt er Koordinations- und Leitungsaufgaben innerhalb des Gremiums Aufsichtsrat. Daneben agiert er als Repräsentant des Aufsichtsrats und Bindeglied zu den anderen Organen. Zuletzt nimmt er vereinzelt die Vertretung der Gesellschaft, beispielsweise bei der Abgabe von Handelsregisteranmeldungen, wahr.

aa) Binnentätigkeit innerhalb des eigenen Gremiums

Ein wesentlicher Teil der Tätigkeit des Aufsichtsratsvorsitzenden bezieht sich auf die Binnenorganisation innerhalb des Organs Aufsichtsrat. Dies umfasst Aufgaben, die dem Vorsitzenden eines Gremiums üblicherweise

---

sein Stellvertreter aus den Reihen des Aufsichtsrats stammen müssen, vgl. auch *Peltzer* in: Wellhöfer/Peltzer/Müller, § 15 Rn. 27; *Koch*, § 107 AktG, Rn. 4.

284 Drinhausen/Marsch-Barner, AG 2014, 337 (337).

285 *Lutter/Krieger/Verse*, Rechte und Pflichten des Aufsichtsrats, § 11, Rn. 652 f.

286 *Koch*, § 107 AktG, Rn. 8; *Habersack* in: MüKoAktG, § 107 AktG, Rn. 44; *Mertens/Cahn* in: KölnerKommAktG, § 107 AktG, Rn. 40; *Hoffmann-Becking* in: MünchHdB GesR IV, § 31 Rn. 21; *Lutter/Krieger/Verse*, Rechte und Pflichten des Aufsichtsrats, § 11, Rn. 677.

287 Diese Unterteilung geht zurück auf *Peus*, Der Aufsichtsratsvorsitzende, S. 16 ff.; vgl. auch *Hoffmann-Becking* in: MünchHdB GesR IV, § 31, Rn. 19; *Lutter/Krieger/Verse*, Rechte und Pflichten des Aufsichtsrats, § 11, Rn. 677.

übertragen werden.[288] Ein Teil des Aufgabenspektrums ist gesetzlich im Aktiengesetz normiert, während sich die übrigen Aufgaben aus der stetigen Rechtsfortbildung ergeben. So sieht der Gesetzgeber in § 110 Abs. 1 AktG vor, dass der Aufsichtsratsvorsitzende die Sitzungen des Aufsichtsrats einberuft, leitet und koordiniert.[289] Darüber hinaus hat er nach § 107 Abs. 2 AktG die Niederschriften über Sitzungen des Aufsichtsrats zu unterzeichnen, und gem. § 109 Abs. 2 AktG entscheidet er, ob und wann ausschussfremde Personen an einer Sitzung teilnehmen dürfen.[290] Der Aufsichtsratsvorsitzende nimmt diesbezüglich eine ordnende Rolle ein, in der er die ordnungsgemäße und sichere Durchführung der Aufsichtsratstätigkeit gewährleisten soll.

Die im Aktiengesetz normierten Kompetenzen des Vorsitzenden sind keineswegs abschließend. Durch Rechtsfortbildung und unter Anknüpfung an den an obiger Stelle erwähnten Begriff der „Üblichkeit" wurden darüber hinaus weitergehende Kompetenzen entwickelt. Dazu zählt als Ausprägung der Koordinationsaufgabe, neben weiteren Aufgaben, die Befugnis, die Aufsichtsratssitzung zu leiten und einen Vorschlag zur Tagesordnung zu erstellen.[291] Ebenfalls dem Aufsichtsratsvorsitzenden obliegt die Entscheidung darüber, ob zur Erörterung einzelner Tagesordnungspunkte Sachverständige herangezogen werden sollen,[292] oder ob einem einzelnen Aufsichtsratsmitglied sein Teilnahmerecht verwehrt wird.[293]

Nicht in den (alleinigen) Aufgabenbereich fällt hingegen die Befugnis, Aufsichtsratsbeschlüsse zu veröffentlichen und bekanntzugeben – dafür benötigt er die Ermächtigung[294] durch das gesamte Gremium Aufsichts-

288 *Koch*, § 107 AktG, Rn. 8; *Habersack* in: MüKoAktG, § 107 AktG, Rn. 44; *Mertens/Cahn* in: KölnerKommAktG, § 107 AktG, Rn. 40; *Hoffmann-Becking* in: MünchHdB GesR IV, § 31 Rn. 21; *Lutter/Krieger/Verse*, Rechte und Pflichten des Aufsichtsrats, § 11, Rn. 677. Diese recht pauschale Formulierung wurde bereits im Rahmen der Gesetzesmaterialien zum AktG 1937 verwendet, vgl. *Schmidt* in: Gadow/Heinichen/Schmidt/Schmidt/Weipert-AktG 1939, § 92 Anm. 2.

289 *Lutter/Krieger/Verse*, Rechte und Pflichten des Aufsichtsrats, § 11, Rn. 678.

290 *Lutter/Krieger/Verse*, Rechte und Pflichten des Aufsichtsrats, § 11, Rn. 678.

291 *Habersack* in: MüKoAktG, § 107 AktG, Rn. 51 ff.; *Koch*, § 107 AktG, Rn. 8; *Walla* in: BeckOGK-AktG, § 107 AktG, Rn. 50 f.

292 *Koch*, § 109 AktG, Rn. 5; *Habersack* in: MüKoAktG, § 109 AktG, Rn. 20.

293 *Koch*, § 109 AktG, Rn. 2.

294 Diese kann ausdrücklich oder bereits konkludent (Normalfall) im Rahmen der Be-

rat.[295] Da es sich bei der Bekanntgabe des Beschlusses um eine Willenserklärung des gesamten Aufsichtsrats handelt, die der Aufsichtsratsvorsitzende lediglich als Erklärungsvertreter nach außen trägt, muss der Aufsichtsrat Einfluss auf die Art und Weise der Bekanntmachung nehmen können.[296]

bb) *Vermittlungsfunktion in Angelegenheiten des Aufsichtsrats*

Teil der Repräsentationsaufgabe des Aufsichtsratsvorsitzenden ist die Informationsmittlung zwischen dem Aufsichtsrat und den weiteren Organen der AG.[297] Er steht für den Aufsichtsrat in ständigem Kontakt mit dem Vorstand und ist dessen Ansprechpartner, sofern dieser Themen mit dem Aufsichtsrat erörtern will.[298] Insofern fungiert der Aufsichtsratsvorsitzende als Bindeglied zwischen dem Geschäftsführungsorgan Vorstand und dem nur sporadisch zusammentreffenden Organ Aufsichtsrat.[299] Empfang (§ 90 Abs. 1 S. 3 AktG) und Weiterleitung (§ 90 Abs. 5 S. 3 AktG) von Vorstandsberichten sind genauso Sache des Vorsitzenden wie die Erläuterungen des Berichts des Aufsichtsrats über die Prüfung des Jahres- und Konzernabschlusses und die Überwachungstätigkeit vor der Hauptversammlung (§ 176 Abs. 1 S. 2 AktG).[300] Deutlich wird, wie der Gesetzgeber dem Aufsichtsratsvorsitzenden die vertrauensvolle Rolle anvertraut, den Aufsichtsrat sowohl gegenüber dem Vorstand als auch der Hauptversammlung zu

---

schlussfassung erfolgen. Auch kann sie sich aus der Geschäftsordnung ergeben, siehe *Groß-Bölting/Rabe* in: Hölters/Weber, § 107 Rn. 51f.

295 *Groß-Bölting/Rabe* in: Hölters/Weber, § 107 AktG, Rn. 51 f.; *Walla* in: BeckOGK-AktG, § 107 AktG, Rn. 54; a. A. *Bednarz*, NZG 2005, 418 (421); *E. Vetter*, AG 2014, 387 (393).

296 *Groß-Bölting/Rabe* in: Hölters/Weber, § 107 AktG, Rn. 51f.; *Habersack* in: MüKoAktG, § 107 AktG, Rn. 60.

297 Umfassend dazu *Breidenich*, Die Organisation der Aufsichtsratsarbeit durch den Aufsichtsratsvorsitzenden, S. 7 ff.; *Hopt/Roth* in: GroßKommAktG, § 107 AktG, Rn. 110 ff.; *Peus*, Der Aufsichtsratsvorsitzende, S. 138 f.

298 *Hopt/Roth* in: GroßKommAktG, § 107 AktG, Rn. 202 ff.; *v. Schenck*, AG 2010, 649 (650); *Krieger*, ZGR 1985, 338 (340ff.); *Breidenich*, Die Organisation der Aufsichtsratsarbeit durch den Aufsichtsratsvorsitzenden, S. 253 ff.; *Walla* in: BeckOGK-AktG, § 107 AktG, Rn. 47; *Drygala* in: Schmidt/Lutter, § 107 AktG, Rn. 22; *Hoffmann-Becking* in: MünchHdB GesR IV, § 31, Rn. 20; *Drinhausen/Marsch-Barner*, AG 2014, 337 (341).

299 *Habersack* in: MüKoAktG, § 107 AktG Rn. 46; *Lutter/Krieger/Verse*, Rechte und Pflichten des Aufsichtsrats, § 11, Rn. 679.

300 *Lutter/Krieger/Verse*, Rechte und Pflichten des Aufsichtsrats, § 11, Rn. 679.

vertreten. Er nimmt die Rolle eines Vermittlers und Verbinders ein, der dafür Sorge zu tragen hat, dass die Übermittlung von Informationen zwischen dem Aufsichtsrat und den beiden anderen Organen funktioniert und sie ihren Empfänger erreichen.

cc) Vertretung des Aufsichtsrats nach außen

Grundsätzlich steht dem Aufsichtsratsvorsitzenden keine eigene organschaftliche Vertretungsmacht in Bezug auf die Gesellschaft selbst oder das Organ Aufsichtsrat zu.[301] In Sonderfällen darf er die Gesellschaft jedoch auch nach außen hin rechtsgeschäftlich vertreten.[302] Gemeinsam mit dem Vorstand hat er Eintragungen in das Handelsregister anzumelden; in diesen Fällen tritt er als gesetzlicher Vertreter der Gesellschaft auf.[303]

Daneben wird angenommen, dass er ausnahmsweise aus eigenem Recht die Gesellschaft nach außen hin vertreten kann, sofern dies zur ordnungsgemäßen Erfüllung der Aufgaben des Aufsichtsrats erforderlich ist.[304] Dies umfasst insbesondere Hilfsgeschäfte, wie die Anmietung von Sitzungsräumen oder die Einholung von Rechtsrat.[305] Diese Hilfsgeschäfte sind wesentlicher Bestandteil der Koordinationsarbeit des Aufsichtsratsvorsitzenden und als ihm zustehende Annexkompetenz bei der Vertretung des Aufsichtsrats anerkannt.[306]

---

301 Ganz herrschende Meinung, BGH, Urteil v. 6.4.1964 – II ZR 75/62, BGHZ 41, 282 (285); *Habersack* in: MüKoAktG, § 107 AktG, Rn. 59; *Drygala* in: Schmidt/Lutter, § 107 AktG, Rn. 23; *Mertens/Cahn* in: KölnerKommAktG, § 107 AktG, Rn. 52; *Grigoleit/Tomasic* in: GrigoleitAktG, § 107 AktG, Rn. 13; *Habersack* in: Habersack/Henssler, Mitbestimmungsrecht, § 25 MitbestG, Rn. 22; *Groß-Bölting/Rabe* in: Hölters/Weber, § 107 AktG, Rn. 50; *Drinhausen/Marsch-Barner*, AG 2014, 337 (348).

302 Vgl. *Drinhausen/Marsch-Barner*, AG 2014, 337 (348 ff.).

303 *Hopt/Roth* in: GroßKommAktG, § 107 AktG, Rn. 87; *Drinhausen/Marsch-Barner*, AG 2014, 337 (348).

304 *Lutter/Krieger/Verse*, Rechte und Pflichten des Aufsichtsrats, § 11, Rn. 681; *Drinhausen/Marsch-Barner*, AG 2014, 337 (349).

305 *Habersack* in: MüKoAktG, § 107 AktG Rn. 58; *Mertens/Cahn* in: KölnerKommAktG, § 107 AktG, Rn. 48; *Lutter/Krieger/Verse*, Rechte und Pflichten des Aufsichtsrats, § 11, Rn. 681; *v. Schenck* in: Semler/v. Schenck, AR-HdB, 4. Auflage 2013, § 4, Rn. 143.

306 *Walla* in: BeckOGK-AktG, § 107 AktG, Rn. 55; *Hopt/Roth* in: GroßKommAktG, § 107 AktG, Rn. 149.

b) Zwischenergebnis

Der Aufsichtsratsvorsitzende zeichnet sich als ein vom Gesetzgeber hervorgehobenes Mitglied des Aufsichtsrats aus, dem Sonderbefugnisse übertragen werden und der in besonderer Weise Aufgaben zur Repräsentation des gesamten Gremiums Aufsichtsrat wahrnimmt. Allein diese hervorgehobene Stellung als solche weist ihm jedoch noch keine nach außen wirkenden eigenständigen Funktionen zu – insbesondere hat der Vorsitzende des Aufsichtsrats keine eigene Organqualität.[307] Demnach bedarf sein Handeln grundsätzlich einer Ermächtigung durch den gesamten Aufsichtsrat, sodass zur wirksamen Vertretung des Gremiums Aufsichtsrat im Einzelfall eine ausdrückliche oder konkludente Bevollmächtigung durch das Gremium erfolgen muss.[308] Würde er als Vertreter des Aufsichtsrats ohne einen sein Handeln legitimierenden Beschluss tätig werden, so wäre dieses Handeln gesetzeswidrig und folglich für die Gesellschaft wirkungslos.[309] Gesetzliche Ausnahmen diesbezüglich bestehen insbesondere im Hinblick auf Hilfsgeschäfte, die der Vorsitzende zur Erfüllung seiner Aufgaben notwendigerweise tätigen muss und die daher als Annexkompetenz zu seiner Koordinationstätigkeit anerkannt sind.

Dies bedeutet, dass man aus der hervorgehobenen Stellung des Aufsichtsratsvorsitzenden nicht bereits eine Intention des Gesetzgebers herleiten kann, den Aufsichtsratsvorsitzenden über die gesetzlich ausdrücklich geregelten Fälle hinaus stets zu einer Aufgabenwahrnehmung für Gesellschaft und Aufsichtsrat zu ermächtigen. Vielmehr soll die grundsätzliche Kompetenz – mit Ausnahme der gesetzlich ausschließlich dem Aufsichtsratsvorsitzenden zugewiesenen Befugnisse – zum Handeln und Tätigwerden beim gesamten Organ Aufsichtsrat verbleiben. Nimmt der Aufsichtsratsvorsitzende Aufgaben der Geschäftsführung wahr, muss er dazu durch Gesetz oder den Aufsichtsrat ermächtigt sein. Seine wahr-

---

307 *Mertens/Cahn* in; KölnerKommAktG, § 107 AktG, Rn. 38; *Hopt/Roth* in: GroßKommAktG, § 107 AktG, Rn. 85; *Mutter/Werner* in: Backhaus/Tielmann, § 107 AktG, Rn. 98; *E. Vetter* in: Marsch-Barner/Schäfer, Börsennotierte AG-HdB, Rn. 28.7; *Lutter/Krieger/Verse*, Rechte und Pflichten des Aufsichtsrats, § 11, Rn. 677; *Schlitt*, DB 2005, 2007 (2008).

308 *Habersack* in: MüKoAktG, § 107 AktG, Rn. 59 f.; *Schlitt*, DB 2005, 2007 (2008).

309 *Schlitt*, DB 2005, 2007 (2008).

nehmbaren Kompetenzen sind daher stets vom Aufsichtsrat oder aus Gesetz abgeleitet und entfallen nicht originär auf ihn. Dies ergibt sich bereits aus seiner fehlenden Organstellung.

II. Konsequenz für die Kompetenzverteilung innerhalb des Aufsichtsrats

Insbesondere die Verengung einzelner Pflichten in den Kompetenzbereich des Aufsichtsratsvorsitzenden wird teilweise genutzt, um mitbestimmungsrechtliche Regelungen zu umgehen.[310] Dies führt zu einer Schwächung des Einflusses der Arbeitnehmervertreter im Aufsichtsrat. Die Umgehung der mitbestimmungsrechtlichen Vorschriften kann daher nicht ohne Weiteres durch eine Konzentration von Aufgaben und Pflichten auf den Aufsichtsratsvorsitzenden oder auf einen Ausschuss hingenommen werden. Dieser Ansatz wäre geradezu konträr zum mitbestimmungsrechtlichen Gedanken der verstärkten Einbindung der Arbeitnehmer in die Unternehmensführung der Gesellschaft. Damit birgt eine zu umfassende Delegation von Aufgaben auf Ausschüsse oder auf den Aufsichtsratsvorsitzenden die Gefahr, die Eigenschaft des Aufsichtsrats als Kollegialorgan zu untergraben. Darüber hinaus ist erkennbar geworden, dass sowohl Aufsichtsratsvorsitzender als auch Ausschüsse des Aufsichtsrats ihre Kompetenzen vom Aufsichtsrat ableiten und der Aufsichtsratsvorsitzende keine eigene Organqualität hat.

Insbesondere Aspekte des Mitbestimmungsrechts sowie das Kollegialprinzip im Aufsichtsrat sprechen dafür, auch im Rahmen der in dieser Arbeit dargestellten ungeschriebenen Kompetenzen des Aufsichtsrats,[311] diese Kompetenzen stets dem Aufsichtsrat als Organ zuzuweisen.[312] Dieser kann durch Beschluss sodann den Aufsichtsratsvorsitzenden oder den Ausschuss ermächtigen, diese Kompetenz für den Aufsichtsrat wahrzunehmen.

---

310 Siehe auch *Koch*, § 107 AktG, Rn. 10, der die Zuweisung von Pflichten an den Aufsichtsratsvorsitzenden als „subtil eingesetztes Instrument“ zur Umgehung der mitbestimmungsrechtlichen Vorschriften beschreibt.

311 Siehe B.I., B.II., B.III. und B.IV.

312 Anstatt sie originär beim Aufsichtsratsvorsitzenden zu sehen.

2. Teil: Wahrnehmung ungeschriebener Geschäftsführungskompetenzen durch den Aufsichtsrat in der Praxis

Im folgenden Abschnitt sollen entsprechend dem im Einleitungsteil beschriebenen Bottom Up-Ansatz mehrere wesentliche ungeschriebene Kompetenzen des Aufsichtsrats dargestellt werden, die dieser – in der Regel durch seinen Vorsitzenden – im Rahmen seiner praktischen Arbeit regelmäßig wahrnimmt. Die dogmatischen Begründungsansätze für eine solche Kompetenzwahrnehmung durch den Aufsichtsrat gehen jedoch bisweilen stark auseinander und sind argumentativ meist auf einen einzelnen Themenbereich verengt.

Durch die gebündelte Darstellung der verschiedenen Themenfelder, einhergehend mit den unterschiedlichen Argumentationsmustern, soll ein übergreifender Blick auf die praktische Aufgabenwahrnehmung des Aufsichtsrats in der modernen AG geschaffen werden. Bei der Zeichnung des Aufgabenbereichs, in dem der Aufsichtsrat in der heutigen Zeit in zulässiger Weise tätig werden darf, soll dies helfen, klarere und allgemeingültige Strukturen zu schaffen.

A. Berechtigung des Aufsichtsrats zur Beantwortung von Fragen in der Hauptversammlung

Fragen von Aktionären werden in Hauptversammlungen von AGs zunehmend direkt an den Aufsichtsrat adressiert,[313] der sie sodann in aller Regel durch seinen Vorsitzenden, der regelmäßig zugleich Versammlungsleiter ist, beantwortet.[314] Ein solches Vorgehen lässt sich auf Grundlage der gesetzlichen Rahmenbedingungen jedoch nur schwer begründen, denn die Auskunftserteilung scheint nach § 131 Abs. 1 S. 1 AktG, wonach *„vom Vorstand Auskunft über Angelegenheiten der Gesellschaft"* zu geben ist, dem Wortlaut nach ausschließlich in den Kompetenzbereich des geschäftsführenden Organs – also des Vorstands – zu fallen.[315]

Im Zentrum der folgenden Ausführungen steht daher die Frage, inwiefern eine Auskunftserteilung durch den Aufsichtsratsvorsitzenden in der Hauptversammlung auf an den Aufsichtsrat adressierte Fragen dogmatisch begründbar ist. Diese Frage kann nicht isoliert betrachtet, sondern muss in einen aktienrechtlichen Zusammenhang gestellt werden, indem sie mit Rücksicht auf das Kompetenzgefüge im dualistischen System der deutschen AG beleuchtet wird. Notwendigerweise muss in diesem Zusammenhang eine Kompetenzabgrenzung zu dem Aufgabenbereich des Vorstands erfolgen. Erst dadurch kann zielgenau beurteilt werden, wie weit

---

313 *Merkner/Schmidt-Bendun*, AG 2011, 734 (735).

314 *Merkner/Schmidt-Bendun*, AG 2011, 734 (735).

315 Merkner/Schmidt-Bendun, AG 2011, 734 (735); § 131 Abs. 1 S. 1 AktG im Wortlaut: „Jedem Aktionär ist auf Verlangen in der Hauptversammlung vom Vorstand Auskunft über Angelegenheiten der Gesellschaft zu geben, soweit sie zur sachgemäßen Beurteilung des Gegenstands der Tagesordnung erforderlich ist."

der Rahmen für eine Beantwortung von Fragen durch den Aufsichtsratsvorsitzenden zulässigerweise gesteckt werden kann.

I. Auskunftsrecht des Aktionärs

§ 131 Abs. 1 S. 1 AktG gewährt dem an der Hauptversammlung teilnehmenden Aktionär ein Auskunftsrecht über Angelegenheiten der Gesellschaft. Angelegenheiten der Gesellschaft können alles sein, was sich auf die AG und ihre Tätigkeiten bezieht. Dies umfasst jegliche Tatsachen und Umstände, die die Vermögens-, Finanz- und Ertragslage der AG sowie ihre rechtlichen und tatsächlichen Verhältnisse zu Dritten betreffen.[316] Die Vorschrift steht im Zusammenhang mit § 118 Abs. 1 AktG und soll dem Aktionär ermöglichen, diejenigen Informationen zu beschaffen, die er für eine angemessene Ausübung seiner Rechte braucht.[317] Zu denken ist insbesondere an das Stimmrecht, aber auch an die Ausübung von Minderheitenrechten oder die Anfechtungsbefugnis (§ 245 AktG). Das Auskunftsbegehren muss zur Beurteilung eines Gegenstands der Tagesordnung erforderlich sein.[318] Zur Beurteilung der Erforderlichkeit eines Auskunftsbegehrens kommt es nach einer von der Rechtsprechung entwickelten Formel auf den Standpunkt eines objektiv denkenden Durchschnittsaktionärs an, der die Gesellschaftsverhältnisse lediglich aufgrund allgemein bekannter Tatsachen kennt.[319]

---

316 OLG Stuttgart, Hinweisbeschluss v. 7.10.2019 – 20 U 2/18, NZG 2020, 209, Rn. 29. Ausführlich zu Angelegenheiten der Gesellschaft *Koch*, § 131 AktG, Rn. 12 ff.; *Kubis*, ZGR 2014, 608 (610) spricht in Bezug auf das weit umfassende Spektrum an in Betracht kommenden Angelegenheiten der Gesellschaft von einer „*Scheinhürde*".

317 BayOblG München, Beschluss v. 30.11.1995 – 3 Z BR 161/93, AG 1996, 180 (181); *Koch*, § 131 AktG, Rn. 1.

318 OLG Frankfurt a. M., Urteil v. 29.12.2020 – 5 U 231/19, NZG 2021, 971, Rn. 73; *Koch*, § 131 AktG, Rn. 21; nach a. A. soll auch bereits ein innerer Zusammenhang zur Hauptversammlung ausreichen, so etwa OLG Karlsruhe, Urteil v. 28.8.2002 – 7 U 137/01, AG 2003, 444 (446); *Spindler* in: K. Schmidt/Lutter, § 131 AktG, Rn. 1

319 Siehe nur BGH, Urteil v. 18.10.2004 – II ZR 250/02, BGHZ 160, 385 (389); BGH, Urteil v. 23.2.2021 – II ZR 65/19, BGHZ 229, 27, Rn. 99.

Dieses Recht steht dem einzelnen Aktionär als Individualrecht unabhängig von seiner Stimmberechtigung zu und ist in der Hauptversammlung wahrzunehmen.[320] Eine Verweigerung der Auskunft ist nur aus den in § 131 Abs. 3 AktG ausdrücklich genannten Gründen möglich.[321]

II. Auskunftsanspruch gegen die Gesellschaft

In einem ersten Schritt ist zu prüfen, gegen wen sich der Auskunftsanspruch des fragenden Aktionärs richtet. Richtet dieser sich nämlich gegen den Vorstand, so käme eine originäre Auskunftsberechtigung des Aufsichtsrats von vorneherein nicht infrage.

Gemäß § 131 Abs. 1 S. 1 AktG ist *„jedem Aktionär auf Verlangen in der Hauptversammlung vom Vorstand Auskunft über Angelegenheiten der Gesellschaft zu geben"*. Diese Formulierung wird allgemein so verstanden, dass Träger der Auskunftsverpflichtung die Gesellschaft selbst ist und der Vorstand dabei als für die Gesellschaft handelndes Organ agiert.[322] Adressat des Auskunftsanspruchs ist insofern die Gesellschaft selbst.

III. Meinungsstand und aktuelle dogmatische Begründungsansätze für eine Beantwortung von Fragen durch den Aufsichtsratsvorsitzenden

Die Literatur zeichnet auf dieser Grundlage im Hinblick auf die Beantwortung dieser Frage daher ein unzweideutiges Bild. Weit überwiegend wird sich streng am Gesetzeswortlaut des § 131 Abs. 1 S. 1 AktG orientiert und die originäre Kompetenz zur Beantwortung von Aktionärs-

320 *Kubis* in: MüKoAktG, § 131 AktG, Rn. 25.

321 *Leyens*, ZGR 2019, 544 (561f.).

322 So die allgemeine Ansicht: *Kubis* in: MüKoAktG, § 131 AktG, Rn. 19; *Decher* in: GroßKommAktG, § 131 AktG, Rn. 90; *Koch*, § 131 AktG, Rn. 5; *Hoffmann-Becking* in: MünchHdB GesR IV, § 37, Rn. 47; *Herrler* in: GrigoleitAktG, § 131 AktG, Rn. 7; *Drinhausen* in: Hölters/Weber, § 131 AktG, Rn. 6; *Wachter* in: WachterAktG, § 131 AktG, Rn. 6; *Merkner/Schmidt-Bendun*, AG 2011, 734 (735).

fragen in der Hauptversammlung ausschließlich beim Vorstand gesehen.[323] Dies treffe nach weit überwiegender Ansicht sogar dann zu, wenn eine solche Frage an den Aufsichtsrat adressiert sei oder allein dessen Angelegenheiten betreffe.[324] Dies wird damit begründet, dass die Auskunftserteilung eine Geschäftsführungsmaßnahme darstelle, die allein im Kompetenzbereich des Vorstands liege.[325] Somit könne grundsätzlich ausschließlich der Vorstand nach § 131 AktG Auskunft erteilen.[326] Sofern sich andere Personen in Bezug auf in der Hauptversammlung gestellte Fragen äußerten – wie etwa der Leiter der Hauptversammlung oder der Aufsichtsratsvorsitzende – so seien dies grundsätzlich keine Äußerungen i. S. d. § 131 AktG.[327] Äußerungen von anderen Personen als dem Vorstand könnten lediglich in denjenigen Fällen als Auskunft i. S. d. § 131 AktG zu verstehen sein, in denen der Vorstand sich solche Bekundungen erkennbar zu eigen gemacht hat.[328]

Konkret übertragen auf etwaige Äußerungen von Aufsichtsratsmitgliedern im Rahmen der Hauptversammlung bedeutet dies, dass sie zwar Fragen von Aktionären beantworten können, diese Antworten aber lediglich dann Äußerungen i. S. d. § 131 AktG darstellen, wenn der Vorstand sie

323 BVerfG, NJW 200, 349 (351); OLG Celle, Urteil v. 24.11.2004 – 9 U 119/04, NZG 2005, 279 (280); *Herrler* in: GrigoleitAktG, § 131 AktG, Rn. 6; *Kubis* in: MüKoAktG, § 131 AktG, Rn. 22; *Koch*, § 131 AktG, Rn. 7; *Liebscher* in: Henssler/Strohn, § 131 AktG, Rn. 4; *Spindler* in: Schmidt/Lutter, § 131 AktG, Rn. 18; *Poelzig* in: BeckOGK-AktG, § 131 AktG, Rn. 57 f.; *Kersting* in: KölnerKommAktG, § 131 AktG, Rn. 72; *Decher* in: GroßKommAktG, § 131 AktG, Rn. 91; *Wachter* in: WachterAktG, § 131 AktG, Rn. 6; *J. Vetter*, FS E. Vetter, 2019, S. 833 (836); *Groß*, AG 1997, 97 (99).

324 BVerfG, NJW 200, 349 (351); OLG Celle, Urteil v. 24.11.2004 – 9 U 119/04, NZG 2005, 279 (280); *Herrler* in: GrigoleitAktG, § 131 AktG, Rn. 6; *Kubis* in: MüKoAktG, § 131 AktG, Rn. 22; *Koch*, § 131 AktG, Rn. 7; *Liebscher* in: Henssler/Strohn, § 131 AktG, Rn. 4; *Spindler* in: Schmidt/Lutter, § 131 AktG, Rn. 18; *Poelzig* in: BeckOGK-AktG, § 131 AktG, Rn. 57 f.; *Kersting* in: KölnerKommAktG, § 131 AktG, Rn. 72; *Decher* in: GroßKommAktG, § 131 AktG, Rn. 91; *J. Vetter*, FS E. Vetter, 2019, S. 833 (836).

325 *Merkner/Schmidt-Bendun*, AG 2011, 734 (736); *Kubis* in: MüKoAktG, § 131 AktG, Rn. 20; dagegen *Trescher*, DB 1990, 515 (516).

326 *Koch*, § 131 AktG, Rn. 5.

327 OLG Düsseldorf, Beschluss v. 5.11.1987 – 19 W 6/87, NJW 1988, 1033 (1034); *Koch*, § 131 AktG, Rn. 7.

328 OLG Düsseldorf, Beschluss v. 5.11.1987 – 19 W 6/87, NJW 1988, 1033 (1034); *Koch*, § 131 AktG, Rn. 7.

sich zu eigen macht. Der Auskunftsanspruch des Aktionärs ist bei einer Antwort durch den Aufsichtsrat somit erst bei einer (im Anschluss erfolgenden oder einer bereits im Vorfeld geschehenen) Zueignung der Aussage durch den Vorstand erfüllt.

Wie bereits an vorderer Stelle erwähnt, beantwortet der Aufsichtsrat an ihn gestellte und den Aufsichtsrat betreffende Fragen in der Praxis bereits regelmäßig selbst, ohne gesondert Rücksprache mit dem Vorstand zu halten. Um für diese Praxis eine rechtliche Grundlage zu schaffen, haben sich in der Literatur im Wesentlichen drei (teils gekünstelt wirkende) Hilfskonstruktionen herausgebildet, wonach für Äußerungen des Aufsichtsratsvorsitzenden eine (konkludente) Zueignung der Aussage durch den Vorstand begründet werden kann.

1. Zueignung durch Delegation der Antwort an den Aufsichtsrat

Ausgangspukt ist die Annahme, dass sich der Vorstand zur Erfüllung seiner Auskunftspflicht auch dritter Personen bedienen kann.[329] Zu diesem Personenkreis können ebenso Mitglieder des Aufsichtsrats zählen.[330] Somit hat der Vorstand bei einer in der Hauptversammlung gestellten Frage die Möglichkeit, diese an ein Mitglied des Aufsichtsrats, in der Regel an den Vorsitzenden, zu delegieren. Im Ergebnis werde sodann die Auskunftspflicht des § 131 Abs. 1 S. 1 AktG objektiv gesehen durch den Aufsichtsrat erfüllt, aus rechtlichen Gesichtspunkten handele es sich allerdings weiterhin um Äußerungen des Vorstands.[331]

---

329 *Kubis* in: MükoAktG, § 131 AktG, Rn. 21; *Drinhausen* in: Hölters/Weber, § 131 AktG, Rn. 6; *Decher* in: GroßKommAktG, § 131 AktG, Rn. 90; *Herrler* in: GrigoleitAktG, § 131 AktG, Rn. 7.

330 *Kubis* in: MükoAktG, § 131 AktG, Rn. 21; *Drinhausen* in: Hölters/Weber, § 131 AktG, Rn. 6; *Decher* in: GroßKommAktG, § 131 AktG, Rn. 90; *Herrler* in: GrigoleitAktG, § 131 AktG, Rn. 7.

331 *Kubis* in: MükoAktG, § 131 AktG, Rn. 21; *Drinhausen* in: Hölters/Weber, § 131 AktG, Rn. 6; *Decher* in: GroßKommAktG, § 131 AktG, Rn. 90; *Herrler* in: GrigoleitAktG, § 131 AktG, Rn. 7.

2. Ausdrückliche oder konkludente nachträgliche Zueignung

Sofern eine Abstimmung zwischen Vorstand und Aufsichtsrat in Form einer Delegation im Vorfeld der Beantwortung der Frage nicht stattgefunden hat, wird weit überwiegend vertreten, dass sich der Vorstand eine solche Antwort auch noch nachträglich zu eigen machen könne.[332] Ob diese Aneignung durch den Vorstand einer gewissen Form bedarf, wird unterschiedlich beurteilt. Teilweise wird eine konkludente Zueignung in der Form für ausreichend erachtet, dass der Vorstand den Ausführungen des Aufsichtsrats lediglich nicht widerspricht.[333] Für andere Stimmen muss die Zueignung durch den Vorstand ausdrücklich erfolgen und nach außen hin erkennbar sein.[334]

In der Praxis wird man dem Vorstand dazu raten müssen, sich die Ausführungen nach außen hin erkennbar zu eigen zu machen, um etwaigen Komplikationen im Nachgang der Hauptversammlung, schlimmstenfalls der Unwirksamkeit eines getroffenen Beschlusses, vorzubeugen.[335]

3. Kritische Auseinandersetzung mit den aktuellen Behelfskonstruktionen der herrschenden Meinung

Ausgangspunkt für die Entwicklung der dargestellten Behelfskonstruktionen ist, dass während einer Hauptversammlung üblicherweise der Vorsitzende des Aufsichtsrats jegliche Fragen beantwortet, die den Aufgabenbereich des Aufsichtsrats betreffen.[336] Folgt man der herrschenden Meinung, so gewährt der Aufsichtsratsvorsitzende diese Auskünfte nicht aus eigenem

---

332 OLG Celle, Urteil v. 24.11.2004 – 9 U 119/04, NZG 2005, 279 (280); *Drinhausen* in: Hölters/Weber, § 131 AktG, Rn. 6; *Herrler* in: GrigoleitAktG, § 131 AktG, Rn. 7; *Decher* in: GroßKommAktG, § 131 AktG, Rn. 91; *Kersting* in: KölnerKommAktG, § 131 AktG, Rn. 72; *Koch*, § 131 AktG, Rn. 7.

333 *Drinhausen* in: Hölters/Weber, § 131 AktG, Rn. 6; *Herrler* in: GrigoleitAktG, § 131 AktG, Rn. 7.

334 Vgl. OLG Düsseldorf, Beschluss v. 5.11.1987 – 19 W 6/87, NJW 1988, 1033, 1034; OLG Celle, Urteil v. 24.11.2004 – 9 U 119/04, NZG 2005, 279 (280); *Koch*, § 131 Rn. 7; *Kubis* in: MüKoAktG, § 131 AktG, Rn. 21; *Kersting* in: KölnerKommAktG, § 131 AktG, Rn. 72.

335 Dies rät ebenfalls *Herrler* in: GrigoleitAktG, § 131 AktG, Rn. 7.

336 *Hoffmann-Becking*, NZG 2017, 281 (285f.).

Recht, sondern er benötigt eine Form der Autorisierung seitens des Vorstands durch eine im Vorfeld erfolgende Delegation oder im Nachgang stattfindende (konkludente) Zueignung, um diese Auskünfte treffen zu dürfen – er handelt folglich als eine Art Vertreter für den Vorstand.[337] Die rechtliche Rechtfertigung für diese Auskünfte durch den Aufsichtsrat wird darin gesehen, dass davon auszugehen sei, dass der Vorstand die Beantwortung dieser Fragen regelmäßig dem Aufsichtsratsvorsitzenden überlassen wolle.[338]

Es liegen gute Gründe vor, die für die herrschende Meinung sprechen, wonach die originäre Auskunftsberechtigung ausschließlich beim Vorstand liegen solle. So stellt die Erteilung der Auskunft für den Vorstand eine Geschäftsführungsmaßnahme i. S. d. § 77 AktG dar, die gemäß § 76 AktG grundsätzlich vom Vorstand zu erfüllen ist.[339] Darüber hinaus lässt sich diese Ansicht auch mit Erwägungen zum Wortlaut des § 131 Abs. 1 AktG stützen. Danach ist auf Verlangen der Aktionäre Auskunft „vom Vorstand" zu erteilen. Zwar richtet sich dieser Anspruch gegen die Gesellschaft selbst, ist dem eindeutigen Wortlaut nach aber vom Vorstand als dessen Organ zu erfüllen.[340] Daraus könnte geschlussfolgert werden, dass die Auskunftserteilung durch den Vorstand einem ausschließlichen Recht gleichkommt und Dritte, in diesem Fall der Aufsichtsrat, davon ausgeschlossen sein könnten.

Trotz der dargestellten Argumente erscheinen diese Konstruktionen umständlich, und sie werden angesichts der etablierten Rolle des Aufsichtsrats in der Hauptversammlung diesem auch nicht gerecht.[341] Es wirkt gekünstelt, wenn vorausgesetzt wird, dass sich der Vorstand jegliche Aussagen des Aufsichtsratsvorsitzenden zur Beantwortung von Fragen in der Hauptversammlung zunächst zueignen muss, damit die entsprechende Äußerung als Aussage i. S.d § 131 Abs. 1 S. 2 AktG zu werten ist, mit der

337 *Hoffmann-Becking*, NZG 2017, 281 (285f.).

338 *Hoffmann-Becking* in: MünchHdB GesR IV, § 38, Rn. 8; *Ihrig/Schäfer*, Rechte und Pflichten des Vorstands, § 29, Rn. 1122; *E. Vetter*, ZIP 2006, 257 (263).

339 RG v. 12.6.1941 – II 122/40, RGZ 167, 151, 161; *Liebscher* in: Henssler/Strohn, § 131 AktG, Rn. 4; *Koch*, § 131 AktG, Rn. 8; *E. Vetter*, FS Westermann 2008, S. 1589 (1592).

340 Siehe B.I.1.

341 So *Hoffmann-Becking*, NZG 2017, 281 (285); *Merkner/Schmidt-Bendun*, AG 2011, 734 (736ff.); *Trescher*, DB 1990, 515 (516); *J. Vetter*, FS E. Vetter, 2019, S. 833 (847).

Folge der Erfüllung des Auskunftsanspruchs des fragenden Aktionärs. Erst recht erscheint dies konstruiert, wenn man einigen Vertreten der herrschenden Meinung folgt, nach deren Ansicht eine solche Zueignung noch nicht einmal in einem ausdrücklichen, nach außen erkennbaren Akt zu erfolgen hat. Denn es wird nicht ersichtlich, weshalb der Anspruch des Aktionärs gegen die Gesellschaft auf Erfüllung seines Informationsinteresses ausschließlich durch den Vorstand erfüllt werden sollte, solange der Aktionär doch die Information ordnungsgemäß erhält.[342]

Gerade vor dem Hintergrund der überwiegend vertretenen Auffassung, dass der Auskunftsanspruch ausschließlich durch den Vorstand getilgt werden könne, birgt es ein hohes Maß an Rechtsunsicherheit, wenn nach außen hin nicht deutlich erkennbar wird, dass eine durch den Aufsichtsratsvorsitzenden beantwortete Frage eigentlich durch den Vorstand erfolgt ist, weil dieser sich die Äußerung zugeeignet hat. In diesen Fällen kann es dazu kommen, dass ein Aktionär seinen Auskunftsanspruch als nicht erfüllt ansieht, was zu Komplikationen im Nachgang an die Versammlung führen kann.[343]

Des Weiteren lässt sich gegen die ausschließliche Kompetenz des Vorstands zur Beantwortung von Fragen die Berichtspflicht des Aufsichtsrats nach § 171 Abs. 2 S. 1 AktG sowie die Erläuterungspflicht des Aufsichtsratsvorsitzenden nach § 176 Abs. 1 S. 2 Hs. 2 AktG heranziehen. Es stellt den Regelfall dar, dass die Erläuterungen des Aufsichtsratsvorsitzenden einer im Anschluss erfolgenden ergänzenden Auskunft bedürfen.[344] Dieses Auskunftsrecht beim Aufsichtsrat zu verorten erscheint sinnvoll, denn wer der Verpflichtung unterliegt, diesen Bericht auf der Hauptversammlung zu präsentieren, der muss auch in zulässiger Weise darauf Bezug nehmende Fragen beantworten dürfen, sofern dies erforderlich ist.[345] Die Erteilung solcher Auskünfte kann daher als Annexfunktion der Bericht-

342 So *J. Vetter*, FS E. Vetter, 2019, S. 833 (847).

343 Mögliche Rechtsfolgen bei Verstößen gegen die Auskunftspflicht umfassen u. a. das Auskunftserzwingungsverfahren nach § 132 AktG, Beschlüsse könnten nach § 243 Abs. 1 AktG anfechtbar sein oder auch Entlastungsbeschlüsse können anfechtbar sein. Siehe für detaillierte Ausführungen *Koch*, § 131 AktG, Rn. 111 sowie *Kubis* in: MüKoAktG, § 131 AktG, Rn. 178–187.

344 *Trescher*, DB 1990, 515 (515); *Butzke*, Hauptversammlung der AG, Rn. G 27.

345 *Trescher*, DB 1990, 515 (515); *Butzke*, Hauptversammlung der AG, Rn. G 27.

erstattung gesehen werden und fällt somit noch in die Überwachungsfunktion des Aufsichtsrats.[346] Aus diesem Grund widerspräche es dem aktienrechtlichen Kompetenzgefüge, wenn sie vom Vorstand erfüllt würde.[347] Darüber hinaus ist die Rechtfertigung der herrschenden Meinung für die in der Praxis gängige Handhabe der Beantwortung von Fragen vor dem Gesichtspunkt der Corporate Governance in der deutschen AG zumindest zu hinterfragen.[348]

Es lässt sich festhalten, dass sich die gängige Praxis von der aktuellen Gesetzeslage in Bezug auf die Beantwortung von Fragen durch den Aufsichtsratsvorsitzenden abgenabelt hat.[349] Auch die von der Literatur entwickelten Begründungen für die rechtliche Zulässigkeit der Auskünfte des Aufsichtsrats wirken unter dem Druck der Praxis, die dem Gesetzgeber vorauszueilen scheint, als hilfsweise konstruiert und daher bisweilen gekünstelt.

IV. Ansatz zur Begründung einer Kompetenz des Aufsichtsrats zur Beantwortung von Fragen in der Hauptversammlung

Aufgrund der zuvor dargestellten, teils umständlichen Behelfskonstruktionen, die von der Literatur als rechtliche Begründung für eine zulässige Äußerung durch den Aufsichtsrat herangezogen werden, liegt es auf der Hand, die Vorschrift des § 131 AktG einerseits im Hinblick auf alternative Begründungsansätze intensiver zu beleuchten und andererseits zu untersuchen, ob sich methodologisch eine originäre Auskunftsberechtigung des Aufsichtsrats begründen lässt.

346 *Trescher*, DB 1990, 515 (515); *Butzke*, Hauptversammlung der AG, Rn. G 27.

347 Vgl. *Trescher*, DB 1990, 515 (515); *Butzke*, Hauptversammlung der AG, Rn. G 27.

348 In diese Richtung auch *Merkner/Schmidt-Bendun*, AG 2011, 734 (738).

349 So auch *Merkner/Schmidt-Bendun*, AG 2011, 734 (738).

1. Berechtigung des Aufsichtsrats zur Beantwortung von Fragen in der Hauptversammlung begründet sich als notwendige Annexkompetenz

Eine sich gegenüber den beiden dargestellten Ansichten der herrschenden Meinung deutlich in der Minderheit befindliche Ansicht vertritt, dass der Aufsichtsrat eine originäre Kompetenz zur Beantwortung von Fragen in der Hauptversammlung hinsichtlich Themen, die in seinen Zuständigkeitsbereich fallen, habe.[350] Die Vertreter dieser Ansicht stützen sich darauf, dass die Beantwortung von Fragen durch den Aufsichtsrat eine notwendige Annexfunktion zur Berichterstattung des Aufsichtsrats nach §§ 171 Abs. 2, 176 Abs. 1 S. 2 AktG sei.[351] Nach § 176 Abs. 1 S. 2 AktG habe der Aufsichtsratsvorsitzende nämlich zu Beginn der Versammlung den Bericht über die Tätigkeit des Aufsichtsrats vorzutragen. Sofern es im Anschluss daran und im weiteren Verlauf der Versammlung zu Fragen von Aktionären zu einzelnen Punkten dieses Berichts und in diesem Zusammenhang auch zu Aspekten der inneren Ordnung oder zu Personalfragen hinsichtlich von Aufsichtsrats- und Vorstandsmitgliedern käme, so sei eine Antwort des Aufsichtsratsvorsitzenden auf solche Fragen von § 176 Abs. 1 S. 2 AktG gedeckt.[352] Nicht umfasst hingegen wäre eine Antwort des Aufsichtsratsvorsitzenden in denjenigen Fällen, in denen sich die Äußerung auf Bereiche beziehe, die außerhalb desjenigen lägen, mit dem sich der Aufsichtsrat auseinandergesetzt hat,[353] also in solchen Themenfeldern, die dem Kompetenzbereich des Vorstands angehören.

---

350 *Hoffmann-Becking*, NZG 2017, 281 (285 f.); *Trescher*, DB 1990, 515 (516); *Roth*, FS Bergmann, S. 565 (575f.); *Heidel* in: Heidel-AktR, § 131 AktG, Rn. 17; *Steiner*, Die Hauptversammlung der AG, § 11, Rn. 7.

351 *Steiner*, Die Hauptversammlung der AG, § 11, Rn. 7; *Hoffmann-Becking*, NZG 2017, 281 (285f.); *Heidel* in: Heidel-AktR, § 131 AktG, Rn. 17; *Trescher*, DB 1990, 515 (516); *Roth*, FS Bergmann, S. 565 (575 f.).

352 *Hoffmann-Becking* in: MünchHdB GesR IV, § 38 Rn. 8; *Hoffmann-Becking*, NZG 2017, 281 (285 f.).

353 *Hoffmann-Becking*, NZG 2017, 281 (285 f.).

2. Auslegung von § 131 Abs. 1 AktG

Eine andere Möglichkeit zur Begründung einer Auskunftsberechtigung des Aufsichtsrats könnte sich über eine Auslegung der Vorschrift des § 131 AktG ergeben.

a) Wortlaut

Der Wortlaut des § 131 Abs. 1 AktG bestimmt, dass jedem Aktionär auf Verlangen in der Hauptversammlung *vom Vorstand* Auskunft über Angelegenheiten der Gesellschaft zu geben ist, soweit sie zur sachgemäßen Beurteilung des Gegenstands der Tagesordnung erforderlich ist.

Wie bereits an vorderer Stelle dargestellt, scheint dem recht klaren Wortlaut nach der Auskunftsanspruch gegen die Gesellschaft durch den Vorstand zu erfüllen sein.[354] Allerdings lässt sich aus der Verpflichtung des Vorstands nicht gleichzeitig der zwingende Rückschluss ziehen, dass auch nur der Vorstand alleine und ausschließlich überhaupt zur Auskunft berechtigt sei.[355] Denn aus einer einseitigen Verpflichtung folgt nicht zwingend auch eine exklusive Berechtigung.[356] Demnach lässt sich festhalten, dass nach dem Wortlaut des § 131 AktG der Aufsichtsrat zwar ziemlich eindeutig nicht verpflichtet ist, es ihm gleichwohl aber auch nicht (ausdrücklich) verboten wird, Auskunft zu erteilen.[357]

b) Entstehungsgeschichte der Norm

Mit einer Entscheidung aus dem Jahr 1894 entschied das Reichsgericht, dass *„jeder Aktionär ein vom Mehrheitswillen unabhängiges Recht darauf (haben sollte), daß ihm die Möglichkeit gewährt werde, sich ein selbständiges Urteil über die Verwaltung zu bilden“*.[358] Daraus wurde bereits von diversen Rechtswissenschaftlern ein individuelles Informationsrecht hergeleitet.[359] Zu diesem Zeitpunkt drehte sich die Diskussion allerdings um die Frage,

354 B.I.2.c).

355 *J. Vetter*, FS E. Vetter, 2019, S. 833 (841).

356 Vgl. auch *J. Vetter*, FS E. Vetter, 2019, S. 833 (841).

357 *J. Vetter*, FS E. Vetter, 2019, S. 833 (841).

358 RG v. 13.10.1894 – I 195/94, RGZ 34, 57 (58).

359 Vgl. *Casper* in: Bayer/Habersack, Aktienrecht im Wandel II, § 12, Rn. 11.

ob ein Auskunftsanspruch überhaupt generell bestehe, und nicht darum, durch wen ein solcher (potentieller) Anspruch zu erfüllen sei.[360]

Erstmals wurde im Aktiengesetz von 1937 in Form des § 112[361] ein individuell ausgestaltetes Informationsrecht für Aktionäre aufgenommen – aber auch in diesem Gesetz wird nicht eindeutig geregelt, welches Gesellschaftsorgan auskunftsverpflichtet ist.[362] Der Aufsichtsrat und sein Vorsitzender werden auch in den Materialien zum Gesetzesentwurf nicht erwähnt.[363]

Im reformierten Aktiengesetz im Jahr 1965 wird der Vorstand erstmalig klar als für die Gesellschaft auskunftsverpflichtetes Organ herausgestellt.[364] Auch das damalige Schrifttum vertrat diese Auffassung und verstand die bis dahin geltende Rechtslage entsprechend.[365] In eine ähnliche Richtung argumentieren die Stellungnahmen in der Literatur als Reaktion auf die Einführung des § 112 AktG 1937. Damals wurde weitestgehend von einer Zuständigkeit des Vorstands zur Erfüllung einer Pflicht der Gesellschaft gesprochen.[366] Allerdings gab es auch schon damals Anregungen, wonach nach dem Gegenstand der verlangten Auskunft zu differenzieren sei.[367]

Rechtsvergleichend kann zusätzlich noch § 118 öAktG herangezogen werden, der dem § 112 AktG 1937 bis heute entspricht.[368] In Österreich wird diese Vorschrift dahingehend ausgelegt, dass der Aufsichtsrat nicht lediglich ein Recht zur Beantwortung von Fragen hat, sondern er sogar der Pflicht unterliegt, solche Fragen zu beantworten, die seinen Tätigkeitsbereich betreffen.[369]

---

360 *J. Vetter*, FS E. Vetter, 2019, S. 833 (841 f.).

361 IdF v. RGBl. 1937 I 107.

362 *E. Vetter*, FS Westermann, 2008, S. 1589 (1592); *Poelzig* in: BeckOGK-AktG, § 131 AktG, Rn. 8; *J. Vetter*, FS E. Vetter, 2019, S. 833 (841 f.).

363 *J. Vetter*, FS E. Vetter, 2019, S. 833 (841 f.).

364 Vgl. Begr RegE zu § 131 AktG, abgedruckt bei *Kropff*, Aktiengesetz, S. 185.

365 *Schuler*, NJW 1962, 841 (842); *Brox*, DB 1965, 731 (734).

366 *Schlegelberger/Quassowski*, AktG v. 30.1.1937, 3. Aufl. 1939, § 112 Anm. 3; *Ritter* AktG, 2. Auflage 1939, § 113 AktG Anm. 3a).

367 *Godin/Wilhelmi*, AktG vom 30.1.1937, 2. Aufl. 1950, § 112 Anm. 2.

368 Wortlaut des § 118 Abs. 1 S. 1 öAktG: „Jedem Aktionär ist auf Verlangen in der Hauptversammlung Auskunft über Angelegenheiten der Gesellschaft zu geben, soweit sie zur sachgemäßen Beurteilung der Tagesordnungspunkte erforderlich ist."

369 *M. Doralt* in: MüKoAktG, § 131 AktG, Rn. 366; *Kalass* in: Kalass/Nowotny/Schauer, öGesR, Rn. 3/760.

c) Systematik und Telos

Darüber hinaus gibt es eine Reihe systematischer und teleologischer Argumente, die ein generelles Verbot der Beantwortung von aufsichtsratsbezogenen Fragen durch den Aufsichtsratsvorsitzenden zumindest in Zweifel ziehen können und für eine differenzierte Beurteilung dieser Frage streiten.

Es muss berücksichtigt werden, dass die Kontrollmöglichkeiten der Aktionäre hinsichtlich der Tätigkeit des Vorstands stark begrenzt sind. So ist ihre einzige Möglichkeit, effektive Kontrolle über den Vorstand auszuüben, die Wahrnehmung ihrer Mitgliedschaftsrechte in Form der Informations- und Stimmrechte im Rahmen der Hauptversammlung.[370] Gleichzeitig können sie aber nicht selbst über die Bestellung des Vorstands und seiner Mitglieder entscheiden, sondern die Bestellung sowie die Überwachung des Vorstands obliegen nach § 84 Abs. 1 S. 1 und Abs. 3 AktG alleine dem Aufsichtsrat.[371] In diesem Zusammenhang sprechen daher gute Gründe dafür, den Aktionären in der Hauptversammlung einen Auskunftsanspruch unmittelbar gegen den Aufsichtsrat, das von ihnen unmittelbar gewählte Organ, zuzugestehen – zumindest in denjenigen Fällen, in denen das Auskunftsbegehren die Überwachungstätigkeit oder Fragen zur inneren Ordnung des Organs Aufsichtsrat betrifft.[372] Dadurch würde der Verbindung zwischen Aktionären als Souverän und dem Aufsichtsrat als das durch den Souverän unmittelbar legitimierte Organ Rechnung getragen. Durch die Kontrollfunktion des Auskunftsrechts kann die Beantwortung von Fragen durch den Aufsichtsrat auch als Teil seiner Rechenschaftspflicht gegenüber den Aktionären angesehen werden, die einen Bestandteil seiner Überwachungsaufgabe darstellt und somit schon aus Gründen der aktienrechtlichen Kompetenzordnung beim Aufsichtsrat liegen sollte.[373]

370 Begr. RegE zu § 131 AktG, abgedruckt bei *Kropff*, AktG, 1965, S. 184; *Kubis* in: MüKoAktG, § 118, Rn. 1; *E. Vetter*, FS Westermann 2008, S. 1589 (1601).

371 Formal trifft der Gesamtaufsichtsrat den Beschluss über die Bestellung der Vorstandsmitglieder, siehe *Spindler* in: MüKoAktG, § 84 AktG, Rn. 19, 20; *Lutter/Krieger/Verse*, Rechte und Pflichten des Aufsichtsrats, § 7, Rn. 331.

372 *E. Vetter*, FS Westermann 2008, S. 1589 (1600f.); *Trescher*, DB 1990, 515 (516).

373 So auch *E. Vetter*, FS Westermann 2008, S. 1589 (1600) und *Trescher*, DB 1990, 515 (516).

Auch erscheint es sachgerecht, die Beantwortung von Fragen bei demjenigen Organ zu verorten, das mit der originären Sachkompetenz, auf welche sich die Frage bezieht, betraut ist – diese Verknüpfung zwischen inhaltlicher Kompetenz und der Beantwortung sich darauf beziehender Fragen zu durchbrechen und im Ergebnis den Vorstand Fragen aus dem Kompetenzbereich des Aufsichtsrats beantworten zu lassen, wirkt zweckwidrig.[374] Denn das in dieser Sache inhaltlich kompetente Organ weist im Regelfall die größere Expertise auf und kann somit im besten Interesse der Aktionäre die inhaltlich fundierteste und verlässlichste Auskunft geben.[375] Eine Auskunft durch den Vorstand, der im Einzelfall weder alle Erwägungen und Beratungen des Aufsichtsrats kennt noch nachvollziehen kann, wirke sich im Ergebnis zuungunsten der Aktionäre aus.[376] Außerdem wäre es geradezu widersprüchlich, würde der Vorstand, der vom Aufsichtsrat überwacht wird, auf diese Überwachungstätigkeit abzielende Fragen selbst beantworten, denn niemand ist ungeeigneter, Fragen hinsichtlich der Überwachung zu beantworten, als der Überwachte selbst.[377]

Darüber hinaus stellt die amtliche Überschrift des § 131 AktG[378] den Aktionär und sein Informationsinteresse in den Vordergrund der Norm. Dies spricht dafür, dass durch die Vorschrift des § 131 AktG nicht in erster Linie die innerorganschaftliche Kompetenzverteilung innerhalb des Aufsichtsrats geregelt werden soll, sondern der Aktionär, der Souverän und Prinzipal der AG ist, bestmöglich informiert werden soll. Dabei ist es für ihn wesentlich, die Auskunft von demjenigen Organ zu erhalten, welches dieses Begehren bestmöglich erfüllen kann. Bei Auskünften bezogen auf den Kompetenzbereich des Aufsichtsrats ist dies der Aufsichtsrat selbst. Der Zweck der Vorschrift bezieht sich somit vordergründig auf das Verhältnis zwischen der Gesellschaft und ihrer Aktionäre.

---

374 *J. Vetter*, FS E. Vetter, 2019, S. 833 (844).

375 *J. Vetter*, FS E. Vetter, 2019, S. 833 (844).

376 *J. Vetter*, FS E. Vetter, 2019, S. 833 (844).

377 *Trescher*, DB 1990, 515, 516; *J. Vetter*, FS E. Vetter, 2019, S. 833 (844); a. A. *Kubis* in: MüKoAktG, § 131 AktG Rn. 22; *Drinhausen* in: Hölters/Weber, § 131 AktG Rn. 6; *Koch*, § 131 AktG, Rn. 7; *Spindler* in: Schmidt/Lutter, § 131 AktG, Rn. 18; *Groß*, AG 1997, 97 (99).

378 „Auskunftsrecht des Aktionärs“.

Zusätzlich lässt sich die an vorderer Stelle bereits dargestellte Berichts- und Erläuterungspflicht des Aufsichtsrats nach §§ 171 Abs. 2, 176 Abs. 1 S. 2 AktG[379] bei der Auslegung heranziehen. Denn auch in diesem Punkt wirkt es widersinnig, wenn Rückfragen zum vom Aufsichtsrat dargestellten Bericht nicht auch von diesem, sondern stattdessen vom Vorstand beantwortet werden.[380]

d) Kein Verbot zur Auskunftserteilung durch den Aufsichtsrat aus § 131 Abs. 1 S. 1 AktG

Die vorstehenden Überlegungen verdeutlichen, dass mehrere Gründe dafür sprechen, dass die Vorschrift des § 131 AktG nicht exklusiv die Auskunftsberechtigung beim Vorstand verorten soll. Insbesondere die Wortlautgrenze, die nach Ansicht der herrschenden Meinung regelmäßig dem Auskunftsrecht des Aufsichtsrats entgegengehalten wird, scheint dieser Sichtweise nicht entgegenzustehen. Ein Auskunftsrecht des Aufsichtsrats ist mit dem Wortlaut des § 131 Abs. 1 AktG nämlich vereinbar, wenn man davon ausgeht, dass der singulären Verpflichtung des Vorstands zur Erfüllung des Auskunftsanspruchs gegen die Gesellschaft nicht auch eine ausschließliche Berechtigung folgen soll. Auch die Historie der Norm lässt keinen Rückschluss darauf zu, dass der Aufsichtsrat von der Auskunftsberechtigung ausgeschlossen werden soll. Vielmehr stellte auch schon das Reichsgericht mit seiner Entscheidung aus dem Jahr 1894 das Informationsinteresse der Aktionäre in den Vordergrund und nicht die Kompetenzverteilung innerhalb der Gesellschaft.

Im Mittelpunkt der Überlegungen zu Telos und Systematik der Vorschrift steht ebenfalls das Verhältnis von Aktionär zur Gesellschaft. Zentrales Interesse des Aktionärs ist nicht die Frage, durch wen sein Anspruch erfüllt wird, sondern dass er die bestmögliche und inhaltlich fundierteste Antwort erhält, damit sein Informationsbegehren erfüllt werden kann. Es wird den schutzwürdigen Erwartungen der Aktionäre gerecht, dass sie vom Aufsichtsrat, den sie selbst ausgewählt haben und über dessen Ent-

379 Siehe B.I.2.c).

380 *E. Vetter*, FS Westermann 2008, S. 1589 (1598); *J. Vetter*, FS E. Vetter, 2019, S. 833 (845).

lastung sowie Wiederwahl sie entscheiden, die notwendigen Auskünfte über seine Tätigkeit erhalten.[381]

3. Kein Verstoß gegen Prinzipien des Organisationsrechts, insbesondere § 111 Abs. 4 AktG

Als wesentliches Argument gegen die Annahme eines Auskunftsrechts des Aufsichtsrats wird der Gehalt von § 111 Abs. 4 S. 1 AktG vorgebracht. Von vielen Vertretern der herrschenden Meinung wird die Auskunft im Rahmen der Hauptversammlung als Geschäftsleitungsmaßnahme i. S.d § 76 AktG klassifiziert.[382] Geschäftsführungsmaßnahmen könnten aber nach §§ 77, 111 Abs. 4 S. 1 AktG grundsätzlich nicht auf den Aufsichtsrat übertragen werden, weshalb danach eine Auskunftserteilung durch den Aufsichtsrat eine Überwindung dieses Verbots darstellen würde.

Angesichts des tatsächlich vom Aufsichtsrat in der Praxis wahrgenommenen Aufgabenbereichs, der inzwischen eine Vielzahl von Geschäftsführungsmaßnahmen umfasst, läuft dieses Argument ins Leere und kann nicht überzeugen. Die Rechte und Pflichten des Aufsichtsrats erstrecken sich praktisch auch auf die Wahrnehmung von Geschäftsführungsmaßnahmen. So übernimmt der Aufsichtsrat in unterschiedlichen Formen solche ihm vom Gesetzgeber zugewiesenen Aufgaben der Geschäftsführung.[383] Die Kompetenz zur Erteilung von Auskünften kann demnach nicht allein aufgrund einer Klassifizierung als Geschäftsführungsmaßnahme mit Verweis auf §§ 77, 111 Abs. 4 S. 1 AktG exklusiv in die Hän-

381 *Trescher*, DB 1990, 515 (516).

382 Siehe nur *Herrler* in: GrigoleitAktG, § 131 AktG, Rn. 7; *Koch*, § 131 AktG, Rn. 8; *Hoffmann-Becking* in: MünchHdB GesR IV, § 38, Rn. 7.

383 Um nur eine Auswahl zu nennen: Nach § 111 Abs. 1 S. 3 AktG ist ausschließlich der Aufsichtsrat für die Erteilung des Auftrags an den Abschlussprüfer zuständig; Die Prüfung und Verfolgung von Schadensersatzansprüchen gegen ehemalige Vorstandsmitglieder stellt ebenfalls eine Geschäftsführungsmaßnahme des Aufsichtsrats dar: die Abgabe einer Stellungnahme gem. § 27 WpÜG zu einem Übernahmeangebot durch den Aufsichtsrat der Zielgesellschaft. Ausführlich dazu: *J. Vetter*, FS E. Vetter, 2019, S. 833 (840 f.) sowie *E. Vetter*, FS Westermann 2008, S. 1589 (1593 f.); siehe ausführlich A.III.

de des Vorstands gelegt werden.[384] So ergibt sich, dass der Aufsichtsrat zumindest nicht generell von jeglichen Maßnahmen der Geschäftsführung ausgeschlossen sein soll. Die Vorschrift soll vielmehr gewährleisten, dass sich der Aufsichtsrat nicht beliebig weitergehende Kompetenzen selbst zuweisen und begründen kann.[385]

4. Zwischenergebnis

Als Ausgangspunkt regelt § 131 AktG das Verhältnis zwischen Aktionär und Gesellschaft. Die Vorschrift dient dazu, dem Aktionär eine ausreichende Informationsgrundlage zu schaffen, damit dieser seine Rechte und Pflichten in der Hauptversammlung ausüben kann.[386] Zentraler Bestandteil eines jeden Gedankengangs zum Verständnis der Norm sollte daher das Informationsinteresse des Aktionärs sein. Um dieses Interesse zu wahren, wird dem Aktionär vom Gesetzgeber ein gegen die Gesellschaft gerichteter Rechtsanspruch gewährt. Durch diesen Anspruch wird allein die Gesellschaft verpflichtet, nicht der Vorstand. Der Vorstand wird einzig als handelndes Organ für die Gesellschaft tätig.[387] Hinsichtlich der Berechtigung zur Auskunftserteilung erhält § 131 AktG keine abschließende Regelung. Wie dargestellt beschränken weder der Wortlaut noch Historie, Systematik oder Telos die Berechtigung zur Auskunftserteilung auf den Vorstand.

Die letztlich positive Begründung für die Kompetenz des Aufsichtsrats, Auskünfte zu Fragen, die seinen Themenbereich betreffen, zu erteilen, ergibt sich aus den im Rahmen der Auslegung dargestellten Gründen, insbesondere als Annexkompetenz zu seiner Berichtspflicht und der Auslegung von § 131 Abs. 1 S. 1 AktG. Besonders die teils bessere Qualifikation

---

384 So *E. Vetter*, FS Westermann 2008, S. 1589 (1593 f.); *J. Vetter*, FS E. Vetter, 2019, S. 833 (849).

385 *Drygala* in: K. Schmidt/Lutter, § 111 AktG, Rn. 49.

386 Siehe nur BayObLG, Beschluss v. 30.11.1995 – Z BR 161/93, AG 1996, 180 (181); *Koch*, § 131 AktG, Rn. 1.

387 *Kubis* in: MüKoAktG, § 131 AktG, Rn. 19; *Decher* in: GroßKommAktG, § 131 AktG, Rn. 90; *Koch*, § 131 Rn. 5; *Hoffmann-Becking* in: MünchHdB GesR IV, § 37, Rn. 47; *Herrler* in: GrigoleitAktG, § 131 AktG, Rn. 7; *Drinhausen* in: Hölters/Weber, § 131 AktG, Rn. 6; *Wachter* in: WachterAktG, § 131 AktG, Rn. 6; *Merkner/Schmidt-Bendun*, AG 2011, 734 (735).

des Aufsichtsrats, im Verhältnis zum Vorstand entsprechende Fragen vollumfänglich und inhaltlich korrekt zu beantworten, stützt dieses Ergebnis argumentativ.[388] Der Aufsichtsrat ist folglich dazu berechtigt, Auskünfte zu Fragen, die seinen originären Aufgaben- und Verantwortungsbereich betreffen, im Rahmen der Hauptversammlung zu beantworten.

V. Zuständigkeit des Aufsichtsratsvorsitzenden

Mit der Feststellung zur potentiellen Berechtigung des Aufsichtsrats zur Beantwortung von Fragen in der Hauptversammlung ist noch keine Aussage über die zulässige sowie angemessene Art und Weise einer solchen Äußerung getroffen. Es liegt nahe, den Aufsichtsratsvorsitzenden, ähnlich wie beim Vorstand den Vorstandsvorsitzenden, aufgrund seiner durch den Gesetzgeber vielfach hervorgehobenen Stellung als zur Auskunft berechtigte Person anzusehen.[389] Ob der Aufsichtsratsvorsitzende eine Auskunft auf eine in der Hauptversammlung gestellte Frage ohne Rücksprache mit dem Gesamtaufsichtsrat treffen darf, hängt von der Art der Beantwortung ab. Dabei sollte ein vergleichbarer Maßstab wie bei der Auskunftserteilung durch ein einzelnes Vorstandsmitglied im Verhältnis zu dem Gesamtorgan Vorstand angelegt werden.[390] Bei der Auskunftserteilung durch den Aufsichtsratsvorsitzenden ist zunächst zu entscheiden, ob eine Auskunft überhaupt erteilt werden soll. Bei dieser ersten Entscheidung bewendet es sich im Regelfall aber nicht, denn ebenfalls muss entschieden

388 Ausführlich dazu siehe Abschnitt B.I.3.

389 Vgl. nur die Aufzählung an verschiedenen Kompetenzen in: *Henssler* in: Henssler/Strohn, § 107 AktG, Rn. 8.

390 Bei der Auskunftserteilung durch den Vorstand handelt es sich um eine Geschäftsführungsmaßnahme, womit sie folglich dem Einstimmigkeitsprinzip des § 77 Abs. 1 AktG unterliegt. Dementsprechend ist für die Auskunft grundsätzlich ein Vorstandsbeschluss erforderlich. Dieser kann auch konkludent gefasst werden, was immer dann anzunehmen ist, wenn das inhaltlich zuständige Vorstandsmitglied oder der Vorstandsvorsitzende die begehrte Auskunft erteilen. Abweichendes kann aber gemäß § 77 Abs. 1 S. 2 AktG in der Satzung geregelt werden, vgl. *Kubis* in: MüKoAktG, § 131 AktG, Rn. 20, *Koch*, § 131 AktG, Rn. 8; *Poelzig* in: BeckOGK-AktG, § 131 AktG, Rn. 57; *Merkner/Schmidt-Bendun*, AG 2011, 734 (736).

werden, in welchem Umfang und Ausmaß eine Frage beantwortet werden soll.[391] In beiden Fällen, sofern man einen Gleichlauf zur Auskunftserteilung durch Vorstandsmitglieder befürwortet, bedarf es eines (zumindest konkludenten) Aufsichtsratsbeschlusses.[392]

Darüber hinaus handelt es sich bei solchen Fragen von Aktionären nicht ausschließlich um Wissensfragen, die Auskunft bedarf vielmehr häufig einer tiefergehenden Auseinandersetzung und findet ihre Grundlage in einzelnen Bewertungen des Vorstands, die das Ergebnis umfangreicher Beratungen im Gesamtorgan sein können, weshalb deren Beantwortung einem Wertungsspielraum unterliegt.[393] Insbesondere in diesen Fällen ist vom Aufsichtsratsvorsitzenden zu beachten, dass, sofern die Auskunft zu einer Offenbarung vertraulicher Informationen im Zusammenhang mit der Aufsichtsratsarbeit führt, eine Befreiung vom Beratungsgeheimnis nicht alleine durch den Vorsitzenden, sondern durch das Gesamtorgan erfolgen muss.[394]

Im Ergebnis wird die Auskunftserteilung durch den Aufsichtsrat entsprechend derjenigen durch den Vorstand gehandhabt. Entweder findet eine Auskunftserteilung durch den Aufsichtsratsvorsitzenden durch *vorherige* Delegation auf diesen in Form eines konkludenten Aufsichtsratsbeschlusses statt. Oder der Aufsichtsrat eignet sich *nachträglich* die Äußerung des Vorsitzenden an.[395]

---

391 *J. Vetter*, FS E. Vetter, 2019, S. 833 (852).

392 Siehe für die Auskunftserteilung durch ein Vorstandsmitglied *Koch*, § 131 AktG, Rn. 8.

393 *J. Vetter*, FS E. Vetter, 2019, S. 833 (852).

394 *Hoffmann-Becking* in: MünchHdB GesR IV, § 33, Rn. 64; *Koch*, § 116 AktG, Rn. 10; *Wilsing/von der Linden*, ZHR 178 (2014), 419 (440).

395 Eine Ausnahme von diesem Grundsatz ergibt sich in Bezug auf den mündlichen Bericht an die Hauptversammlung nach § 176 Abs. 1 S. 2 AktG. Diesen kann der Vorsitzende aus eigenem Recht um diejenigen Informationen ergänzen, die bereits im schriftlichen Bericht des Aufsichtsrats nach § 171 Abs. 2 AktG enthalten sind, da dieser Bericht bereits im Vorfeld vom Aufsichtsrat gebilligt worden ist, vgl. dazu auch die Ausführungen von *J. Vetter*, FS E. Vetter, 2019, S. 833 (850, 853).

VI. Keine praktischen Einwände gegen ein Auskunftsrecht des Aufsichtsrats de lege lata

Rechtspolitisch hat eine eigenständige Kompetenz des Aufsichtsrats zur Auskunftserteilung beachtenswerte rechtliche Folgen, insbesondere auf die Kompetenzverteilung zwischen den verschiedenen Organen der Gesellschaft. Daher sind bei der Diskussion zur Auskunftsberechtigung des Aufsichtsrats auch die aus dieser Kompetenzerweiterung resultierenden Einwände zu berücksichtigen.

Gegen die Möglichkeit zur Auskunftserteilung durch den Aufsichtsrat könnte vorgebracht werden, dass es zu einer Kollision der Kompetenzen von Vorstands- und Aufsichtsratsorgan kommen kann, wenn es hinsichtlich des gleichen Auskunftsgegenstands mehrere Auskunftsberechtigte gibt. Ein wesentlicher Vorteil in der Konzentration der Auskunftsberechtigung ausschließlich auf den Vorstand besteht augenscheinlich darin, dass es zu keinen Zweifelsfragen hinsichtlich einer Kompetenzabgrenzung zum Aufsichtsrat kommen kann, wenn ohnehin nur der Vorstand zur Auskunft berechtigt ist. Dagegen ist allerdings anzuführen, dass sich die Auskunftsberechtigung des Aufsichtsrats lediglich auf Fragen hinsichtlich der Überwachungstätigkeit erstrecken soll und damit auf Gegenstände außerhalb der Zuständigkeit des Vorstands.[396] Eine Schnittmenge an möglichen Auskünften, die den Verantwortungsbereich beider Organe beträfe, wäre somit von vornherein ausgeschlossen. Mangels einer doppelten Informationspflicht bestünde für den Vorstand auch kein erhöhtes Risiko von möglichen Anfechtungsgründen aufgrund verweigerter oder mangelhafter Auskunft durch den Aufsichtsrat.[397] Allein erforderlich für den Gesetzgeber wäre, klarstellend im Hinblick darauf tätig zu werden, dass sich das gegen den Aufsichtsrat gerichtete Auskunftsrecht der Aktionäre lediglich auf Fragen hinsichtlich seiner Überwachungstätigkeit richtet.[398]

Ein weiterer Aspekt, weshalb eine Ausdehnung der Auskunftsberechtigung auch auf den Aufsichtsrat kritisch gesehen werden kann, ist die potentielle Gefahr, dass sich die Hauptversammlung zeitlich noch wei-

---

396 *E. Vetter*, FS Westermann 2008, S. 1589 (1601).

397 *E. Vetter*, FS Westermann 2008, S. 1589 (1602).

398 *E. Vetter*, FS Westermann 2008, S. 1589 (1601 f.).

ter als bisher ausdehnen könnte. Denn aus der Implementierung eines weiteren Adressaten für Fragen der Aktionäre kann der Schluss gezogen werden, dass auf Dauer der zeitliche Rahmen einer Hauptversammlung gesprengt wird. Dies würde den Bestrebungen im DCGK[399] und denen des Gesetzgebers[400] widersprechen, die Dauer der Hauptversammlung zeitlich zu begrenzen. Jedoch ist bei diesem Einwand zu berücksichtigen, dass bereits zum jetzigen Zeitpunkt in der Praxis regelmäßig Fragen an den Aufsichtsrat adressiert werden, weshalb in der Praxis gar keine wesentlichen Auswirkungen auf die Dauer der Hauptversammlung zu erwarten wären.

Die vorgebrachten praktischen Einwände sind bei der Frage nach einer Auskunftsberechtigung des Aufsichtsrats beachtenswert, können jedoch wie dargestellt entkräftet werden. Weder in zeitlicher noch in organisatorischer Hinsicht hat eine solche Kompetenzerweiterung einen negativen Einfluss auf die Durchführung der Hauptversammlung.

VII. Verpflichtung des Aufsichtsrats zur Beantwortung von Aktionärsfragen

Wie in den vorangegangenen Ausführungen herausgearbeitet, verfügt der Aufsichtsrat über die Kompetenz, an ihn im Rahmen der Hauptversammlung adressierte Aktionärsfragen zu beantworten, soweit diese den Aufgabenbereich des Aufsichtsrats betreffen. Neben dieser Frage, ob der Aufsichtsrat zur Beantwortung von solchen Aktionärsfragen in der Hauptversammlung *berechtigt* ist, ergibt sich die Folgefrage, ob er darüber hinaus zur Beantwortung seinen Aufgabenbereich betreffender Fragen sogar *verpflichtet* ist.

Um sich die Relevanz dieser weitergehenden Frage zu verdeutlichen, muss man sich die in der Praxis auftretende Situation vor Augen führen, in der ein Aktionär eine Frage unmittelbar an den Aufsichtsrat richtet.

399 Vgl. Anregung A.7 Deutscher Corporate Governance Kodex wonach sich der Versammlungsleiter davon leiten lassen sollte, dass eine ordentliche Hauptversammlung spätestens nach vier bis sechs Stunden beendet ist.

400 Vgl. *Hemeling*, AG 2004, 262 (263).

Nähme man in diesem Zusammenhang an, dass den Aufsichtsrat zwar eine unmittelbare Berechtigung, jedoch keine gleichlaufende Verpflichtung zur Beantwortung dieser Frage träfe, so würde sich der Aufsichtsrat auf diese mangelnde Verpflichtung berufen können und die entsprechende Frage schlicht nicht (aus eigenem Recht) beantworten. In diesen Fällen wäre man wieder auf die Zuhilfenahme der an früherer Stelle dargestellten Ersatzkonstruktionen[401] angewiesen.

Vor dem Hintergrund der generell limitierten und lediglich in Form von Informations- und Stimmrechten auf die Hauptversammlung beschränkten Kontrollmöglichkeiten der Aktionäre bzgl. der Geschäftsleitung des Vorstands sowie des Umstands, dass die Bestellung sowie die Abberufung des Vorstands nicht unmittelbar durch die Aktionäre erfolgt, sondern genauso wie die laufende Überwachung der Geschäftsleitung alleine in den Kompetenzbereich des Aufsichtsrats fällt, besteht ein großes Interesse der Aktionäre daran, auf einen Auskunftsanspruch unmittelbar gegen den Aufsichtsrat zurückgreifen zu können.[402] Jedenfalls in solchen Fällen, in denen sich die begehrte Auskunft auf den Arbeitsbereich des Aufsichtsrats bezieht.[403]

Aufgrund des nicht zu verachtenden Aktionärsinteresses sowie der an dieser Stelle dargestellten und insbesondere die praktische Umsetzung betreffenden Problematik hinsichtlich einer *Berechtigung* des Aufsichtsrats zur Beantwortung von Fragen in der Hauptversammlung ohne eine ihn zugleich treffende *Verpflichtung* anzunehmen, erscheint es bei einer ganzheitlichen Betrachtung dieses Problemkreises dringend geboten, auch eine potentielle Verpflichtung des Aufsichtsrats zur Beantwortung von Aktionärsfragen zu untersuchen. In diesem Zusammenhang stellt sich neben der wesentlichen Frage nach einer rechtlichen Grundlage im Aktiengesetz für eine Verpflichtung zur Beantwortung von Fragen vor allem die Frage nach der Reichweite einer solchen potentiellen Pflicht.

---

401 Siehe B.I.2.

402 *E. Vetter*, FS H. P. Westermann, 2008, S. 1589 (1600 f.).

403 Vgl. *E. Vetter*, FS H. P. Westermann, 2008, S. 1589 (1600 f.).

1. Rechtliche Hürden

Einem eigenen Auskunftsanspruch der Aktionäre gegen den Aufsichtsrat stehen teils erhebliche rechtspolitische sowie rechtspraktische Einwände entgegen.[404]

Die Regelung des § 109 Abs. 1 AktG über die strikte Limitierung der Teilnahme dritter Personen an Aufsichtsratssitzungen zeigt das hohe Gewicht, das der Vertraulichkeit der Beratung innerhalb des Aufsichtsrats beigemessen wird; sie ist daher stets zu beachten.[405] Die Vertraulichkeit ist die Grundvoraussetzung für eine vertrauensvolle Zusammenarbeit innerhalb des Gremiums und stellt das Fundament für eine effiziente Aufgabenwahrnehmung des Aufsichtsrats dar. Grundsätzlich muss daher das Auskunftsrecht der Aktionäre dahinter zurückstehen.[406] Sie muss bei den Erwägungen bzgl. einer etwaigen Auskunftsverpflichtung stets berücksichtigt und beachtet werden.[407]

Auch in organisatorischer Hinsicht sieht sich das Aufsichtsratsorgan vor der Problematik, dass es als Kollegialorgan gegenüber den anderen Organen der Gesellschaft agiert und seine Aufgaben damit in der Gesamtheit seiner Mitglieder wahrnimmt.[408] Wenn es in der Hauptversammlung um die Beantwortung einer Frage geht, ist es weder organisatorisch noch zeitlich praktikabel, vor der Beantwortung zunächst einen Beschluss durch das Gesamtgremium zu fassen. Allerdings könnte man diesem Aspekt verhältnismäßig simpel beikommen, indem man die Beantwortung von Fragen nicht in die Kompetenz des gesamten Aufsichtsratsplenums leg-

404 Vgl. ausführlich *E. Vetter*, FS H. P. Westermann, 2008, S. 1589 (1603 f.).

405 BVerfG, Beschluss v. 20.9.1999 – 1 BvR 636/95, NJW 2000, 349 (351); BGH, Beschluss v. 5.11.2013 – II ZB 28/12, NJW 2014, 541, Rn. 47; OLG Düsseldorf, Beschluss v. 13.7.2015 – I-26 W 16/14, NZG 2015, 1115, Rn. 64 f.; *Kocher/Lönner*, AG 2014, 81 (83 f.); *E. Vetter*, FS H. P. Westermann 2008, S. 1589 (1603).

406 BVerfG, Beschluss v. 20.9.1999 – 1 BvR 636/95, NJW 2000, 349 (351); BGH, Beschluss v. 5.11.2013 – II ZB 28/12, NJW 2014, 541 Rn. 47; OLG Düsseldorf, Beschluss v. 13.7.2015 – I-26 W 16/14, NZG 2015, 1115, Rn. 64 f.; *Kocher/Lönner*, AG 2014, 81 (83 f.).

407 *E. Vetter*, FS H. P. Westermann 2008, S. 1589 (1603).

408 *E. Vetter* in: Handbuch börsennotierte AG, 4. Auflage 2018, § 24, Rn. 24.27.

te, sondern stattdessen an einen Ausschuss delegierte, der sodann über die Auskunft entscheidet.[409]

Eine gesetzgeberische Lösung für diese Themen wurde zwar in Erwägung gezogen, jedoch aufgrund des damit einhergehenden erheblichen Regulierungsaufwands verworfen.[410] Ein solcher Regulierungsaufwand stünde außer Verhältnis zum potentiellen Nutzen einer entsprechenden Regelung.[411]

2. Verpflichtung aus § 131 Abs. 1 S. 1 AktG?

§ 131 Abs. 1 S. 1 AktG könnte als mögliche rechtliche Grundlage für eine Verpflichtung des Aufsichtsrats zur Beantwortung von Aktionärsfragen in Betracht kommen. Die Norm statuiert einen Anspruch der Aktionäre gegen die Gesellschaft auf Beantwortung derer Fragen in der Hauptversammlung. Dabei richtet sich dieser Anspruch zwar gegen die Gesellschaft, aber aus dem Wortlaut der Norm ergibt sich, dass der Vorstand in Erfüllung dieses Anspruchs für die Gesellschaft als handelndes Organ tätig wird.[412] Dieser recht eindeutige Wortlaut lässt es schwierig erscheinen, auf Grundlage der Norm für den Aufsichtsrat eine Auskunftsverpflichtung anzuerkennen. Wenngleich das Telos der Norm, wonach den Aktionären im Wesentlichen die Möglichkeit gegeben werden soll, sich über die Geschäftsgänge der Gesellschaft zu informieren, auch Raum für eine Verpflichtung des Aufsichtsrats zur Beantwortung von Aktionärsfragen lassen würde.[413]

Allenfalls eine analoge Anwendung des § 131 AktG in Bezug auf den Aufsichtsrat, die diesen im Verhältnis zu den Aktionären zum Anspruchsverpflichteten machen würde, käme noch in Betracht. Doch auch dieser Weg ist ob des klaren Wortlauts der Vorschrift, die gerade den Vorstand

409 *E. Vetter*, FS H. P. Westermann 2008, S. 1589 (1603).

410 Eine Regelung durch den Gesetzgeber hätte zur Folge, dass zur Klärung der Anfechtungsmöglichkeiten die Anwesenheitspflicht der Aufsichtsratsmitglieder und ihr Auskunftsverweigerungsrecht geregelt werden müssten, vgl. *Baums*, Bericht der Regierungskommission Corporate Governance, 2001, Rn. 61.

411 *Baums*, Bericht der Regierungskommission Corporate Governance, 2001, Rn. 61.

412 Siehe B.I.1.

413 B.I.3.b.

zur Erfüllung des Auskunftsanspruchs in die Pflicht nimmt, wohl nicht mehr vertretbar.[414] Sowohl in § 131 AktG als auch in § 132 AktG bezieht der Gesetzgeber ausdrücklich nur den Vorstand ein, weshalb man nicht auf eine gesetzgeberische Unachtsamkeit schließen kann und es damit an einer planwidrigen Regelungslücke als Voraussetzung für eine Analogie fehlt.

Eine Auskunftsverpflichtung des Aufsichtsrats kann damit nicht unmittelbar aus § 131 Abs. 1 S. 1 AktG hergeleitet werden.

3. Verpflichtung aus anderen Vorschriften oder aktienrechtlichen Grundsätzen

a) Raum für eine andere gesetzliche Grundlage zur Verpflichtung des Aufsichtsrats zur Beantwortung von Fragen in der Hauptversammlung

Über die gewonnene Erkenntnis hinaus, dass sich unter den Wortlaut des § 131 Abs. 1 S. 1 AktG eine Verpflichtung des Aufsichtsrats zur Beantwortung von Aktionärsfragen nicht subsumieren lässt, kann man in einem weiteren Schritt Erwägungen hinsichtlich der Frage nachgehen, ob bei solchen durch den Aufsichtsrat zu beantwortenden Fragen überhaupt der Anwendungsbereich des § 131 Abs. 1 S. 1 AktG schon nicht eröffnet ist. Lehnte man dies nämlich ab, so bliebe stattdessen Raum für eine Auskunftsverpflichtung des Aufsichtsrats aus anderen Vorschriften oder Grundsätzen des Aktiengesetzes.

Fraglich könnte sein, ob es sich bei Auskünften des Aufsichtsrats, die dessen eigenen Aufgabenbereich betreffen, tatsächlich um *Angelegenheiten der Gesellschaft*[415] handelt.

Im Ausgangspunkt liegt diesem Begriff ein weites Verständnis zugrunde, und er umfasst sowohl mittelbare als auch unmittelbare Angelegenheiten, die die Gesellschaft betreffen.[416] Angelegenheiten der Gesellschaft

---

414 *Hoffmann-Becking*, NZG 2017, 281 (286); *Poelzig* in: BeckOGK-AktG, § 131 AktG, Rn. 57. Im Ergebnis so auch *J. Vetter*, FS E. Vetter, 2019, S. 833 (849).

415 Der Auskunftsanspruch des § 131 Abs. 1 S. 1 AktG beschränkt nämlich seinem Wortlaut nach den Anspruch der Aktionäre gerade auf *Angelegenheiten der Gesellschaft*.

416 *Poelzig* in: BeckOGK-AktG, § 131 AktG, Rn. 68; *Kubis* in: MüKoAktG, § 131 AktG,

sind danach alles, was sich auf die AG und ihre Tätigkeit bezieht.[417] Darunter fallen beispielsweise Fragen zu Organmitgliedern, sofern sie in einem Bezug zur Gesellschaft stehen und nicht lediglich ihre persönlichen Angelegenheiten betreffen.[418] Konkret in Bezug auf den Aufsichtsrat stellt sich nun die Frage, ob Angelegenheiten des Aufsichtsrats zugleich Angelegenheiten der Gesellschaft sind. Grundsätzlich fallen Interna des Gremiums Aufsichtsrat und seiner Mitglieder nicht darunter – sie stellen keine Angelegenheiten der Gesellschaft dar.[419] Argumentativ liegt die Grundlage dieser Beurteilung darin, dass in diesem Bereich die Vertraulichkeit der Beratung innerhalb des Gremiums Vorrang vor dem Aktionärsinteresse nach Informationsversorgung haben muss.[420] Ebenfalls in Bezug auf die thematischen Gegenstände von Aufsichtsratssitzungen, für in Aufsichtsratssitzungen gefasste Beschlüsse oder auch für die direkte Zusammenarbeit zwischen den Gremien Vorstand und Aufsichtsrat im Zusammenhang mit den Aufgaben des Aufsichtsrats genießt die Vertraulichkeit der Beratung Vorrang.[421]

Rn. 35 ff.; *Spindler* in: Schmidt/Lutter, § 131 AktG, Rn. 28; *Decher* in: GroßKommAktG, § 131 AktG, Rn. 82.

417 *Kersting* in: KölnerKommAktG, § 131 AktG, Rn. 91; *Decher* in: GroßKommAktG, § 131 AktG, Rn. 82; *Koch*, § 131 AktG, Rn. 12; *Spindler* in: Schmidt/Lutter, § 131 AktG, Rn. 28.

418 *Decher* in: GroßKommAktG, § 131 AktG, Rn. 86 ff.; *Koch*, § 131 AktG, Rn. 13.

419 Vgl. nur *Koch*, § 131 AktG, Rn. 14. Abweichend dazu werden vereinzelt konkrete Vorgänge in der Aufsichtsratssitzung als *Angelegenheiten der Gesellschaft* angesehen. Im Ergebnis wird diesbezüglich dennoch ein Auskunftsrecht der Aktionäre verneint, da es regelmäßig an der Erforderlichkeit der Auskunft fehle und die Vertraulichkeit der Interna des Aufsichtsrats Vorrang vor dem Informationsinteresse der Aktionäre habe, so BGH, Beschluss v. 14.1.2014 – II ZB 5/12, NZG 2014, 423, Rn. 74; *Decher* in GroßKommAktG, § 131 AktG, Rn. 88; *Kubis* in: MüKoAktG, § 131 AktG, Rn. 278; *Heidel* in: Heidel-AktR, § 131 AktG, Rn. 29; *Hoffmann-Becking* in: MünchHdB GesR IV, § 38, Rn. 11.

420 BVerfG, Beschluss v. 20.9.1999 – 1 BvR 636/95, NJW 2000, 349 (351); BGH, Beschluss v. 5.11.2013 – II ZB 28/12, NJW 2014, 541, Rn. 47; OLG Düsseldorf, Beschluss v. 13.7.2015 – I-26 W 16/14, NZG 2015, 1115, Rn. 64 f.; *Kocher/Lönner*, AG 2014, 81 (83 f.).

421 LG Mannheim, Urt. v. 7.4.2005 – 23 O 102/04, AG 2005, 780 (781); BGH, Beschluss v. 14.1.2014 – II ZB 5/12, NZG 2014, 423, Rn. 76 f.; *Spindler* in: Schmidt/Lutter, § 131 AktG, Rn. 52; *Koch*, § 131 AktG, Rn. 14; a. A. *Heidel* in: Heidel-AktR, § 131 AktG, Rn. 29.

Im Ergebnis lässt sich festhalten, dass sich die Frage nach einer unmittelbaren Auskunftspflicht des Aufsichtsrats nicht abschließend anhand der Regelung in § 131 Abs. 1 AktG beantworten lässt.[422] Dies lässt Raum für die Herleitung einer solchen potentiellen Auskunftsverpflichtung des Aufsichtsrats aus anderen aktienrechtlichen Vorschriften bzw. Grundlagen.

b) Keine Annexverpflichtung aus der Berichts- und Erläuterungspflicht des Aufsichtsrats, §§ 171 Abs. 2, 176 Abs. 1 S. 2 AktG gegenüber dem Aktionär

In Betracht kommt eine Verpflichtung des Aufsichtsrats als Annex zu seiner Berichts- und Erläuterungspflicht nach §§ 171 Abs. 2, 176 Abs. 1 S. 2 AktG.[423] Die Berichtspflicht im Vorfeld der Hauptversammlung sowie in der Hauptversammlung selbst ist obligatorisch, und die inhaltlichen Anforderungen an die darin getätigten Aussagen sind in den vergangenen Jahren verschärft worden.[424] Infolgedessen wird der Bericht des Aufsichtsrats an die Hauptversammlung in der Praxis immer sorgfältiger aufbereitet.[425]

Es handelt sich bei dem Bericht nach § 171 Abs. 2 S. 1 AktG formal um das Ergebnis der eigenen Prüfung des Aufsichtsrats über den vom Vorstand aufgestellten Jahresabschluss, Lagebericht und Gewinnverwendungsvorschlag. Praktisch stellt der Bericht darüber hinaus aber ganz besonders eine Art Rechenschaftsbericht des Aufsichtsrats gegenüber der Hauptversammlung über seine Überwachungstätigkeit des vergangenen Geschäftsjahres dar.[426] Der Bericht nach § 171 Abs. 2 AktG ist demnach ein

422 Zu einem ähnlichen Ergebnis gelangt auch *Trescher*, DB 1990, 515 (516), wonach in § 131 AktG das Fragerecht des Aktionärs nicht abschließend geregelt sei. Eine solche Annahme ließe sich weder aus dem Wortlaut noch aus der Systematik der Vorschrift des § 131 AktG herleiten.

423 So auch *Trescher*, DB 1990, 515 (516). Die Pflicht des Aufsichtsrats zur Auskunftserteilung auf der Hauptversammlung stelle sich als eine Obliegenheit dar, welche sich aus § 242 BGB als eine Konkretisierung der Berichtspflichten des Aufsichtsrats nach §§ 171 Abs. 2 AktG, 176 Abs. 1 S. 2 AktG ergebe.

424 *E. Vetter*, ZIP 2006, 257 (257ff.).

425 *E. Vetter*, FS H. P. Westermann 2008, S. 1589 (1598).

426 *Hennrichs/Pöschke* in: MükoAktG, § 171 AktG, Rn. 207. Siehe auch BT-Drs. IV/171, S. 189.

Teil der dem Aufsichtsrat zugewiesenen Überwachungsaufgabe.[427] Dieser Bericht ist gemäß § 176 Abs. 1 S. 2 AktG im Rahmen der Hauptversammlung durch den Aufsichtsratsvorsitzenden zu erläutern.[428] Darüber hinausgehende Auskünfte zum Bericht sieht der Gesetzgeber dagegen nicht vor. Nach Ansicht des Gesetzgebers solle dieses Vorgehen ausreichen, um die Aktionäre ausreichend zu informieren, damit sie auf dieser Grundlage den Beschluss nach § 120 AktG über die Entlastung des Aufsichtsrats treffen können.[429] Insbesondere sieht der Gesetzgeber in § 176 AktG keine weiteren Rückfragemöglichkeiten der Aktionäre vor.

Vor diesem Hintergrund wird teilweise vertreten, dass den Aufsichtsrat bei einem mangelhaften Bericht nach §§ 171 Abs. 2, 176 Abs. 1 S. 2 AktG keine Informationspflicht gegenüber dem fragenden Aktionär trifft.[430] Stattdessen seien die Aktionäre auf die vom Gesetzgeber gewährten Sanktionen beschränkt, die bei Pflichtverletzungen des Aufsichtsrats greifen.[431] Bei diesen Sanktionen handelt es sich klassischerweise um die Verweigerung der Entlastung der Aufsichtsratsmitglieder bzw. die Anfechtung eines bereits getroffenen Entlastungsbeschlusses oder die Geltendmachung von Schadensersatzansprüchen.[432] Der Verweis auf die dem betroffenen Aktionär zustehenden Sanktionsmöglichkeiten ist zwar zutreffend und dieser Weg ist für die Aktionäre auch gangbar. Dennoch entspricht dieser Ansatz für die Wahrung der Aktionärsrechte nicht gänzlich dem Sinn und Zweck des Aufsichtsratsberichts.[433] Denn im Falle einer Anfechtungsklage eines Aktionärs gegen den Entlastungsbeschluss – angenommen, der Mangel im Bericht des Aufsichtsrats rechtfertigt die Anfechtungsklage – erlangt der Aktionär trotzdem nicht die ihm gesetzlich zustehende Information

---

427 *Theisen*, Das Aufsichtsratsmitglied, Rn. 2082; *E. Vetter*, ZIP 2006, 257 (258).

428 Ausführlich *Koch*, § 176 AktG. Rn. 3 ff.

429 *Drygala*, AG 2007, 381 (382); *Kocher/Lönner*, AG 2014, 81 (83).

430 *Kubis* in: MükoAktG, § 131 AktG, Rn. 22.

431 *Kubis* in: MükoAktG, § 131 AktG, Rn. 22.

432 *Hennrichs/Pöschke* in: MükoAktG, § 171 AktG, Rn. 249 ff.

433 Sinn und Zweck des Aufsichtsratsberichts liegen insbesondere in einer Informationsfunktion sowie darüber hinaus in einer Rechenschaftsfunktion als Entscheidungsgrundlage für die Anteilseigner in der Hauptversammlung bei der Ausübung ihrer gesetzlichen Rechte, OLG Stuttgart, Urteil v. 15.3.2006 – 20 U 25/05, NZG 2006, 472 (474).

vom Aufsichtsrat.[434] Er müsste seinen Anspruch aus der Vorschrift des § 131 Abs. 1 AktG auf Auskunft durch den Vorstand geltend machen.[435]

Andererseits streitet für eine potentielle Auskunftspflicht des Aufsichtsrats aus § 176 Abs. 1 S. 2 AktG, wenn man als Ausgangspunkt der Argumentation die Amtspflicht des Aufsichtsratsvorsitzenden, seine Berichterstattung über die Tätigkeit des Aufsichtsrats zu erläutern, heranzieht.[436] Kommt er nämlich dieser Pflicht nur unzureichend nach, ist diese Amtspflicht nicht vollständig erfüllt. In den Grenzen des § 176 Abs. 1 S. 2 AktG sollte den Aufsichtsrat damit über die bloße Berechtigung hinaus die Pflicht treffen, seinen Bericht zu ergänzen, sofern dies für den Aktionär zur Beurteilung eines Tagesordnungspunkts erforderlich erscheint.[437]

Diese Pflicht kann jedoch nicht gleichgesetzt werden mit einem entsprechenden (individuellen) Anspruch des Aktionärs auf Auskunftserteilung, der im Wege der Anfechtungsklage durchgesetzt werden kann.[438] Bei der Auskunftsverpflichtung handelt es sich lediglich um eine interne Pflicht des Aufsichtsrats, die ihre Geltung nur gegenüber der Hauptversammlung entfaltet – ein individueller Auskunftsanspruch eines Aktionärs wird daher nicht begründet.[439] Letztlich bedeutet dies für die Frage nach einer Auskunftsverpflichtung des Aufsichtsrats gegenüber dem Aktionär im Rahmen der Hauptversammlung als Annex aus §§ 171 Abs. 2, 176 Abs. 1 S. 2 AktG, dass eine solche abzulehnen ist.

Dieses Resultat bewirkt rein rechtlich keine unmittelbare Verbesserung der Aktionärsrechte im Rahmen der Hauptversammlung in Bezug auf die Beantwortung von Aktionärsfragen. Denn eine Pflicht des Aufsichtsrats zur Ergänzung seines Aufsichtsratsberichts, die gleichzeitig aber keinen durchsetzbaren Anspruch für den Aktionär zur Beantwor-

---

434 Vgl. *J. Vetter*, FS E. Vetter, 2019, S. 834 (850).

435 Gemeint ist damit die zwar rechtlich als Auskunft des Vorstands angesehene Beantwortung der Frage, welche als Realakt in der Hauptversammlung aber durch den Aufsichtsrat erfolgt, über ein Hilfskonstrukt aber dem Vorstand zugerechnet wird, siehe B.I.3. Zur Einordnung von Auskünften in der Hauptversammlung als Realakt *Trescher*, DB 1990, 515 (516); *Hoffmann-Becking*, NZG 2017, 281 (286).

436 *Hoffmann-Becking*, NZG 2017, 281 (286).

437 So *Hoffmann-Becking*, NZG 2017, 281 (286).

438 *Hoffmann-Becking*, NZG 2017, 281 (286).

439 *J. Vetter*, FS E. Vetter, 2019, S. 834 (850); *Hoffmann-Becking*, NZG 2017, 281 (286).

tung von Fragen begründet, scheint im Ergebnis nichts anderes als ein zahnloser Tiger zu sein. Dennoch werden die Aktionärsrechte durch die organschaftliche Verpflichtung des Aufsichtsrats zur Ergänzung seines Berichts zumindest mittelbar gestärkt. Der Aufsichtsrat hat nämlich ein eigenes Interesse daran, seine Amtspflicht umfassend und vollständig zu erfüllen. Stellt ein Aktionär eine Rückfrage zum Aufsichtsratsbericht, so wird das entsprechende Aufsichtsratsmitglied[440] in der Praxis schon aus eigenem Interesse auf diese Frage antworten, wenn es der Meinung ist, dass eine Antwort für den Aktionär zur sachgemäßen Beurteilung des entsprechenden Tagesordnungspunktes erforderlich ist. Beweggrund der Beantwortung einer solchen Frage ist nicht die Erfüllung eines (nicht vorhandenen) Anspruchs des Aktionärs, sondern die vollständige Erfüllung der eigenen Amtspflicht des Aufsichtsrats gegenüber der Hauptversammlung.[441] Folglich ist davon auszugehen, dass der fragende Aktionär in der Praxis trotz eines fehlenden Anspruchs stets eine Antwort durch den Aufsichtsrat erhalten dürfte, sofern dies für die Beurteilung des betreffenden Tagesordnungspunktes erforderlich ist. Einzig hat es der Aktionär nicht allein in der Hand, eine Beantwortung seiner Fragen schlicht durch das Stellen einer solchen herbeizuführen. Eine etwaige erfolgende Antwort ist stets abhängig von der Beurteilung des Aufsichtsrats, ob die Beantwortung im Einzelfall für den Aktionär zur Beantwortung eines Tagesordnungspunktes erforderlich ist.

Kommt der Aufsichtsrat in seiner Beurteilung zu dem Schluss, dass die Ergänzung seines Aufsichtsratsberichts für die Aktionäre zur Beurteilung eines Tagesordnungspunkts erforderlich ist, so ist ihm bereits aus Zweckmäßigkeitserwägungen zu empfehlen, seinen Bericht betreffende Aktionärsfragen selbstständig zu beantworten.

c) Keine Verpflichtung aus sonstigen aktienrechtlichen Grundsätzen

In Betracht kommt zuletzt eine Verpflichtung des Aufsichtsrats sowie ein daraus resultierender Auskunftsanspruch der Aktionäre gegen den Auf-

440 Regelmäßig handelt es sich dabei um den Aufsichtsratsvorsitzenden, vgl. nur *J. Vetter*, FS E. Vetter, 2019, S. 834 (850).

441 Zur Verpflichtung des Aufsichtsrats gegenüber der Hauptversammlung, *Hoffmann-Becking*, NZG 2017, 281 (286).

sichtsrat zur Beantwortung von Fragen aus sonstigen aktienrechtlichen Grundsätzen. So trifft den Aufsichtsrat gemäß § 116 S. 1 i. V. m. § 93 Abs. 1 AktG eine allgemeine Sorgfaltspflicht. Danach haben die Aufsichtsratsmitglieder bei ihrer Aufgabenwahrnehmung die Sorgfalt eines ordentlichen und gewissenhaften Aufsichtsrats anzuwenden. Maßstab für die zu treffende Entscheidung ist das Unternehmensinteresse[442] – dieses umfasst auch die Interessen der Aktionäre.[443]

Im Hinblick auf die Beantwortung von Aktionärsfragen sollte ein sorgfältig agierendes Aufsichtsratsmitglied angehalten sein, im Falle eines mangelhaften Aufsichtsratsberichts (§§ 176 Abs. 1 S. 2, 171 Abs. 2) etwaige Rückfragen von Aktionären zu beantworten.[444] Der Aufsichtsrat sollte über den obligatorischen Inhalt des Aufsichtsratsberichts hinaus auch Aktionärsfragen beantworten, die sich auf weitere, darüber hinausgehende Informationen erstrecken, sofern diese zur Beurteilung eines Tagesordnungspunkts erforderlich sind.[445] Es dürfte folglich zu der sorgfältigen Amtsführung eines Aufsichtsratsmitglieds gehören, Aktionärsfragen, die den mündlichen Bericht des Aufsichtsrats sowie darüber hinaus auch jegliche sonstigen Fragen, die den Aufgabenbereich des Aufsichtsrats betreffen, zu beantworten, sofern eine Antwort auf entsprechende Fragen für die sachgemäße Beurteilung eines Tagesordnungspunkts erforderlich ist.[446]

Bei dieser Sorgfaltspflicht handelt es sich um eine rein intern wirkende Sorgfaltspflicht des Aufsichtsrats, welche gerade nicht im Verhältnis zu den Aktionären wirkt.[447] In der Konsequenz wird, ebenso wenig wie bei der an vorderer Stelle dargestellten Annexverpflichtung des Auf-

---

442 In der Präambel des DCGK 2023 wird das Unternehmensinteresse als „die Verpflichtung von Vorstand und Aufsichtsrat, im Einklang mit den Prinzipien der sozialen Marktwirtschaft unter Berücksichtigung der Belange der Aktionäre, der Belegschaft und der sonstigen mit dem Unternehmen verbundenen Gruppen (Stakeholder) für den Bestand des Unternehmens und seine nachhaltige Wertschöpfung zu sorgen (Unternehmensinteresse)“ formuliert.

443 *Theusinger/Dolff* in: Backhaus/Tielmann, § 116 AktG, Rn. 473; *Habersack* in: MüKo-AktG, § 116 AktG, Rn. 16; *J. Vetter*, FS E. Vetter, 2019, S. 834 (851).

444 *J. Vetter*, FS E. Vetter, 2019, S. 834 (851).

445 So etwa *J. Vetter*, FS E. Vetter, 2019, S. 834 (851).

446 *J. Vetter*, FS E. Vetter, 2019, S. 834 (851).

447 *Hopt/Roth* in: GroßKommAktG, § 116 AktG, Rn. 322; *Mertens/Cahn* in: KölnerKomm-AktG, § 116 AktG, Rn. 80.

sichtsrats,[448] kein zugunsten der Aktionäre einklagbarer Anspruch gegen den Aufsichtsrat bzw. eines seiner Mitglieder auf Beantwortung der Frage begründet.[449] Stattdessen sind die betroffenen Aktionäre im Falle einer durch den Aufsichtsrat verweigerten Auskunft auf die herkömmlichen Sanktionsmöglichkeiten, wie das Auskunftserzwingungsverfahren nach § 132 AktG, angewiesen.[450] Dieser Anspruch richtet sich ebenfalls lediglich gegen die Gesellschaft, welche durch den Vorstand vertreten wird.[451]

Gleichzeitig kann als (reine) Handlungsempfehlung für den Aufsichtsrat formuliert werden, dass dieser seinen Verantwortungsbereich betreffende Aktionärsfragen beantworten sollte – sofern dadurch das Beratungsgeheimnis des Aufsichtsrats nicht tangiert wird –, um auf diese Weise das Informationsinteresse des Aktionärs zu befriedigen.

4. Zwischenergebnis

Eine Verpflichtung des Aufsichtsrats zur Beantwortung von Aktionärsfragen in der Hauptversammlung wird nicht durch § 131 AktG begründet. Stattdessen lässt der klare Wortlaut der Vorschrift darauf schließen, dass sie exklusiv die Auskunftsverpflichtung des Vorstands regelt. Raum für eine analoge Anwendung der Vorschrift besteht nicht. Gleichzeitig entfaltet § 131 Abs. 1 AktG keine generelle Sperrwirkung hinsichtlich der Anwendung anderer aktienrechtlicher Vorschriften im Zusammenhang mit einer Auskunft eines Gesellschaftsorgans im Rahmen der Hauptversammlung. Die (potentielle) Begründung einer Verpflichtung des Aufsichtsrats zur Auskunftserteilung in der Hauptversammlung ist daher nicht bereits durch die Existenz der Vorschrift des § 131 Abs. 1 AktG kategorisch versperrt.

---

448 Siehe B.I.6.c.bb.

449 *Hopt/Roth* in: GroßKommAktG, § 116 AktG, Rn. 322; *Mertens/Cahn* in: KölnerKommAktG, § 116 AktG, Rn. 80; *J. Vetter*, FS E. Vetter, 2019, S. 834 (851). Auch eine Geltendmachung der Ansprüche durch die Aktionäre im Wege der actio pro socio ist abzulehnen, *Hopt/Roth* in: GroßKommAktG, § 116 AktG, Rn. 322, a. A. *Becker*, Verwaltungskontrolle durch Gesellschafterrechte, 1997, S. 611.

450 *J. Vetter*, FS E. Vetter, 2019, S. 834 (851).

451 *Decher* in: GroßKommAktG, § 132 AktG, Rn. 28; *Hoffmann-Becking* in: MünchHdB GesR IV, § 38, Rn. 64; *Kubis* in: MüKoAktG, § 132 AktG, Rn. 26.

So lässt sich eine interne Verpflichtung des Aufsichtsrats zur Nachbesserung seines mangelhaften Aufsichtsratsratsberichts als Annexverpflichtung aus §§ 176 Abs. 1 S. 2, 171 Abs. 2 AktG zwar begründen,[452] sofern die Auskunft auf die Frage des Aktionärs zur sachgemäßen Beurteilung eines Tagesordnungspunktes erforderlich ist. Denn sofern der Aufsichtsrat seiner Pflicht zur erläuternden Berichterstattung im mündlichen Vortrag nicht ausreichend nachgekommen ist, bleibt diese interne Verpflichtung bei einer Nachfrage durch einen Aktionär bestehen.[453]

Daneben ergibt sich eine erneut bloß intern wirkende Pflicht des Aufsichtsrats zur Beantwortung von Aktionärsfragen aus seiner Sorgfaltspflicht hinsichtlich seiner Amtswahrnehmung nach §§ 116 S. 1, 93 Abs. 1 AktG. Nach diesem aktienrechtlichen Grundsatz soll der Aufsichtsrat neben Ergänzungen seines mündlichen Aufsichtsratsberichts zusätzlich auch Fragen beantworten, die über den zwingenden Inhalt eines Aufsichtsratsberichts hinausgehen, sofern diese den Tätigkeitsbereich des Aufsichtsrats betreffen und die Auskunft ebenfalls für die sachgemäße Beurteilung eines Tagesordnungspunktes durch die Aktionäre erforderlich ist. Die Beantwortung von solchen, inhaltlich über den Aufsichtsratsbericht hinausgehenden, Aktionärsfragen durch den Aufsichtsrat stellt lediglich eine Handlungsempfehlung für den umsichtig agierenden Aufsichtsrat dar. Der fragende Aktionär hat diesbezüglich keinen Anspruch gegen den Aufsichtsrat auf Beantwortung der Frage.

Beiden Verpflichtungsgrundlagen haftet nämlich aus Aktionärssicht der Makel an, dass es sich jeweils um interne Pflichten des Aufsichtsrats gegenüber der Gesellschaft handelt. Die Organpflichten des Aufsichtsrats sowie seines Vorsitzenden aus §§ 171 Abs. 2, 176 Abs. 1 S. 2 AktG sind lediglich interne Pflichten gegenüber der Hauptversammlung, begründen daher keinen individuell einklagbaren Anspruch auf Auskunft des fragenden Aktionärs.[454] Somit ist der Aufsichtsrat zwar in den einschlägigen Fäl-

452 Jedoch gerade nicht aus einer Verpflichtung nach § 131 Abs. 1 AktG gegenüber dem fragenden Aktionär.

453 Klarstellend festzuhalten ist, dass eine diesbezügliche interne Verpflichtung des Aufsichtsrats keinen einklagbaren Anspruch für den fragenden Aktionär begründet, *Hoffmann-Becking*, NZG 2017, 281 (286); *J. Vetter*, FS E. Vetter, 2019, S. 834 (850).

454 *Hoffmann-Becking*, NZG 2017, 281 (286).

len zur Auskunftserteilung verpflichtet, bei Nichterfüllung dieser Pflicht wird allerdings kein unmittelbar gegen den Aufsichtsrat gerichteter einklagbarer Anspruch des fragenden Aktionärs begründet. Die Aktionäre bleiben damit auf die herkömmlichen Wege zur Rechtsdurchsetzung verwiesen, bei denen sich der Anspruch gegen die Gesellschaft richtet, welche durch den Vorstand vertreten wird.

Ein unmittelbarer Anspruch des Aktionärs gegen den Aufsichtsrat ist somit *de lege lata* nicht gegeben. Will man diesen Zustand verändern und in dieser Hinsicht die Aktionärsrechte stärken, muss der Gesetzgeber tätig werden.

VIII. Keine praktische Umsetzung eines Auskunftsanspruchs der Aktionäre gegen den Aufsichtsrat

Eine Auskunftsverpflichtung des Aufsichtsrats, welche zu einem unmittelbaren Auskunftsanspruch der Aktionäre führt, existiert *de lege lata* nicht.[455] Es ließe sich darüber diskutieren, ob ein solcher, direkt gegen den Aufsichtsrat gerichteter Anspruch *de lege ferenda* im Aktiengesetz normiert werden sollte.[456] Problematisch an solchen Forderungen dürfte die rechtspolitische Durchsetzbarkeit sein.[457] Es würde sich ein erheblicher Regulierungsaufwand ergeben, wenn man gesetzlich eine Antwortpflicht der Aufsichtsratsmitglieder etablieren würde.[458] Um die Anfechtungsmöglichkeiten der Aktionäre bei Verletzung der Antwortpflicht durch Aufsichtsratsmitglieder zu klären, müsste zunächst die Anwesenheitspflicht der Aufsichtsratsmitglieder sowie ihre Auskunftsverweigerungsrechte geregelt werden.[459] Ein entsprechender Regulierungsaufwand stünde außer Verhältnis zum tatsächlichen Nutzen einer solchen Regelung, da das Informationsinteresse des Aktionärs faktisch auch bereits ausreichend nach der aktu-

455 Siehe B.I.7.

456 So wird dies von *E. Vetter*, FS Westermann, 2008, S. 1589 (1600 ff.) sowie von *Merkner/Schmidt-Bendun*, AG 2011, 734 (738 ff.) vorgeschlagen.

457 Siehe *Baums*, Bericht der Regierungskommission Corporate Governance, 2001, Rn. 61.

458 *Baums*, Bericht der Regierungskommission Corporate Governance, 2001, Rn. 61.

459 *Baums*, Bericht der Regierungskommission Corporate Governance, 2001, Rn. 61.

ellen Gesetzeslage geschützt ist.[460] Denn sofern die Auskunft zur an den Aufsichtsrat adressierten Frage für die Beurteilung eines Tagesordnungspunktes erforderlich ist und auch das Beratungsgeheimnis des Aufsichtsrats einer Auskunft nicht im Wege steht, kann der fragende Aktionär die Auskunft weiterhin über § 131 Abs. 1 AktG verlangen.[461] Wenn die Auskunft sodann durch den Aufsichtsratsvorsitzenden und nicht durch den Vorstand erfolgt, ist das Informationsinteresse des Aktionärs aus § 131 Abs. 1 AktG dennoch erfüllt, da es sich bei der Auskunft in der Hauptversammlung in Abgrenzung zu einer rechtsgeschäftlichen Handlung um einen Realakt handelt.[462] Die Erfüllungswirkung kann daher nicht nur durch den Vorstand, sondern auch durch den Aufsichtsratsvorsitzenden herbeigeführt werden.[463]

---

460 So *Hoffmann-Becking*, NZG 2017, 281 (286); *Baums*, Bericht der Regierungskommission Corporate Governance, 2001, Rn. 61.

461 *Hoffmann-Becking*, NZG 2017, 281 (286); *Baums*, Bericht der Regierungskommission Corporate Governance, 2001, Rn. 61.

462 *Hoffmann-Becking*, NZG 2017, 281 (286). Zur Einordnung von Auskünften in der Hauptversammlung als Realakt *Trescher*, DB 1990, 515 (516).

463 *Hoffmann-Becking*, NZG 2017, 281 (286).

B. Außenkommunikation mit Investoren durch den Aufsichtsrat

Die Pflege der Beziehungen zu Teilnehmern des Kapitalmarktes, wie Aktionären, Kapitalgebern oder Wirtschaftsjournalisten, stellt ein wesentliches Element der professionellen Kapitalmarktkommunikation einer börsennotierten Gesellschaft dar.[464]

Eine ausdrückliche Zuweisung zu einem bestimmten Organ für die Zulässigkeit einer solchen Kapitalmarktkommunikation lässt sich aber im Aktiengesetz jedoch weder für den Vorstand noch für den Aufsichtsrat finden.[465] Legt man das klassische aktienrechtlichen Rollenverständnis zugrunde, so obliegt grundsätzlich jegliche Form der Außendarstellung sowie Informationsoffenlegung dem Vorstand.[466] Dem Aufsichtsrat hingegen obliegt es hauptsächlich, die Geschäftsleitung zu überwachen und als Innenorgan zu agieren.[467] Gleichzeitig wächst in der Praxis jedoch die Anzahl an Investoren, vor allem solcher aus dem angelsächsischen

---

464 *Jäger*, NZG 2000, 186 (186); *Koch*, § 76 AktG, Rn. 114.

465 *Fleischer/Bauer/Wansleben*, DB 2015, 360 (362); *Brodey/Vetter*, ecolex 2017, 219 (219); *Leyendecker-Langner*, NZG 2015, 44 (45); *Koch* in: Fleischer/Koch/Kropff/Lutter, 50 Jahre Aktiengesetz, ZGR-Sonderheft 19, S. 65 (89).

466 BGH, Urteil v. 26.4.2016 – XI ZR 108, NJW 2016, 2569, Rn. 35; *Mertens/Cahn* in: KölnerKommAktG, § 116 AktG, Rn. 51; *Veil* in: BeckOGK-AktG, § 116 AktG, Rn 102; *Lutter/Krieger/Verse*, Rechte und Pflichten des Aufsichtsrats, § 6, Rn. 284; *Habersack* in: MükoAktG, § 116 AktG, Rn. 65; *Wilsing* in: Wilsing, DCGK 2012, Ziff. 5.2, Rn. 12; *E. Vetter*, AG 2014, 387 (389); *Leyendecker-Langner*, NZG 2015, 44 (44); *Schauer*, Aufsichtsratskommunikation, 2021, S. 185 f.; *Koch*, § 111 AktG, Rn. 54; *Leyendecker-Langner*, NZG 2015, 44 (44); *E. Vetter*, AG 2014, 387 (389).

467 Vgl. A.II.1.

Raum, die das direkte Gespräch mit dem Aufsichtsrat und seinem Vorsitzenden suchen, stetig an, sodass derartige Investorengespräche mit dem Aufsichtsratsvorsitzenden inzwischen bei diversen, vor allem größeren börsennotierten Unternehmen in Deutschland verbreitete Praxis sind.[468] Ausweislich der Erklärungen zur Unternehmensführung, der Corporate Governance-Berichte sowie der Berichte des Aufsichtsrats an die Hauptversammlung haben im Geschäftsjahr 2018 nahezu alle im Dax vertretenen Unternehmen Ziff. 5.2 Abs. 2 DCGK 2017 befolgt und somit Gesprächen des Aufsichtsratsvorsitzenden mit Investoren zugestimmt.[469] Dabei hat sich insbesondere der Dialog mit institutionellen Investoren[470] als eine häufig auftretende Form der Außenkommunikation des Aufsichtsrats herausgebildet und infolgedessen auch eine Diskussion in der Literatur über die Zulässigkeit eines solchen Dialogs angefacht.[471] Diese aus der Praxis kommende Entwicklung führt nämlich im Bereich der Außenkommunikation dazu, dass die klassische Kompetenzverteilung zwischen Vorstand und Aufsichtsrat immer mehr infra-

468 *Meyer* in: Ghassemi-Tabar, DCGK Anr. A.6, Rn. 1; *Kremer* in: Kremer/Bachmann/Lutter/Werder, DCGK A.6, Rn. 2; *Leyendecker-Langner*, NZG 2015, 44 (44); *Bommer/Steinbach*, BOARD 2013, 219 (219); *Roth*, ZGR 2012, 343 (368f.).

469 *Meyer* in: Ghassemi-Tabar, DCGK Anr. A.6, Rn. 1.

470 Eine allgemeingültige Definition des Begriffs „institutioneller Investor" wurde in der Literatur bislang nicht entwickelt. Eine Definition der deutschen Bundesbank lautet: „*Als institutioneller Investoren werden Institutionen bezeichnet, die neben den privaten Anlegern (Kleinanlegern) am Kapitalmarkt aktiv sind. Dazu zählen zum Beispiel Banken, Investmentfonds, Versicherungen, aber auch Organe der öffentlichen Hand. Da institutionelle Investoren aufgrund ihrer Größe in der Lage sind, großvolumige Kauf- und Verkaufsaufträge zu erteilen, können sie mit ihren Investitionsentscheidungen das Geschehen an den Finanzmärkten oft merklich beeinflussen.*" (Deutsche Bundesbank, https://www.bundesbank.de/dynamic/action/de/startseite/glossar/723820/glossar?firstLetter=I&contentId=652462#anchor-652462 (abgerufen am 5.9.2025).

471 Vgl. *Hirt/Hopt/Mattheus*, AG 2016, 725 (727f.), wonach sich aus der praktischen Erfahrung der Autoren ergeben hat, dass insbesondere in den Dax-30-Gesellschaften inzwischen direkte Gespräche zwischen Investoren und Aufsichtsräten als fest etabliert gelten. Eine hohe Relevanz des Dialogs zwischen institutionellen Investoren und dem Aufsichtsrat sehen auch *Leyendecker-Langner*, NZG 2015, 44 (44); *Drinhausen/Marsch-Barner*, AG 2014, 337 (349f.); *Roth*, ZGR 2012, 343 (368f.) sowie der *Arbeitskreis Recht des Aufsichtsrats*, NZG 2021, 477 (478f.) der einen recht umfassenden rechtlichen Reformbedarf sieht.

ge gestellt wird. Seinen Ursprung findet diese Entwicklung aus dem im angelsächsischen Raum etablierten monistischen System,[472] welches eine solche strikte Trennung zwischen Geschäftsführungs- und Aufsichtsorgan, wie es das dualistische System in Deutschland ausmacht, nicht kennt. Dadurch kommen institutionelle Investoren aus diesen geographischen Gebieten immer häufiger direkt auf den Aufsichtsrat zu, um in den Dialog einzutreten.[473]

Darüber hinaus hat die Diskussion über einen aufsichtsratsgeführten Investorendialog im Jahr 2016 neue Dynamik durch die Veröffentlichung der Leitsätze der Initiative *„Developing Shareholder Communication"* erhalten. Die Initiative möchte die Diskussion über einen fruchtbaren Dialog zwischen institutionellen Investoren und Aufsichtsräten möglichst konstruktiv gestalten und hat zu diesem Zweck mehrere Leitsätze formuliert.[474] Diese Leitsätze richten sich an in Deutschland gelistete börsennotierte Unternehmen mit Aufsichtsräten sowie an Investoren.[475] Neben einem Beitrag zur Diskussion über einen aufsichtsratsgeführten Investorendialog bezweckt die Initiative, über die Entwicklungen des Dialogs zwischen Aufsichtsrat und Investoren in der Praxis zu informieren sowie Leitplanken für einen solchen Dialog börsennotierter Gesellschaften zu setzen.[476] Die Diskussion zusätzlich antreibend wurden kurz darauffolgend im Jahr 2017 Änderungen an der damals gültigen Fassung des DCGK veröffentlicht.[477] So wurde im Rahmen der Aufgaben und Befugnisse des Aufsichtsrats mit Ziff. 5.2 Abs. 2 DCGK 2017 erstmals die Anregung einge-

472 Beim sog. *One-Tier Board System* konzentriert sich die gesamte Kompetenz der Unternehmensführung bei einem einzigen Organ. Dieses Organ wird als *Verwaltungsrat* oder *Board* bezeichnet, siehe zum monistischen System *Eberspächer* in: BeckOGK-AktG, SE-VO Art. 38, Rn. 5.

473 *Drygala* in: Schmidt/Lutter, § 107 AktG, Rn. 25; *Drinhausen/Marsch-Barner*, AG 2014, 337 (349).

474 *Initiative „Developing Shareholder Communication"*, AG 2016, R300 (R301); Mitglieder der Initiative sind Vertreter aus der Wissenschaft sowie aus der Praxis und umfassen u. a. Professoren, Aufsichtsratsmitglieder und Vertreter von Investoren.

475 Initiative „Developing Shareholder Communication", AG 2016, R300 (R301).

476 Initiative „Developing Shareholder Communication", AG 2016, R300 (R301).

477 Die aktuelle Fassung des DCGK gilt seit dem 28.6.2022.

fügt, dass der Aufsichtsrat die Bereitschaft zeigen soll, mit Investoren zu aufsichtsratsratsspezifischen Themen in den Dialog einzutreten.[478]

Im Folgenden soll zunächst herausgestellt werden, wie der Informationsaustausch von Dritten mit dem Aufsichtsrat praktisch abläuft. Dabei wird sich auf den in der Praxis wesentlichen Dialog mit institutionellen Investoren konzentriert. In einem nächsten Schritt wird sodann unter Berücksichtigung des gegenwärtigen Meinungsstands eine dogmatische Begründung für eine zulässige Aufsichtsratskommunikation erarbeitet. Dies umfasst die grundlegende Frage, unter welchen Voraussetzungen eine nach außen gerichtete Kommunikation des Aufsichtsrats überhaupt rechtlich zulässig ist. Darüber hinaus ist in diesem Zusammenhang zu untersuchen, welche Themenbereiche inhaltlich von der Außenkommunikation gedeckt sind.

I. Praktische Ausgestaltung der Außenkommunikation durch den Aufsichtsrat

Für die praktische Ausgestaltung des Dialogs zwischen Aufsichtsrat und institutionellen Investoren haben sich aufgrund unterschiedlicher Umstände in den vergangenen Jahren verschiedene Vorgehensweisen entwickelt.[479]

So erreichen die Unternehmen häufig Anfragen von Investoren, die Interesse an einem Austausch außerhalb des gewöhnlichen Hauptversammlungszyklus haben, woraufhin ein Gespräch zwischen Investor und Aufsichtsratsvorsitzenden arrangiert wird.[480] In anderen Fällen werden hingegen Investoren vonseiten der Gesellschaft zum Dialog eingeladen oder der Aufsichtsratsvorsitzende begibt sich (allerdings eher selten) auf eine Roadshow, bei welcher er zeitlich eng getaktet mit unterschiedlichen

---

478 Siehe https://www.dcgk.de/files/dcgk/usercontent/de/download/kodex/170424_Kodex_Mark_up.pdf, S.10 (abgerufen am 5.9.2025).

479 *Hirt/Hopt/Mattheus*, AG 2016, 725 (729); *Meyer* in: Ghassemi-Tabar, DCGK Anr. A.6, Rn. 1 ff.; *Kremer* in: Kremer/Bachmann/Lutter/Werder, DCGK A.6, Rn. 2; *Schmidbauer/Kürten*, NZG 2021, 1150 (1157 f.).

480 *Hirt/Hopt/Mattheus*, AG 2016, 725 (729); *Meyer* in: Ghassemi-Tabar, DCGK Anr. A.6, Rn. 1 ff.; *Kremer* in: Kremer/Bachmann/Lutter/Werder, DCGK A.6, Rn. 2; *Schmidbauer/Kürten*, NZG 2021, 1150 (1157 f.); *Seibt/Scholz*, AG 2016, 739 (742 f.).

Investoren sprechen kann.[481] Um den Dialog kontinuierlich aufrechtzuerhalten, finden diese Gespräche unabhängig von Form und Ort des Dialogs in regelmäßigen Abständen[482] statt, wobei sich die Frequenz dieser Gesprächstermine in Krisensituationen auch erhöhen kann.[483]

II. Tatsächliches Bedürfnis nach einem Dialog zwischen Investoren und Aufsichtsrat

Für die unmittelbare Kommunikation zwischen Aufsichtsrat und Vorstand muss ein generelles praktisches Bedürfnis bestehen. Andernfalls würde sich eine derartige Diskussion über die Kompetenz des Aufsichtsrats zur Kommunikation mit Investoren nämlich erübrigen. Denn bei Ermangelung eines praktischen Bedürfnisses könnte man schlicht auf die Erfüllung dieser Kommunikationsaufgaben durch den Vorstand verweisen.

Einerseits sind ein erheblicher Anteil der Aktionäre der größten deutschen Unternehmen institutionelle Investoren aus dem angelsächsischen Raum.[484] Diese sind geprägt von einem monistischen Leitungssystem, weshalb ihnen eine strikte Trennung zwischen Geschäftsführungs- und Kontrollorgan häufig unbekannt sein dürfte.[485] Aus diesem Grund richten sie regelmäßig ihre Kontaktanfragen an den Aufsichtsratsvorsitzenden.

Allein aus den im deutschen System abweichenden rechtlichen Vorschriften im Verhältnis zu der heimatlichen Jurisdiktion der Aktionäre lässt sich jedoch keine aktive Investorenkommunikation durch den Aufsichtsrat rechtfertigen. Denn ebenso wie Vorstand und Aufsichtsrat müssen sich auch die ausländischen Marktteilnehmer mit der Kompetenzverteilung im dualistischen System der deutschen AG arrangieren und diese nationalstaatlichen Besonderheiten beachten. Wer in einem für ihn frem-

---

481 *Hirt/Hopt/Mattheus*, AG 2016, 725 (729); *Meyer* in: Ghassemi-Tabar, DCGK Anr. A.6, Rn. 1 ff.; *Kremer* in: Kremer/Bachmann/Lutter/Werder, DCGK A.6, Rn. 2; *Schmidbauer/Kürten*, NZG 2021, 1150 (1157 f.).

482 In den häufigsten Fällen einmal im Jahr, siehe *Hirt/Hopt/Mattheus*, AG 2016, 725 (729).

483 *Hirt/Hopt/Mattheus*, AG 2016, 725 (729).

484 *Florstedt*, ZIP 2020, 1 (8); *Groß-Bölting/Rabe* in: Hölters/Weber, § 107 AktG, Rn. 58.

485 *Holle*, ZIP 2019, 1895 (1896).

den Rechtskreis tätig wird, der muss sich auch diesem Rechtskreis mit seinen Vorschriften anpassen und nicht umgekehrt.[486]

Darüber hinaus wird der Aufsichtsrat in der heutigen Zeit anders wahrgenommen als noch in der Vergangenheit. Ihm wird aufgrund wachsender Kompetenzen in unterschiedlichen Bereichen eine andere gestiegene Erwartungshaltung entgegengebracht, woraus teilweise in der Literatur eine im Grundsatz generelle Zulässigkeit der Kommunikation des Aufsichtsrats mit Investoren hergeleitet wird.[487] Aber auch aus sich ändernden Rahmenbedingungen aufgrund der generellen Entwicklung hinsichtlich der Aufsichtsratskompetenzen kann nicht pauschal auf die Zulässigkeit einer aktiven Kommunikation des Aufsichtsrats mit Investoren geschlussfolgert werden.[488]

Die Diskussionsbedürftigkeit dieser Thematik ergibt sich vielmehr aus der Frage, ob Gespräche mit Investoren ganz generell oder nur in konkreten Einzelfällen zum Aufgabenbereich des Vorstands nach § 76 AktG gehören, ein aufsichtsratsgeführter Dialog mit Investoren daher stets eine unzulässige Geschäftsführungsmaßnahme i. S. d. § 111 Abs. 4 AktG darstellt oder nicht.[489] Es besteht für Investoren sowie für Mitglieder des Aufsichtsrats ein Bedürfnis danach, die zulässige Reichweite der Investorenkommunikation anhand der aktienrechtlichen Leitlinien festzulegen.

III. Deutscher Corporate Governance Kodex zur Investorenkommunikation

In der aktuellen Fassung des DCGK heißt es, dass „*der Aufsichtsratsvorsitzende in angemessenem Rahmen bereit sein sollte, mit Investoren über*

486 So auch *Leyendecker-Langner*, NZG 2015, 44 (45); *E. Vetter*, AG 2014, 387 (388). Eine ähnliche Sichtweise vertritt auch *Wilsing*, ZGR 2012, 291 (298 f.).

487 So *Scherer* in: Dehnen, der professionelle Aufsichtsrat, 2011, S. 148, 151, 155; *Drinhausen/Marsch-Barner*, AG 2014, 337 (349 f.); *Bommer/Steinbach*, BOARD 2013, 219 (219); *Börtenlänger*, BOARD 2014, 71 (72); *Roth*, ZGR 2012, 343 (369).

488 So *Leyendecker-Langner*, NZG 2015, 44 (45). Anders beurteilt dies *Bommer/Steinbach*, BOARD 2013, 219 (219).

489 Vgl. *Leyendecker-Langner*, NZG 2015, 44 (45).

aufsichtsratsspezifische Themen Gespräche zu führen.“[490] Die Gespräche zwischen Aufsichtsrat und Vorstand sollen sich also auf aufsichtsratsspezifische Themen beschränken. Eine nähere Definition, welche Themen „aufsichtsratsspezifisch“ sind, hat die Regierungskommission DCGK nicht formuliert. Im Vorfeld zur Einfügung von Ziff. 5.2 Abs. 2 DCGK 2017 hat die Kommission in einem Änderungsvorschlag einen Definitionsversuch für aufsichtsratsspezifische Themen unternommen.[491] Danach sollten darunter Themen fallen, für die der Aufsichtsrat allein verantwortlich ist und die von diesem allein entschieden werden. Die Erläuterung hat es allerdings nicht in die endgültige Fassung des Kodex geschafft, kann aber als Anhaltspunkt dafür dienen, dass sich aus Sicht der Regierungskommission DCGK aufsichtsratsspezifische Themen in einem eng gesteckten Rahmen bewegen und sich auf Themen im alleinigen Zuständigkeitsbereich des Aufsichtsrats beschränken sollen.

Aus dem Begriff des Gesprächs ergibt sich, dass kein in nur eine Richtung fließender Informationsfluss angeregt wird, sondern ein Austausch in beide Richtungen stattfinden soll.

Darüber hinaus sollen sich die Gespräche mit Investoren „in angemessenem Rahmen“ bewegen. Daraus lässt sich einerseits eine gewollte zeitliche Begrenzung in der Hinsicht ableiten, dass Investorengespräche nicht in ausufernder Häufigkeit stattfinden sollten, sowie andererseits, dass ein angemessener Rahmen zwischen den verschiedenen Investoren gewahrt werden sollte – also nicht einzelne Investoren gegenüber anderen Investoren bei Gesprächen mit dem Aufsichtsrat unangemessen bevorzugt werden.

Weitergehende Aussagen über die rechtliche Zulässigkeit von Investorengesprächen durch den Aufsichtsrat lassen sich dem DCGK 2022 nicht entnehmen.

490 Anregung A.6 DCGK in der Fassung vom 28.4.2022.

491 Vorschlag der Regierungskommission DCGK vom 2.11.2016, Ziff. 5.2 Abs. 2 S. 2 DCGK 2016 (abrufbar unter https://www.dcgk.de/files/dcgk/usercontent/de/Konsultationen/2016/161102%20PM%20Kodexaenderungen.pdf, (abgerufen am 5.9.2025).

IV. Zulässigkeit und Kompetenz des Aufsichtsrats zu Investorengesprächen und zu Investor Relations

Die Frage nach der Zulässigkeit des Dialogs zwischen Aufsichtsrat und Investoren bemisst sich danach, ob sich eine solche Kompetenz anhand der im Aktiengesetz verankerten Vorschriften und Grundsätze herleiten lässt. Eine ausdrückliche Zuweisung für die Zulässigkeit einer Kapitalmarktkommunikation lässt sich im Aktiengesetz weder für den Vorstand noch für den Aufsichtsrat finden.[492] Für die Kompetenzabgrenzung müssen daher maßgeblich die allgemeinen Grundsätze über die aktienrechtliche Kompetenzverteilung der dualistisch organisierten AG herangezogen werden. Daneben kann eine Orientierung anhand der Ankernormen der §§ 76 Abs. 1, 77 Abs. 1 AktG für den Vorstand und von § 111 Abs. 1, 4 AktG für den Aufsichtsrat erfolgen.[493]

Bei der Betrachtung der Zulässigkeit eines Investorendialogs durch den Aufsichtsrat ist besonders die Leitungsfunktion des Vorstands gemäß § 76 Abs. 1 AktG zu berücksichtigen, wonach die Führung des Unternehmens grundsätzlich in seinen Verantwortungsbereich fällt.[494]

Bei der Kommunikation zwischen Investoren und Gesellschaft handelt es sich um eine Aufgabe, die der Geschäftsleitung zuzuweisen ist, welche nach der aktienrechtlichen Kompetenzordnung folglich grundsätzlich vom Vorstand wahrgenommen wird.[495]

Dennoch hat sich in der Praxis die Gewohnheit herausgebildet, dass Investoren und der Aufsichtsrat in einen unmittelbaren Dialog mitein-

---

492 *Fleischer/Bauer/Wansleben*, DB 2015, 360 (362); *Brodey/Vetter*, ecolex 2017, 219 (219); *Leyendecker-Langner*, NZG 2015, 44 (45); *Koch* in: Fleischer/Koch/Kropff/Lutter, 50 Jahre Aktiengesetz, ZGR-Sonderheft 19, S. 65 (89).

493 So auch Koch, AG 2017, 129 (131 f.); *Fleischer/Bauer/Wansleben*, DB 2015, 360 (363); *Grunewald*, ZIP 2016, 2009 (2010 f.).

494 BGH, Beschluss v. 6.3.1997 – II ZB 4/96, BGHZ 135, 48 (53 f.); BGH, Urteil v. 8.1.2019 – II ZR 364/18, BGHZ 220, 354, Rn. 34; *Spindler* in: MüKoAktG, § 76 AktG, Rn. 1; *Fleischer* in: BeckOGK-AktG, § 76 AktG, Rn. 7; *Fleischer*, ZIP 2003 (1).

495 *Habersack* in: MükoAktG, § 116 AktG, Rn. 65; *Wilsing* in: Wilsing, DCGK 2012, Ziff. 5.2, Rn. 12; *E. Vetter*, AG 2014, 387 (389); *Leyendecker-Langner*, NZG 2015, 44 (44); *Schauer*, Aufsichtsratskommunikation, 2021, S. 185 f.; *Koch*, § 111 AktG, Rn. 54; *Leyendecker-Langner*, NZG 2015, 44 (44); *E. Vetter*, AG 2014, 387 (389).

ander eintreten, um sich über die das jeweilige Unternehmen betreffenden Fragen auszutauschen. Bzgl. der Frage, wie sich eine solche Kompetenz dogmatisch begründen lässt, gibt es eine kontroverse Diskussion im Schrifttum und der Literatur. Es haben sich unterschiedliche rechtliche Begründungsansätze heraus entwickelt, die den Versuch unternehmen, den Dialog zwischen Investoren und Aufsichtsräten auf ein rechtlich zulässiges Fundament zu stellen. Diese Ansätze sollen im folgenden Abschnitt kritisch beleuchtet und untersucht werden, auf welcher Basis ein aufsichtsratsgeführter Investorendialog zulässig ist.

1. Dogmatische Ansätze zur Begründung eines aufsichtsratsgeführten Investorendialogs

a) Verknüpfung der Kommunikationszuständigkeit mit inhaltlicher Kompetenz

Ein in der Literatur verbreiteter Ansatz zur Begründung der Zulässigkeit eines Dialogs zwischen Aufsichtsrat und Investoren ist die Koppelung der Kommunikationskompetenz des Aufsichtsrats an seine inhaltliche Sachkompetenz.[496] So sei im Wesentlichen die Kompetenz des Aufsichtsrats zur Kommunikation mit Investoren in denjenigen Themenbereichen zu

496 *Leyendecker-Langner*, NZG 2015, 44 (44 ff.); *Fleischer/Bauer/Wansleben*, DB 2015, 360 (360 ff.) bezeichnen diesen Ansatz prägnant als „*Communication follows competence!*", was rechtlich gesehen einer Annexkompetenz zu den Kompetenzen des Aufsichtsrats entspricht. Auch weitere Autoren haben auf diesen Ansatz aufgesetzt, wenngleich sie ihn in der Fortentwicklung teilweise modifizierten. So sehen *Fleischer/Bauer/Wansleben*, DB 2015, 360 (365 f.) und die *Initiative Developing Shareholder Communication* die dogmatische Grundlage für den Investorendialog ebenfalls in einer Annexkompetenz. Dabei erweitern sie jedoch die Kommunikationsbefugnisse des Aufsichtsrats erheblich. Ihm wird zusätzlich die Befugnis eingeräumt, Themen zur Unternehmensstrategie mit Investoren zu besprechen. Daneben knüpft auch *Bachmann*, Gesellschaftsrecht in der Diskussion, 2016, 135 (150 f.) an die Annexkompetenz als eine mögliche dogmatische Grundlage an (eine Rechtsfortbildung *extra legem* sieht er als ein alternatives dogmatisches Fundament an, indem er dem Aufsichtsrat die Kommunikationszuständigkeit zwar zugesteht, diese aber gleichzeitig bei ihrer Anwendung in praktische Konkordanz mit der Konzentrationsmaxime im Aktienrecht gebracht werden muss).

bejahen, die auch inhaltlich in den Aufgabenbereich des Aufsichtsrats fallen. Es wird folglich als grundsätzlich zulässig angesehen, dass der Aufsichtsrat zu Themen, die seinem Aufgabenbereich entstammen, mit Investoren in den Dialog eintritt. Die Kommunikationszuständigkeit des Aufsichtsrats wird im Ergebnis somit als Annexkompetenz zu seiner inhaltlichen Zuständigkeit gesehen.[497] Eine zulässige Kommunikation des Aufsichtsrats umfasst danach beispielsweise Themen zu seiner Überwachungstätigkeit und Fragen zur Bestellung von Vorstandsmitgliedern.[498]

Untersagt bliebe es dem Aufsichtsrat hingegen, sich zu Fragen der Unternehmensführung zu äußern. Generell Äußerungen zu Themenbereichen, die originär in den Verantwortungsbereich des Vorstands fielen, seien unzulässig und dürften sich vom Aufsichtsrat nicht angeeignet werden.[499]

Für einen solchen Begründungsansatz streiten mehrere Argumente. So weist in Themenbereichen, die die inhaltliche Sachkompetenz des Aufsichtsrats betreffen, dieser die größte Sachnähe zu entsprechender Thematik auf. Wenn sich der Aufsichtsrat bereits im Innenverhältnis mit einer Thematik tiefergehend befasst hat, so ist er auch in der Lage, im Außenverhältnis inhaltlich fundiert darüber mit Investoren zu sprechen. Im Einzelfall dürfte er daher sogar der geeignetere Gesprächspartner im Vergleich zum Vorstand sein. Es erscheint im Hinblick auf eine inhaltlich richtige und fundierte Diskussion mit Investoren zumindest zweckmäßiger, dem Aufsichtsrat in Einzelfällen die Kompetenz zum Dialog

---

497 *Leyendecker-Langner*, NZG 2015, 44 (45 f.) spricht ausdrücklich von einer solchen Annexkompetenz; *Fleischer/Bauer/Wansleben*, DB 2015, 360 (364 ff.) sprechen hingegen von den Kommunikationskompetenzen als „*Korollar*" der Sachkompetenzen. Inwiefern dieser Terminus bewusst als Abgrenzung zu einer Annexkompetenz verwendet wurde oder ob es sich lediglich um eine rein untechnische Verwendung handelt, ist nicht ersichtlich. Jedenfalls ähneln die Argumentationen der Autoren sowie die zugrunde gelegten Kriterien den Voraussetzungen für eine Annexkompetenz.

498 Vgl. *Leyendecker-Langner*, NZG 2015, 44 (46); *Fleischer/Bauer/Wansleben*, DB 2015, 360 (364 f.).

499 *Leyendecker-Langner*, NZG 2015, 44 (46); *Fleischer/Bauer/Wansleben*, DB 2015, 360 (365 f.) formulieren dies etwas offener und versagen dem Aufsichtsrat zwar das Recht, in solchen Fragen initiativ tätig zu werden und aktiv das Gespräch mit Investoren zu suchen. Es soll dem Vorstand aber gestattet sein, den Aufsichtsrat und seine Mitglieder in den Dialog mit Investoren miteinzubinden.

zuzuschreiben. Fortführend bietet die Kopplung von sachlicher Kompetenz und Kommunikationskompetenz den Vorteil, dass der Aufsichtsrat einen klaren normativen Anknüpfungspunkt für Gespräche mit Investoren hat. Er bewegt sich dahingehend nicht im „rechtsleeren" Raum und muss nicht für den Einzelfall prüfen, ob im Sinne des Gesellschaftsinteresses der Vorstand oder er selbst in den Dialog mit dem Investor eintreten sollte. Er kann stattdessen ohne gesonderte Prüfung an seine Sachkompetenz anknüpfen. Aufgrund des normativen Anknüpfungspunktes für die Kommunikationskompetenz des Aufsichtsrats wird überdies die Abgrenzung zu den Kompetenzbereichen des Vorstands vereinfacht. Dies ermöglicht es, eine klarere Trennlinie zwischen den Kommunikationskompetenzen der beiden Organe zu ziehen. Zwar gibt diese Lösung eine Antwort auf die für ein solches Gespräch zulässigen Themenfelder, aber freilich ist damit nicht geklärt, welche inhaltliche Reichweite dieser Dialog mit Investoren haben darf und wo dessen rechtlich zulässige Grenzen liegen.[500]

Darüber hinaus ist das besondere Verhältnis zwischen Aktionären und Aufsichtsrat nicht zu verachten. Der Aufsichtsrat erhält sein Mandat nämlich durch die Wahl der Aktionäre, und diese haben ein natürliches Interesse daran, Informationen über das Unternehmen einzuholen, in welches sie ihr Kapital eingebracht haben.[501] Denn historisch betrachtet handelt es sich entsprechend der Ursprungskonzeption beim Aufsichtsrat um einen Ausschuss, der die Interessen der Aktionäre vertreten soll.[502] Vor diesem Hintergrund erscheint es angebracht, zu hinterfragen, warum dem Investor ein unmittelbarer Kontakt zum Aufsichtsrat versagt bleiben sollte.[503]

Allerdings lässt sich dem entgegnen, dass nach § 118 Abs. 1 AktG Aktionäre ihre Rechte in den Angelegenheiten der Gesellschaft in der Hauptversammlung ausüben, soweit das Gesetz nichts anderes bestimmt. Der geeignete Ort der Kommunikation zwischen Gesellschaftsorganen und Investoren soll nach der gesetzgeberischen Konzeption also im Rahmen der Hauptversammlung liegen. Diese Regelung soll die Einflussnahme

500 Dazu B.II.4.b).

501 Siehe *Koch*, AG 2017, 129 (133 f.).

502 *Koch*, AG 2017, 129 (133).

503 *Hirt/Hopt/Mattheus*, AG 2016, 725 (728); *Koch*, AG 2017, 129 (133).

von Aktionären regulieren und in geordnete Bahnen lenken, damit die Gesellschaftsorgane davor geschützt werden, sich ununterbrochen rechtfertigen zu müssen.[504]

Zwar sieht der Gesetzgeber die Hauptversammlung als primären Ort der Auskunftserteilung an. Dies lässt sich bereits daraus ableiten, dass er zugunsten des Aktionärs in § 131 Abs. 1 AktG ein in der Hauptversammlung abrufbares Auskunftsrecht gegen die Gesellschaft normiert.[505] Jedoch lässt der Wortlaut nicht unmittelbar den Rückschluss zu, dass die Hauptversammlung der einzig mögliche Ort sein soll, an dem die Gesellschaftsorgane mit den Aktionären in den Austausch eintreten können. Aus einer historischen Betrachtungsweise heraus und mit Blick auf die Gesetzesbegründung zu § 131 Abs. 4 AktG lässt sich ebenfalls kein derartiges Bestreben des Gesetzgebers erkennen, wonach die Hauptversammlung der ausschließliche Ort für den Dialog zwischen Gesellschaftsorganen und Aktionären darstellen soll.[506] Stattdessen macht der Wortlaut des § 131 Abs. 4 AktG sehr deutlich, dass es Fälle gibt, in denen Aktionäre auch außerhalb der Hauptversammlung Auskünfte erhalten. Demnach ist § 118 Abs. 1 AktG als Argument gegen einen rechtlich zulässigen Dialog zwischen Aufsichtsrat und Investoren nicht zu schwer zu gewichten. Darüber hinaus darf bereits bezweifelt werden, ob die Wertung des § 118 Abs. 1 AktG überhaupt im Zusammenhang mit der aufsichtsratsgeführten Investorenkommunikation als Argument herangezogen werden kann, da diese Diskussion die Zulässigkeit der Investorenkommunikation aus Sicht des Aufsichtsrats behandelt und nicht das Recht von Aktionären auf einen Dialog mit dem Aufsichtsrat.

504 So *Wilsing*, ZGR 2012, 291 (298 f.); *Koch*, § 118 AktG, Rn. 1; *Kubis* in: MükoAktG, § 118 AktG, Rn. 33; *Drinhausen* in: Hölters/Weber, § 118 AktG, Rn. 1. Anderer Ansicht sind *Fleischer/Bauer/Wansleben*, DB 2015, 360 (364), wonach wie auch beim Vorstand ebenso beim Aufsichtsrat ein Austausch mit Aktionären außerhalb der Hauptversammlung stattfinden darf.

505 Ausführlich dazu B.I.2.

506 BT-Drs. IV/171, S. 153 ff., das keinerlei Ausführungen zu einem solchen Gedankengang enthält.

b) Maßgebend für die Kommunikationszuständigkeit ist das Gesellschaftsinteresse

Einen gänzlich anderen Ansatz verfolgt eine juristische Dissertation, die das Gesellschaftsinteresse als maßgebliches Abgrenzungskriterium für die Bestimmung einsetzen möchte, ob und in welchen Fällen der Aufsichtsrat zur Kommunikation mit Investoren befähigt sein soll.[507] Bei diesem Ansatz wird sich in den Überlegungen davon gelöst, ob ein Dialog mit Investoren eine Geschäftsführungsmaßnahme darstellt oder nicht. Einzig entscheidend für die Frage, wer die Kompetenz zur Führung des Dialogs mit Investoren hat, soll das Kriterium des „Gesellschaftsinteresses" sein.[508]

Ein Vorteil dieses Ansatzes kann darin gesehen werden, dass die Abgrenzung der Kommunikationskompetenz nicht mehr fest mit den Sachkompetenzen der Organe verknüpft ist und damit die Zuständigkeitszuweisung flexibilisiert wird.[509] Als Grenze dieser flexiblen Lösung wird ebenfalls das grundlegende aktienrechtliche Kompetenzgefüge herangezogen.[510] Im Ergebnis wird sodann vorgeschlagen, die Entscheidung über eine Kommunikationsmaßnahme an eine zweigeteilte Prüfung zu koppeln.[511] Zunächst wird entschieden, welche Kommunikationsmaßnahme im Gesellschaftsinteresse liegt und im Anschluss daran dann geprüft, durch welches Organ die Kommunikation entsprechend dem Gesellschaftsinteresse am besten erfolgen soll.[512]

Ein wesentlicher Vorteil der von diesem Ansatz verfolgten Flexibilisierung der Entscheidung, durch welches Organ eine Kommunikationsmaßnahme erfolgen soll, liegt darin, dass im Einzelfall entschieden wer-

507 *Reutershahn*, Unternehmensbezogene Außenkommunikation des Aufsichtsratsvorsitzenden, 2019, S. 208 ff.

508 *Reutershahn*, Unternehmensbezogene Außenkommunikation des Aufsichtsratsvorsitzenden, 2019, S. 193 f., 203 ff.

509 *Reutershahn*, Unternehmensbezogene Außenkommunikation des Aufsichtsratsvorsitzenden, 2019, S. 206.

510 *Reutershahn*, Unternehmensbezogene Außenkommunikation des Aufsichtsratsvorsitzenden, 2019, S. 193, 207.

511 *Reutershahn*, Unternehmensbezogene Außenkommunikation des Aufsichtsratsvorsitzenden, 2019, S. 208 ff.

512 *Reutershahn*, Unternehmensbezogene Außenkommunikation des Aufsichtsratsvorsitzenden, 2019, S. 208 ff.

den kann, welches Organ mit dem entsprechenden Investor in Kontakt tritt. Losgelöst von starren Kompetenzgrenzen, die sich an der jeweiligen Sachkompetenz des Organs orientieren, kann eine situationsangepasste Einzelfallentscheidung getroffen werden.

Eben diese Flexibilität kann auf der Kehrseite aber auch kritisch gesehen werden. Es dürfte ein erheblich höherer Verwaltungsaufwand damit einhergehen, wenn Aufsichtsrat oder Vorstand von einem Investor angesprochen werden und in jedem Einzelfall prüfen müssen, durch welches Organ das Gesellschaftsinteresse am besten gewahrt ist. Gleichzeitig birgt dieser Ansatz auch ein gewisses Maß an Rechtsunsicherheit, da die Beurteilung der Frage, wer das Gesellschaftsinteresse im Einzelfall am besten wahrt, durchaus verschieden ausfallen kann. Auch hilft dieser Ansatz nicht bei dem Versuch, allgemeine Kriterien beziehungsweise verbindliche Bereiche festzulegen, in denen die Kommunikationskompetenz einzelnen Organen eindeutig zugeordnet werden kann. Insbesondere für Aufsichtsräte, die ohnehin einem in der Vergangenheit enorm gestiegenen Arbeitsaufwand gegenüberstehen, birgt dieser Ansatz die Gefahr, einen abermals steigenden Aufwand für deren Tätigkeit zu begründen. Darüber hinaus weist ein Dialog mit Investoren oftmals eine gewisse Dynamik auf und behandelt verschiedene Themenbereiche, was es zusätzlich erschwert im Rahmen einer im Vorfeld erfolgenden Abwägung ein zuständiges Organ für den Dialog konkret zu bestimmen.

c) Orientierung an der Organadäquanz

Einen weiteren beachtenswerten Ansatz verfolgt *Koch*, der unter Verweis auf *Fleischer*[513] bei der Frage nach der Kommunikationszuständigkeit als Kriterium die so bezeichnete „Organadäquanz“[514] heranzieht.[515] Da der Investorendialog grundsätzlich eine Geschäftsführungsmaßnahme dar-

---

513 Begriff und Konzept der Organadäquanz entstammen ursprünglich aus *Fleischer* in: Fleischer/Kalss/Vogt, Konvergenzen und Divergenzen im deutschen, österreichischen und schweizerischen Gesellschafts- und Kapitalmarktrecht, 2011, S. 81 (90 f.); *Fleischer*, BB 2014, 2691 (2699).

514 Dieser Grundsatz entstammt aus dem Staatsrecht, vgl. BVerfGE 68, 1 (86 f.); BVerfGE 104, 151 (207).

515 *Koch* in: 50 Jahre Aktiengesetz, 2016, S. 65 (87 ff.).

stelle, falle die Wahrnehmung dessen auch zunächst in den Aufgabenbereich des Vorstands.[516] Dies entspräche der grundsätzlichen Geschäftsführungsverteilung im Aktienrecht aus den §§ 77, 111 Abs. 4 AktG und könne aber im Wege der teleologischen Reduktion der §§ 77, 111 Abs. 4 AktG und durch Annexkompetenzen überwunden werden, sodass der Aufsichtsrat nicht grundsätzlich von einem Dialog mit Investoren ausgeschlossen sei.[517] Bis zu diesem Punkt entspricht der Ansatz in weiten Teilen auch den Überlegungen anderer Autoren, die die Kommunikationszuständigkeit an die Sachkompetenz koppeln möchten.[518]

Sofern keine eindeutige Aufgabenzuweisung zu entweder Vorstand oder Aufsichtsrat möglich ist, wird einen Schritt weitergegangen und angenommen, dass aktienrechtliche Entscheidungen stets von jenem Organ getroffen werden sollen, das nach seiner Zusammensetzung, Funktion und Verfahrensweise über die besten Voraussetzungen zur Wahrnehmung der entsprechenden Aufgabe verfügt.[519]

Legt man das Kriterium der Organadäquanz zugrunde, so kristallisiert sich der Aufsichtsrat aufgrund seiner Struktur und Besetzung als eher ungeeignet für die Wahrnehmung von Kommunikationsaufgaben heraus. Es handelt sich beim Aufsichtsrat um ein vielköpfiges Organ, welches mit Personen aus unterschiedlichen Fachbereichen besetzt ist, die dieses Amt meist nebenberuflich ausüben.[520] Auch wenn diesen, den Aufsichtsrat limitierenden Umständen durch Bildung von Ausschüssen oder im Einzelfall eine Konzentration von Kompetenzen auf den Aufsichtsratsvorsitzenden entgegengewirkt werden könnte, so spricht dieser Umstand und die daraus resultierende Behäbigkeit des Aufsichtsrats grundsätzlich gegen eine Einbeziehung des Aufsichtsrats in die Kommunikation mit Investoren.[521]

Anstatt am konsequenten Anknüpfen an den einzelnen Kompetenzen der Organe festzuhalten, stellt dieser Ansatz auf das infrage stehende Organ selbst ab und versucht anhand dessen, ein gänzlich neues Abgren-

516 *Koch*, AG 2017, 129 (132 ff.).
517 *Koch*, AG 2017, 129 (132 ff.).
518 Siehe B.II.4.a).aa).
519 *Koch* in: FS 50 Jahre Aktiengesetz, 2016, S. 65 (82 f.); *Renner*, AG 2015, 513 (516).
520 Vgl. *Koch* in: 50 Jahre Aktiengesetz, 2016, S. 65 (82 f.).
521 Vgl. *Koch* in: 50 Jahre Aktiengesetz, 2016, S. 65 (82 f.).

zungskriterium für die Frage nach der Zuständigkeit zur Wahrnehmung der Kommunikation mit Investoren zu schaffen. Der Ansatz stellt für die Beurteilung der Zuständigkeit zur Wahrnehmung einzelner Kompetenzen die relevanten Organe in den Mittelpunkt und untersucht anhand dessen, ob sie aufgrund ihrer Struktur die nötige Eignung zur Wahrnehmung von Kommunikationsaufgaben haben. Daran begründet sich bisweilen auch ein wesentlicher Kritikpunkt an diesem Kriterium als geeigneten Kompetenzabgrenzungsmaßstab, da es gänzlich abstrakt und losgelöst von einer gesetzlichen Grundlage versucht, eine Kompetenz einem einzelnen Organ zuzuweisen.[522] Daraus ergibt sich, dass die Kompetenzzuordnung zu einem bestimmten Organ über die Organadäquanz als alleinigem Kriterium ungeeignet erscheint, da es für die Aufgabenzuweisung ausschließlich auf die größtmögliche Effizienz und Qualität der Aufgabenwahrnehmung rekurriert, aber eben keine Anknüpfung im Gesetz sucht.[523] Stattdessen kann die Organadäquanz als nachrangige Ergänzung neben weiteren Kriterien zur Ermittlung der Kommunikationszuständigkeit jedoch hilfreich sein, wenn es darum geht, im besten Gesellschaftsinteresse und unter Schonung von Gesellschaftsressourcen dasjenige Organ zu ermitteln, welches am besten geeignet für die Wahrnehmung dieser Aufgabe erscheint.

d) Zwischenergebnis

Innerhalb derjenigen Literaturstimmen, die einen Investorendialog durch den Aufsichtsrat für (teilweise) zulässig erachten, herrscht nicht nur Uneinigkeit über die rechtliche Grundlage, sondern darüber hinaus auch über die zulässige Reichweite eines solchen Dialogs. Viele Anhänger folgen einer Verknüpfung auf sachlicher Ebene zwischen den einzelnen Kompetenzen und der dazu entsprechenden Kommunikation. Im Hinblick auf die rechtliche Grundlage für einen zulässigen Investorendialog durch den Aufsichtsrat gibt die Verbindung von inhaltlich-sachlicher Kompetenz mit einer daran anknüpfenden Kommunikationskompetenz als Annex den vorzugswürdigen rechtlichen Rahmen vor. Denn dieser

522 *Knorr*, Kapitalmarktkommunikation durch den Aufsichtsrat einer AG, 2021, S. 132.
523 *Knorr*, Kapitalmarktkommunikation durch den Aufsichtsrat einer AG, 2021, S. 132.

Lösungsweg knüpft die Kommunikation mit Investoren an eine klare gesetzliche Grundlage. Für den Einzelfall kann in einem ersten Schritt geschaut werden, welches Organ anhand der Sachkompetenz für den Dialog mit dem Investor zuständig ist. Auf diese Weise umgeht man eine stets erforderliche Einzelfallprüfung, bei welcher anhand des Gesellschaftsinteresses oder der Organadäquanz, also vergleichsweise „weicheren Faktoren",[524] versucht wird zu bestimmen, welches Organ für die Investorenkommunikation zuständig ist. Darüber hinaus bildet die Anknüpfung an Sachkompetenzen des Aufsichtsrats eine normative Grundlage für den Dialog mit Investoren. Die Bestimmung, welches Organ im Einzelfall zuständig ist, löst sich damit von bloßen Zweckmäßigkeitserwägungen.

2. „Negative Bestimmung der Kommunikationskompetenz des Aufsichtsrats"

Mit der Sachkompetenz als normativem Anknüpfungspunkt für die Bestimmung des zur Investorenkommunikation zuständigen Organs sind die Themenfelder gesteckt, in denen der Aufsichtsrat in den Dialog mit Investoren eintreten kann. Dies stellt für die Bestimmung der rechtlich zulässigen Gesprächsgegenstände den ersten Schritt dar. In einem zweiten Schritt ist darzustellen, innerhalb welchem rechtlichen Rahmens der Aufsichtsrat dabei agieren kann. Denn vor allem durch das Aktienrecht werden verschiedene rechtliche Leitplanken gesetzt, innerhalb derer Gespräche mit Investoren überhaupt nur zulässig sind.

Für die Erörterung der Frage, wie man sich den zulässigen Gesprächsgegenständen im Rahmen der Kommunikationskompetenz des Aufsichtsrats nähern kann, besteht die Möglichkeit, sich dieser vielschichtigen Frage[525] anzunehmen, indem man untersucht, welche aktienrechtlichen

524 Sowohl die Feststellung des Gesellschaftsinteresses als auch die Organadäquanz sind auslegungsbedürftige Begriffe, für deren Bestimmung je nach Einzelfall unterschiedliche Faktoren unterschiedlich stark gewichtet werden, weshalb verschiedene Rechtsanwender zu teilweise unterschiedlichen Ergebnissen bei ihrer Prüfung kommen werden. Im Gegensatz dazu bietet das Gesetz mit den normierten Sachkompetenzen des Aufsichtsrats einen klareren Rahmen, an dem sich orientiert werden kann.

525 Die Vielschichtigkeit dieser Frage wird allein durch die Vielzahl der in diesem Kapitel dargestellten verschiedenen juristischen Begründungsansätze deutlich, die unter-

Grundprinzipien, Aufsichtsratspflichten und Vorstandsrechte einen aufsichtsratsgeführten Investorendialog einschränken.[526] Auf diese Weise wird weitgehend sichtbar, in welchen Bereichen[527] der Gesetzgeber Spielraum für einen Dialog zwischen Investor und Aufsichtsrat gelassen hat. Der Rahmen für die Kompetenz des Aufsichtsrats zur Kommunikation mit Investoren ergibt sich nach diesem Ansatz nicht aus einer positiv begründeten Vorschrift, sondern setzt im Wege eines Umkehrschlusses in den Feldern an, in denen durch die Ausübung dieser Kompetenz kein Konflikt mit den Kompetenzen anderer Organe oder aktienrechtlicher Grundprinzipien entsteht. Dafür wird sich im Folgenden mit denjenigen aktienrechtlichen Bestimmungen auseinandergesetzt, die der Aufsichtsrat bei einem durch ihn geführten Investorendialog tangiert. Herauszustellen sind dabei insbesondere die Vereinbarkeit mit dem Gleichbehandlungsgebot, dem Vertraulichkeitsgebot im Aufsichtsrat sowie mit dem Insiderrecht.[528] Es soll dadurch offengelegt werden, welcher Rahmen in Bezug auf zulässige Gesprächsgegenstände dem Aufsichtsrat beim Dialog mit Investoren im Umkehrschluss offenbleiben.

a) Gleichbehandlungsgebot

Nach 53a AktG sind Aktionäre „unter gleichen Voraussetzungen gleich zu behandeln". Der Dialog zwischen Aufsichtsrat und institutionellen Investoren könnte einen Verstoß gegen dieses aktienrechtliche Gleichbehandlungsgebot darstellen, denn es soll Aktionäre vor einer Benachteiligung durch die Gesellschaftsorgane ohne sachlichen Grund schützen.[529] Insbesondere sollen auch Minderheitsaktionäre durch die Regelung geschützt werden, damit sie gegenüber Mehrheitsaktionären nicht benachteiligt werden.[530] Ebenfalls der Deutsche Corporate Governance

schiedlichste Argumente bemühen und dennoch keine abschließende Antwort auf dieses Rechtsproblem liefern.

526 Vgl. eine beispielhafte Auflistung möglicher Konfliktlinien in *Koch*, § 111 AktG, Rn. 55.

527 Gemeint sind inhaltliche Themenbereiche, zu denen Aufsichtsrat und Investor in den Dialog eintreten dürfen.

528 Vgl. auch *Koch*, § 111 AktG, Rn. 55; *Mense/Klie*, BB 2017, 771 (772 f.); *Leyendecker-Langner*, NZG 2015, 44 (47).

529 *Cahn/v. Spannenberg* in: BeckOGK-AktG, § 53a AktG, Rn. 2.

530 *Koch*, § 53a AktG, Rn. 1. Ausführlich dazu *Verse*, Der Gleichbehandlungsgrundsatz

Kodex[531] fordert in Grundsatz 21, dass „die Gesellschaft {...} die Aktionäre bei Informationen unter gleichen Voraussetzungen gleich {behandelt}". Dies steht in einem Spannungsverhältnis dazu, dass es aus rein praktischen Gründen für die handelnden Gesellschaftsorgane schon problematisch und nicht zu realisieren ist, mit allen Anteilseignern der Gesellschaft in einen persönlichen Dialog einzutreten. Aufsichtsrat und Vorstand haben aber dennoch ein Interesse daran, mit einzelnen, für die Gesellschaft besonders wichtigen Investoren Gespräche zu führen, weshalb es praktisch zu einer gesonderten Behandlung eines speziellen Aktionärskreises kommt.[532]

aa) Inhalt und Maßstab des Gleichbehandlungsgebots

Die bevorzugende Behandlung eines bestimmten Aktionärskreises resultiert nicht zwingend in einer unzulässigen Ungleichbehandlung und damit in einem Verstoß gegen das durch § 53a AktG normierte Gleichbehandlungsgebot.[533] Denn eine Gleichbehandlung ist nur dort geboten, wo auch gleiche Voraussetzungen vorliegen. Damit lässt die Vorschrift Raum für eine differenzierte Behandlung von Aktionären, sofern sie sachgerecht und damit nicht willkürlich ist.[534] Als Maßstab für eine solche

im Recht der Kapitalgesellschaften, 2006, S. 67 ff.; *Hirt/Hopt/Mattheus*, AG 2016, 725 (737).

531 In der aktuellen Fassung mit Geltung seit dem 28.6.2022.

532 *Verse*, Der Gleichbehandlungsgrundsatz im Recht der Kapitalgesellschaften, 2006, S. 532; *Ekkenga*, NZG 2001, 1 (2); *Schockenhoff/Nußbaum*, AG 2019, 321 (327 ff.).

533 *Leyendecker-Langner*, NZG 2015, 44 (47); *Hirt/Hopt/Mattheus*, AG 2016, 725 (737); *Drygala* in: KölnerKommAktG, § 53a AktG, Rn. 17; *Verse*, Der Gleichbehandlungsgrundsatz im Recht der Kapitalgesellschaften, 2006, S. 252; *Zetsche*, AG 2019, 701 (702ff.); *Schilha/Theusinger*, NZG 2019, 521 (524); *Schockenhoff/Nußbaum*, AG 2019, 321 (325); *Götze* in: MüKoAktG, § 53a AktG, Rn. 1; *Fleischer/Bauer/Wansleben*, DB 2015, 360 (366); *Fleischer*, ZGR 2009, 501 (520 f.).

534 Nach dem BGH ist eine Ungleichbehandlung zulässig, „wenn sie sachlich berechtigt ist und damit nicht den Charakter der Willkür trägt", BGH, Urteil v. 6.10.1960 – II ZR 150/58, NJW 1961, 26 (27); BGH, Urteil v. 13.3.1978 – II ZR 142/76, NJW 1978, 1316 (1317); BGH, Urteil v. 10.7.2018 – II RZ 120/16, NJW 2018, 1980 (1983); siehe auch *Cahn/v. Spannenberg* in: BeckOGK-AktG, § 53a AktG, Rn. 13 ff.; *Drygala* in: KölnerKommAktG, § 53a AktG, Rn. 9 ff; *Verse*, Der Gleichbehandlungsgrundsatz im Recht der Kapitalgesellschaften, 2006, S. 252 f.; *Hirt/Hopt/Mattheus*, AG 2016, 725 (737).

Rechtfertigung ist das Unternehmensinteresse heranzuziehen.[535] Bezogen auf die privilegierte Kommunikation mit institutionellen Investoren kann eine solche Ungleichbehandlung vor dem Hintergrund der unterschiedlich zu gewichtenden Bedeutung dieser Aktionärsgruppen für die Gesellschaft gerechtfertigt sein.[536] So kann es im Einzelfall aus Gründen des Unternehmensinteresses auch sachlich gerechtfertigt sein, etwa einen Ankerinvestor bei der Informationsweitergabe durch ein Gesellschaftsorgan zu privilegieren.[537] Es ist jedoch nicht ausreichend, eine Ungleichbehandlung der Aktionäre jederzeit alleine unter Berufung auf das Unternehmensinteresse zu begründen.[538] Darüber hinaus muss sich die Ungleichbehandlung und die damit einhergehende Beeinträchtigung der Mitgliedschaftsrechte der von der Informationsweitergabe ausgeschlossenen Aktionäre anhand der Schranken der Verhältnismäßigkeit messen lassen, die zur Überprüfung der Rechtmäßigkeit einer Ungleichbehandlung heranzuziehen sind.[539]

Die Ungleichbehandlung der Aktionäre muss *geeignet* sein, ein nicht unwesentliches gewichtiges[540] Gesellschaftsinteresse zu erreichen oder zumindest zu fördern.[541] Folglich sind lediglich die Interessen einzelner

535 *Götze* in: MüKoAktG, § 53a AktG, Rn. 14.

536 BGH, Urteil v. 9.11.1992 – II ZR 230/91, NJW 1993, 400 (402); *Verse*, Der Gleichbehandlungsgrundsatz im Recht der Kapitalgesellschaften, 2006, S. 536; *Hirt/Hopt/Mattheus*, AG 2016, 725 (737).

537 Vgl. *Fleischer*, ZGR 2009, 501 (521). Ein geläufiges Beispiel für einen solchen Fall ist im Rahmen der Vorbereitung eines Hauptversammlungsbeschlusses die Vorabinformation von wesentlichen Investoren über eine potentielle Kapitalerhöhung, so bereits *Duden*, FS v. Caemmerer, 1978, S. 499 (509).

538 Vgl. auch *Grigoleit/Rachlitz* in: GrigoleitAktG, § 53a AktG, Rn. 19.

539 BGH, Urteil v. 10.7.2018 – II ZR 120/16, NJW 2018, 2796 (2800 f.); *Koch*, § 53a AktG, Rn. 10; *Drygala* in: KölnerKommAktG, § 53a AktG, Rn. 17; *Albrecht vom Kolke* in: Hölters/Weber, § 53a AktG, Rn. 11; *Götze* in: MüKoAktG, § 53a AktG, Rn. 15; *Henze/Notz* in: GroßKommAktG, § 53a AktG, Rn. 80; *Cahn/v. Spannenberg* in: BeckOGK-AktG, § 53a AktG, Rn. 20.

540 Es müsse sich um im Unternehmensinteresse wurzelnde Sachgründe von „*erheblichem Gewicht*" handeln, so *Götze* in: MüKoAktG, § 53a AktG Rn. 15. Ebenfalls ein „*nicht unbedeutendes*" Unternehmensinteresse verlangt *Henze/Notz* in: GroßKommAktG, § 53a AktG, Rn. 80.

541 *Koch*, § 53a AktG, Rn. 10; *Drygala* in: KölnerKommAktG, § 53a AktG, Rn. 17; *Albrecht vom Kolke* in: Hölters/Weber, § 53a AktG, Rn. 11; *Götze* in: MüKoAktG, § 53a

Aktionärsgruppen oder sonstiger Dritter keine tauglichen Beweggründe.[542] Darüber hinaus muss zur Wahrung des Prinzips des schonendsten Mittels die Ungleichbehandlung verhältnismäßig im weiteren Sinne sein, also den Maßstäben der *Erforderlichkeit* genügen.[543] Zuletzt unterliegt es einer umfassenden Interessenabwägung jeglicher beteiligter Parteien, also einerseits den Interessen der Gesellschaft und andererseits den Interessen der privilegierten Aktionäre sowie den benachteiligten Aktionären, ob die Ungleichbehandlung verhältnismäßig im engeren Sinne und damit *angemessen* ist.[544] Es werden also die unterschiedlichen Interessensschwerpunkte der Parteien miteinander abgewogen und unter Einbeziehung der Nachteile der Ungleichbehandlung in Relation zu dem angestrebten Ziel, der Verwirklichung eines oder mehrerer Gesellschaftsinteressen, gesetzt.[545] Die Ungleichbehandlung von Aktionären darf also nicht außer Verhältnis zu der Verwirklichung von Gesellschaftsinteressen stehen.[546]

bb) Nachinformationsanspruch – Verknüpfung von § 53a AktG und § 131 Abs. 4 S. 1 AktG

§ 131 Abs. 4 S. 1 AktG ordnet an, dass die zeitlich vorgelagerte Auskunft dem nachfragenden Aktionär gegenüber wiederholt werden muss – sie muss selbst dann wiederholt werden, wenn dies zur sachgemäßen Beurteilung eines Tagesordnungspunktes nicht erforderlich ist.[547] Es kommt darauf an,

---

AktG, Rn. 15; *Henze/Notz* in: GroßKommAktG, § 53a AktG, Rn. 81; *Cahn/v. Spannenberg* in: BeckOGK-AktG, § 53a AktG, Rn. 20; *Paefgen* in: Henssler/Strohn, § 53a AktG, Rn. 10.

542 *Drygala* in: KölnerKommAktG, § 53a AktG, Rn. 17; *Götze* in: MüKoAktG, § 53a AktG, Rn. 15; *Fleischer* in: Schmidt/Lutter, § 53a Rn. 35; *Verse*, Der Gleichbehandlungsgrundsatz im Recht der Kapitalgesellschaften, 2006, S. 279 ff.

543 *Koch*, § 53a AktG, Rn. 10; *Drygala* in: KölnerKommAktG, § 53a AktG, Rn. 17; *Albrecht vom Kolke* in: Hölters/Weber, § 53a AktG, Rn. 11; *Götze* in: MüKoAktG, § 53a AktG, Rn. 15.

544 *Koch*, § 53a AktG, Rn. 10; *Drygala* in: KölnerKommAktG, § 53a AktG, Rn. 17; *Albrecht vom Kolke* in: Hölters/Weber, § 53a AktG, Rn. 11; *Götze* in: MüKoAktG, § 53a AktG, Rn. 15; *Schockenhoff/Nußbaum*, AG 2019, 321 (325).

545 *Henze/Notz* in: GroßKommAktG, § 53a AktG, Rn. 81; *Drygala* in: KölnerKommAktG, § 53a AktG, Rn. 17; *Koch*, § 53a AktG, Rn. 10.

546 *Henze/Notz* in: GroßKommAktG, § 53a AktG, Rn. 81.

547 *Kubis* in: MüKoAktG, § 131 AktG, Rn. 222.

dass die zu erteilende Auskunft inhaltlich die Erstauskunft wiedergibt.[548] Die in § 53a AktG normierte Gleichbehandlung der Aktionäre findet in § 131 Abs. 4 S. 1 AktG somit eine Art Absicherungsvehikel, welches jedem Aktionär das Recht gewährt, im Rahmen der Hauptversammlung jegliche Informationen zu verlangen, die ein Organ einem Aktionär außerhalb der Versammlung gewährt hat. Aus der Gesetzesbegründung zu § 131 Abs. 4 S. 1 AktG ergibt sich, dass die Vorschrift eine Ausprägung des Gleichbehandlungsgrundsatzes darstellen soll, indem sie ein möglicherweise entstandenes Missverhältnis zwischen den Aktionärsgruppen im Hinblick auf deren Informationsstand ausgleichen soll.[549] Die enge Verknüpfung[550] beider Normen gebietet es, § 131 Abs. 4 S. 1 AktG in die Erörterung der Frage nach der Vereinbarkeit eines aufsichtsratsgeführten Investorendialogs mit dem Gleichbehandlungsgrundsatz mit einzubeziehen.

cc) Exkurs: Anwendungsbereich von § 131 Abs. 4 S. 1 AktG bei Äußerungen des Aufsichtsrats gegenüber Aktionären

Im Ausgangspunkt muss es sich bei der infrage stehenden Auskunft um eine der Gesellschaft zurechenbare Maßnahme handeln.[551] Üblicherweise handelt es sich dabei um bewusste Auskünfte des Vorstands oder vom Vorstand autorisierter Personen gegenüber dem Aktionär.[552] § 131 Abs. 4 S. 1 AktG setzt voraus, dass die Auskunft in einer bewussten und willentlichen Handlung erfolgte.[553] Differenziert wird die Ausgangslage beurteilt,

548 *Kubis* in: MüKoAktG, § 131 AktG, Rn. 222.

549 Vgl. Begr RegE zu § 131 AktG, abgedruckt bei *Kropff*, Aktiengesetz, S. 187; *Spindler* in: Schmidt/Lutter, § 131 AktG, Rn. 95; *Kubis* in: MüKoAktG, § 131 AktG, Rn. 209; Koch, § 131 AktG, Rn. 103; *Bachmann*, Gesellschaftsrecht in der Diskussion 2016, 135 (169); *Verse*, Der Gleichbehandlungsgrundsatz im Recht der Kapitalgesellschaften, 2006, S. 511.

550 *Fleischer*, ZGR 2019, 505 (520) spricht prägnant von „Holz vom gleichen Stamme". Siehe auch *Seibt/Danwerth*, AG 2021, 369 (373).

551 *Poelzig* in: BeckOGK-AktG, § 131 AktG, Rn. 256.

552 Dabei kann es sich sowohl um Angestellte als auch um Aufsichtsratsmitglieder handeln, *Kubis* in: MüKoAktG, § 131 AktG, Rn. 211; *Koch*, § 131 AktG, Rn. 107: *Kersting* in: KölnerKommAktG, § 131 AktG, Rn. 433; *Poelzig* in: BeckOGK-AktG, § 131 AktG, Rn. 256.

553 *Spindler* in: K. Schmidt/Lutter, § 131 AktG, Rn. 96; *Kubis* in: MüKoAktG, § 131 AktG, Rn. 204.

wenn der Aktionär die Auskunft außerhalb der Hauptversammlung nicht vom Vorstand oder einer durch diesen autorisierten Person erhält, sondern, wie bei der vorliegend behandelten aufsichtsratsgeführten Investorenkommunikation, der Aufsichtsrat die Auskunft auf eigene Initiative hin erteilt.[554] Bei unbewussten Äußerungen des Aufsichtsrats oder einer bloßen Indiskretion gegenüber einem Aktionär wird der Nachinformationsanspruch des Aktionärs nicht bereits ausgelöst.[555]

Aber auch darüber hinaus sieht die Rechtsprechung den Nachinformationsanspruch aus § 131 Abs. 4 S. 1 AktG nur ausgelöst, wenn die Auskunft an den Aktionär durch den Vorstand erfolgte.[556] Im konkreten Fall traf das Gericht einen Beschluss darüber, dass der Anspruch aus § 131 Abs. 4 S. 1 AktG nicht geltend gemacht werden kann, sofern ein Aktionär, der kein Aufsichtsratsmitglied ist, an einer Aufsichtsratssitzung teilgenommen hat.[557] In Anbetracht des klaren Wortlauts der Vorschrift des § 131 Abs. 4 S. 1 AktG sollte diese Sichtweise nicht verallgemeinernd auf jegliche Investorenkommunikation des Aufsichtsrats angewandt werden. Denn es erscheint nur konsequent, im Hinblick auf bewusste Auskünfte des Aufsichtsrats anzunehmen, dass ein Nachinformationsanspruch der übrigen Aktionäre besteht, sofern es sich bei der Auskunft des Aufsichtsrats inhaltlich um Gegenstände handelt, die seinem Kompetenzbereich angehören und zu welchen er daher aufgrund einer Annexkompetenz[558] mit Investoren kommunizieren darf.[559] Aus Sicht des Aktionärsschutzes und dem Ziel der informationellen Gleichbehandlung muss man konsequenterweise, wenn man dem Aufsichtsrat gestattet, zu aufsichtsratsspezifischen Themen mit einzelnen Aktionären in Kontakt zu treten, gleichzeitig

554 Siehe zu dieser Differenzierung *Poelzig* in: BeckOGK-AktG, § 131 AktG, Rn. 257; *Mense/Klie,* GWR 2017, 1 (2).

555 *Kubis* in: MüKoAktG, § 131 AktG, Rn. 211; *Decher* in: GroßKommAktG, § 131 AktG, Rn. 462; *Meilicke/Heidel*, DStR 1992, 113 (113 f.).

556 LG Frankfurt a. M., Beschl. v. 16.2.2016 – 3-05 O 132/15, AG 2016, 758 (759).

557 Siehe LG Frankfurt a. M., Beschl. v. 16.2.2016 – 3-05 O 132/15, AG 2016, 758 (759).

558 Siehe ausführlich zur rechtlichen Grundlage der Investorenkommunikation B.II.4.

559 *Poelzig* in: BeckOGK-AktG, § 131 AktG, Rn. 257; *Koch*, AG 2017, 129 (138); *Leyendecker-Langner*, NZG 2015, 44 (47); *Mense/Klie*, BB 2017, 771 (773); ebenso für einen Nachinformationsanspruch in solchen Fällen plädierend *Mense/Klie,* GWR 2017, 1 (2 f.).

zugunsten der übrigen Aktionäre einen dadurch ausgelösten Nachinformationsanspruch aus § 131 Abs. 4 S. 1 AktG anerkennen.

dd) Ausnahmecharakter von Durchbrechungen des Gleichbehandlungsgebots, § 131 Abs. 4 S. 1 AktG

Im Schrifttum gibt es einige Vertreter, die in § 131 Abs. 4 S. 1 AktG eine positiv normierte Legitimierung des aufsichtsratsgeführten Investorendialogs sehen, indem sie der Vorschrift die gesetzgeberische Wertung entnehmen, dass eine Privilegierung einzelner Aktionärsgruppen stets gestattet sein müsse, da darin kein Verstoß gegen das Gleichbehandlungsgebot zu sehen sei.[560] In der Beschränkung des Nachinformationsanspruchs der benachteiligten Aktionäre auf den Tag der Hauptversammlung läge die Bestätigung dafür, dass an allen übrigen Tagen ein Dialog mit Investoren stets gestattet sein müsse.[561] Bis zum Tag der Hauptversammlung müsse ein Ungleichverhältnis der Aktionäre bei der Informationsversorgung also hingenommen werden, wodurch deutlich werde, dass der Gesetzgeber in dem außerhalb der Hauptverhandlung stattfindenden Investorendialog gar keine Verletzung des Gleichbehandlungsgebots aus § 53a AktG sehe.[562] Eine solche Auslegung der Norm ließe allerdings den Ausnahmecharakter von § 131 Abs. 4 S. 1 AktG außer Betracht und verkennt, dass bereits der historische Gesetzgeber die Norm als Mittel zur Wahrung des Grundsatzes der gleichmäßigen Behandlung aller Aktionäre sieht.[563] Auch aus dem Wortlaut der Vorschrift lässt sich auf ein Regel-Ausnahme-Verhältnis zwischen der Auskunftserteilung in und außerhalb der Hauptversammlung schließen. Es wird durch § 131 Abs. 4 S. 1 AktG gerade deutlich, dass der Gesetzgeber versucht, jegliches entstandenes Ungleichgewicht bei der Informationsversorgung der Aktionäre auszugleichen.[564] Es ist nur

560 *Zetsche*, AG 2019, 701 (702 ff.); *Drygala*, WM 2001, 1313 (1322); *Schockenhoff/Nußbaum*, AG 2019, 321 (328 f.); *Seibt*, ZGR 2006, 501 (508 f.).

561 So *Zetsche*, AG 2019, 701 (702 ff.); *Drygala*, WM 2001, 1313 (1322); *Schockenhoff/Nußbaum*, AG 2019, 321 (328 f.); *Seibt*, ZGR 2006, 501 (508 f.).

562 *Zetsche*, AG 2019, 701 (702 ff.); *Drygala*, WM 2001, 1313 (1322); *Schockenhoff/Nußbaum*, AG 2019, 321 (328 f.); *Seibt*, ZGR 2006, 501 (508 f.).

563 Vgl. Begr RegE zu § 131 AktG, abgedruckt bei *Kropff*, Aktiengesetz, S. 187.

564 *Kubis* in: MüKoAktG, § 131 AktG, Rn. 209; *Schäfer* in: Handbuch börsennotierte AG, 4. Auflage 2018, § 14, Rn. 14.69; *Kersting* in: KölnerKommAktG, § 131 AktG, Rn. 426.

naheliegend, dass er in der Hauptversammlung den geeigneten Ort dafür sieht, handelt es sich dabei doch um den vom ursprünglichen Gesetzgeber vorgesehenen Ort für die Informationsversorgung der Aktionäre.[565] Dem Ansatz, dass der Informationsaustausch mit Investoren stets gestattet sein müsse und ein solcher das Gleichbehandlungsgebot nicht tangiere, sollte daher nicht gefolgt werden.

Auch wenn § 131 Abs. 4 S. 1 AktG verdeutlicht, dass ein Investorendialog nicht stets mit dem Gleichbehandlungsgrundsatz vereinbar ist, so lässt sich aus der Norm gleichfalls nicht schließen, dass ein solcher Dialog generell unzulässig sein soll, weil er gegen das Gleichbehandlungsgebot verstoße.[566] Die Vorschrift macht vielmehr deutlich, dass sie eine Informationsversorgung einzelner Aktionäre außerhalb der Hauptversammlung positiv bewertet und sie im Einzelfall als Teil der gewöhnlichen Interaktion zwischen Gesellschaftsorganen und Aktionären ansieht.[567]

Historisch gesehen wurde es vom Gesetzgeber sogar als erwünscht angesehen, dass die Gesellschaftsorgane freiwillig auch während des laufenden Geschäftsjahres, und damit außerhalb der Hauptversammlung, auf Anfragen von Aktionären eingehen und mit diesen in Kontakt treten.[568] Der Zweck des § 131 Abs. 4 S. 1 AktG ist nicht darin zu sehen, einen Dialog zwischen Gesellschaftsorganen außerhalb der Hauptversammlung zu unterbinden oder zu gestatten. Stattdessen knüpft der Zweck der Vorschrift erst im Anschluss an die bereits stattgefundene Informationsweitergabe an und soll den entstandenen Informationsvorsprung einzelner Aktionäre in der folgenden Hauptversammlung durch Wiederherstellung eines gleichartigen Informationsstandes realisieren.[569] Damit dient die Norm dem in § 53a AktG niedergelegten Gleichbehandlungsgrund-

565 Vgl. nur *Kubis* in: MüKoAktG, § 131 AktG, Rn. 209. Dies dürfte sich auch bereits daraus ergeben, dass der Anspruch der Aktionäre auf Auskunftserteilung gem. § 131 Abs. 1 AktG nur im Rahmen der Hauptversammlung geltend gemacht werden kann.

566 Einem Investorendialog offen gegenüber stehen *Hirt/Hopt/Mattheus*, AG 2016, 725 (738); Schaefer, NZG 2007, 900 (901); *Bunz*, NZG 2014, 1049 (1051); *Schockenhoff/Nußbaum*, AG 2019, 321 (328).

567 *Schockenhoff/Nußbaum*, AG 2019, 321 (328). Näher Bachmann, ZHR 170 (2006), 144 (173 ff.).

568 Begr RegE zu § 131 AktG, abgedruckt bei *Kropff*, Aktiengesetz, S. 187.

569 *Kubis* in: MüKoAktG, § 131 AktG, Rn. 209.

satz.[570] § 131 Abs. 4 S. 1 AktG hat damit weniger einen Einfluss auf die Frage, ob eine Auskunft überhaupt erteilt werden darf. Ihre Relevanz liegt darin, dass sie es Aktionären auf der Rechtsfolgenseite ermöglicht, Informationen zu erhalten, die bereits an andere Aktionäre im Vorfeld weitergegeben wurden.[571]

ee) Zwischenergebnis

Aus dem Dargestellten ergibt sich, dass die Wertung des § 131 Abs. 4 S. 1 AktG einen Dialog mit ausgewählten Investoren weder stets gestattet noch ihn pauschal verbietet. Es wird deutlich, dass der Gesetzgeber grundsätzlich versucht zu verhindern, dass einzelne Aktionärsgruppen einen dauerhaften Informationsvorsprung gegenüber anderen Aktionären erhalten, um eine kollektive Willensbildung der Aktionäre zu ermöglichen.[572] An denjenigen Stellen, an denen bestimmte Aktionäre bevorzugt informiert wurden, springt daher § 131 Abs. 4 S. 1 AktG zugunsten der übrigen Aktionäre ein und gewährt ihnen einen Nachinformationsanspruch.

§ 131 Abs. 4 S. 1 AktG hat damit keinen direkten Einfluss auf die Frage nach der generellen Zulässigkeit einer Vorabinformation eines bestimmten Aktionärskreises. Dennoch muss die Wertung des § 131 Abs. 4 S. 1 AktG, wonach einer informationellen Ungleichbehandlung im Grundsatz entgegengewirkt werden soll, Rechnung getragen werden, indem dies in die Abwägungsfrage des § 53a AktG, ob im Einzelfall sachliche Gründe für eine Ungleichbehandlung vorliegen, miteinbezogen wird. Maßstab für die Weitergabe von Informationen an ausgewählte Investoren bleibt damit § 53a AktG beziehungsweise das durch die Norm zum Ausdruck kommende Gleichbehandlungsgebot.[573]

---

570 Begr RegE zu § 131 AktG, abgedruckt bei *Kropff*, Aktiengesetz, S. 187; *Drinhausen* in: Hölters/Weber, § 131 AktG, Rn. 38; *Koch*, § 131 AktG, Rn. 103; *Poelzig* in: BeckOGK-AktG, § 131 AktG, Rn. 237; *Spindler* in: Schmidt/Lutter, § 131 AktG, Rn. 95; *Kersting* in: KölnerKommAktG, § 131 AktG, Rn. 426.

571 Vgl. auch *Knorr*, Kapitalmarktkommunikation durch den Aufsichtsrat einer AG, 2021, S. 270.

572 Vgl. *Kubis* in: MüKoAktG, § 131 AktG, Rn. 209.

573 Das Gleichbehandlungsgebot war als allg. Grundsatz im Aktienrecht schon lange anerkannt. Die Norm des § 53a AktG ist dahingehend lediglich klarstellender Natur, vgl.

Im Rahmen der Verhältnismäßigkeitsprüfung bei § 53a AktG muss aber die gesetzgeberische Wertung des § 131 Abs. 4 S. 1 AktG mit einbezogen werden, was zu einem restriktiven Umgang im Hinblick auf die Bejahung einer gerechtfertigten Ungleichbehandlung führen muss.[574] Sofern es sich damit im Einzelfall beim Dialog zwischen Investor und Aufsichtsrat um eine zulässige Ungleichbehandlung im Verhältnis zu den übrigen Investoren handelt, so steht der Gleichbehandlungsgrundsatz einem aufsichtsratsgeführten Investorendialog nicht grundsätzlich entgegen.

ff) Zulässigkeit einer generellen Informationsprivilegierung ausgewählter institutioneller Investoren

Interessanter noch als die einzelfallbezogene Informationsprivilegierung von Investoren ist die Frage nach einer umfassenden, anlassunabhängigen Privilegierung ausgewählter Investoren durch den Aufsichtsrat.[575] Die Annahme einer solchen anlassunabhängigen Privilegierung würde den Aufwand für die Prüfung der Zulässigkeit einer Informationsweitergabe im Einzelfall verringern und ein höheres Maß an Rechtssicherheit für den Aufsichtsrat bewirken. Denn die Frage, weshalb eine Information ausgerechnet

---

nur BGH, Urteil v. 6.10.1960 – II ZR 150/58, BGHZ 33, 175 (186); *Koch*, § 53a AktG, Rn. 1.

574 Siehe auch *Götze* in: MüKoAktG, § 53a AktG, Rn. 15 und *Henze/Notz* in: GroßKommAktG, § 53a AktG, Rn. 80, die für die Annahme einer sachlichen Rechtfertigung einen strengen Maßstab anlegen.

575 Die Literaturmeinungen gehen bei der Frage nach einer unterschiedlichen Informationsversorgung von Aktionären basierend auf dem Umfang ihres Aktienbesitzes auseinander. Einer darauf abstellenden Differenzierung *ablehnend* gegenüber stehen *Hopt/Roth*, in: GroßKommAktG, § 111, Rn. 566, 577c; *Holle*, ZIP 2019, 1895 (1899); *Fleischer*, ZGR 2009, 505 (525), der zwar eine generelle Informationsprivilegierung verneint, aber zumindest einer tiefergehenden Erläuterung bereits bekannter Informationen offen gegenüber steht, sofern Missverständnisse ausgeräumt werden sollen und keine kursrelevanten Neuigkeiten preisgegeben werden; a. A., tendenziell eher *befürwortend Weber-Rey/Reps*, ZGR 2013, 597 (628), wonach ein strategischer Austausch zumindest bzgl. bereits öffentlich bekannter Tatsachen zulässig sein soll; *Hirt/Hopt/Mattheus*, AG 2016, 725 (737 ff.); *Bunz*, NZG 2014, 1049 (1051); *Schockenhoff/Nußbaum*, AG 2019, 321 (328 f.); wohl auch *Fleischer/Bauer/Wansleben*, DB 2015, 360 (366), der zumindest eine punktuelle Vorausinformation als zulässig ansieht; *Schockenhoff/Culmann*, ZIP 2015, 297 (299 f.); *Thaeter/Guski*, AG 2007, 301 (306); *Schaefer*, NZG 2007, 900 (901).

einem bestimmten institutionellen Investor gewährt werden soll, würde sich bei Annahme einer generellen Informationsprivilegierung erübrigen.

Im Zentrum der Untersuchung wird daher stehen, in welcher Weise und in welchem Umfang der Aufsichtsrat im Rahmen der Informationsweitergabe durch den Umfang des Aktienbesitzes oder der Größe des Investments eines bestimmten institutionellen Investors legitimiert wird, diesen im Verhältnis zu Kleinaktionären zu begünstigen und ihm ein generelles Informationsprivileg einzuräumen.[576] Eine ausdrückliche Unterscheidung zwischen institutionellen Investoren und Kleininvestoren kennt das Aktiengesetz selbst nicht und bietet daher keinen normativen Anknüpfungspunkt für die folgende Untersuchung. Stattdessen wird im Folgenden untersucht, ob sich aus den aktienrechtlichen Wertungen oder der Umsetzung des ARUG II[577] eine Privilegierung institutioneller Investoren ergeben könnte.

(1) Keine (rechtlich) privilegierte Stellung einzelner Aktionäre, die durch einen höheren Umfang an Aktienbesitz begründet werden kann

Man könnte die Erwägung anstellen, dass sich die Rechtfertigung für eine Privilegierung der institutionellen Investoren beim Informationszufluss bereits aus der Eigenschaft als Großaktionär an sich begründen lassen könnte.

Gegen eine solche privilegierte Behandlung institutioneller Aktionäre spricht § 131 Abs. 4 S. 1 i. V. m. § 53a AktG, wonach jeglichen Aktionären ein Nachinformationsanspruch hinsichtlich einer einem anderen Aktionär exklusiv gewährten Information zugesprochen wird. Sinn und Zweck dieser Vorschrift ist, dass alle Aktionäre, unabhängig vom Umfang ihres Anteilsbesitzes oder ihrer Aktivität, dieselben Informationen erhalten können sollen. Genauer noch sollen an denjenigen Stellen, an denen eine ungleiche Informationsverteilung entstanden ist, diese nach Möglichkeit ausgeglichen werden, um einem dauerhaften Informationsgefälle vorzubeugen.[578]

576 Vgl. *Knorr*, Kapitalmarktkommunikation durch den Aufsichtsrat einer AG, 2021, S. 282.

577 Gesetz zur Umsetzung der zweiten Aktionärsrechterichtlinie vom 12.12.2019.

578 *Kubis* in: MüKoAktG, § 131 AktG, Rn. 209.

In Betracht käme noch, eine Informationsprivilegierung ausgewählter Aktionäre auf § 12 Abs. 1 AktG zu stützen. Der Normzweck dieser Vorschrift umfasst auch den Grundsatz, dass jede Aktie gleiches Stimmrecht gewährt.[579] Aus diesem Umstand könnte man herleiten, dass (juristische) Personen mit großem Aktienpaket und ihrem daraus resultierenden größeren Einfluss bei Abstimmungen aufgrund der Multiplikation ihres Stimmrechts im Gesellschaftsinteresse, aber auch im Interesse der übrigen Aktionäre, einen höheren Informationsbedarf haben. Denn aufgrund ihres teilweise gewichtigen Einflusses auf das Abstimmungsergebnis haben sämtliche Aktionäre sowie die Gesellschaft selbst ein intrinsisches Interesse daran, dass entsprechender Großaktionär sein Abstimmungsverhalten auf Grundlage einer bestmöglichen Informationslage durchführt. Dem wird man jedoch wohl entgegnen müssen, dass der Normzweck von § 12 AktG überdehnt werden würde, entnähme man dem Grundsatz eines gleichen Stimmrechts jeder Aktie, dass Aktionäre mit einem großen Aktienpaket bevorzugt mit Informationen versorgt werden sollten. Darüber hinaus wird das Stimmrecht des Aktionärs in der Hauptversammlung ausgeübt. Eine Herleitung von außerhalb der Hauptversammlung wahrnehmbarer Rechte gewichtiger Aktionäre auf Grundlage des Normzwecks von § 12 AktG steht der Konzeption der Norm diametral entgegen.

(2) *Faktische Privilegierung institutioneller Investoren*

Löst man sich jedoch etwas von den rechtlichen Schutzvorschriften für die Kleinaktionäre, so gelangt man zu der Erkenntnis, dass institutionelle Investoren in der Praxis faktisch auf Basis ihrer Eigenschaft als Großinvestor bevorzugt behandelt werden. Denn nimmt man an, dass Aufsichtsratsmitglieder mit einem bestimmten Investor *vis-a-vis* einen Dialog führen, so wird für den Kleininvestor selbst bei Bekanntwerden dieses Gesprächs nur äußerst schwierig bis überhaupt nicht herauszufinden sein, welche Gesprächsthemen dabei behandelt wurden.[580] Dieser Aspekt ist besonders vor dem Hintergrund der Regelung des § 131 Abs. 4 S. 1 AktG interessant. Denn nach dieser Vorschrift müssen die in diesem Gespräch

579 *Koch*, § 12 AktG, Rn. 1.

580 Dieses Problem ebenfalls erkennend *Leyens*, ZGR 2019, 544 (577).

weitergeleiteten Informationen, sofern sie nicht öffentlich gemacht wurden, den übrigen Aktionären auf deren Verlangen hin in der Hauptversammlung mitgeteilt werden. Kleinaktionäre hingegen können daher selbst dann, wenn sie Kenntnis von solchen Gesprächen erlangen, diesen Anspruch in der Praxis aber häufig nicht wahrnehmen, da sie keine Kenntnis über den Inhalt solcher Gespräche erhalten.[581] Aktionärsfragen, ob Gespräche mit Investoren überhaupt stattgefunden haben und was Inhalt eines solchen Gesprächs gewesen ist, stellen grundsätzlich eine unzulässige Ausforschung dar.[582] Der Schutzzweck des § 131 Abs. 4 S. 1 AktG kann daher in der Praxis nur sehr schwierig verwirklicht werden, sodass faktisch institutionelle Investoren auf legale Weise und im Rahmen des Aktiengesetzes einen Wissensvorsprung vor den übrigen Investoren erlangen, da die Kleininvestoren die ihnen vom Aktiengesetz gewährten Rechte nicht in umfassender Weise wahrnehmen können.

b) Verschwiegenheitspflicht des Aufsichtsrats, §§ 116 S. 1 und 2, 93 Abs. 1 S. 3 AktG

Die Pflicht der Aufsichtsratsmitglieder, über die im Zusammenhang mit ihrer Tätigkeit erlangten Informationen Stillschweigen zu bewahren, ist Ausprägung der organschaftlichen Treuepflicht und ergibt sich zudem aus §§ 116 S. 1 und 2, 93 Abs. 1 S. 3 AktG.[583] Die Verschwiegenheitspflicht ist notwendig, um die für die Zusammenarbeit unerlässliche Vertraulichkeit zwischen Vorstand und Aufsichtsrat zu fördern und zu sichern.[584] Dabei besteht die Leitlinie für die Verschwiegenheitspflicht im Interes-

581 Ausgenommen sind die Fälle, in denen eine der Parteien den Gesprächsinhalt nach außen trägt, was jedoch im Interesse keiner der Gesprächsteilnehmer liegen dürfte und in der Praxis daher nur im Ausnahmefall passieren wird.

582 BGH, Urteil v. 29.11.1982 – II ZR 88/81, BGHZ 86, 1 (7); *Decher* in: GroßKommAktG, § 131 AktG, Rn. 484; *Drinhausen* in: Hölters/Weber, § 131 AktG, Rn. 41; *Hoffmann-Becking*, FS Rowedder, 1994, 155 (160); *Koch*, § 131 AktG, Rn. 108; *Kubis* in: MüKo-AktG, § 131 AktG, Rn. 220.

583 *Habersack* in: MüKoAktG, § 116 AktG, Rn. 52; *Veil* in: BeckOGK-AktG, § 116 AktG, Rn. 106; *Drygala* in: Schmidt/Lutter, § 107 AktG, Rn. 25; *Drinhausen/Marsch-Barner*, AG 2014, 337 (347); *Hirt/Hopt/Mattheus*, AG 2016, 725 (736); *Koch*, AG 2017, 129 (139); *Holle*, ZIP 2019, 1895 (1899).

584 *Veil* in: BeckOGK-AktG, § 116 AktG, Rn. 106.

se der Gesellschaft an einer vertrauensvollen Zusammenarbeit zwischen Aufsichtsrat und Vorstand, damit eine funktionierende Zusammenarbeit zwischen den beiden Gremien gewährleistet wird.[585]

Im Verhältnis zu Dritten, insbesondere zu Aktionären oder sonstigen Teilnehmern des Kapitalmarkts, existieren Verschwiegenheitspflichten, welche im Rahmen des Investorendialogs bei der Auswahl der weiterzugebenden Informationen zu beachten sind.[586] Informationen, die im Zusammenhang mit ihrer Tätigkeit im Aufsichtsrat erlangt wurden, dürfen Aufsichtsratsmitglieder damit nicht ohne Weiteres offenbaren und im Austausch mit Aktionären nach außen hin kommunizieren.[587]

aa) Gegenstände und Geltungsbereich der Verschwiegenheitspflicht gegenüber Investoren

Der Aufsichtsrat und seine Mitglieder werden durch §§ 93 Abs. 1 S. 3, 116 AktG verpflichtet, Geheimnisse und vertrauliche Angaben der Gesellschaft zu wahren.[588] Diese Verpflichtung umfasst vertrauliche Vorstandsberichte, aber auch Inhalte von Beratungen sowie Abstimmungsverhalten oder Äußerungen von Aufsichtsratsmitgliedern innerhalb des Gremiums.[589] Die Verschwiegenheitspflicht gilt dabei für sämtliche Aufsichtsratsratsmitglieder in gleicher Weise,[590] insbesondere also auch für Arbeitnehmervertreter im Aufsichtsrat. Sind sie, wie häufig, gleichzeitig Betriebsräte, so dürfen sie gleichwohl die erlangten Informationen nicht an ihre Betriebsratskollegen weitergeben.

---

585 BGH, Beschluss v. 14.1.2014 – II ZB 5/12, NZG 2014, 423, Rn. 76; *Veil* in: BeckOGK-AktG, § 116 AktG, Rn. 111; *Schilha/Theusinger*, NZG 2019, 521 (523).

586 Ausführlich zu möglichen Informationsempfängern *Habersack* in: MüKoAktG, § 116 AktG, Rn. 59f.

587 *Koch*, AG 2017, 129 (139); *Groß-Bölting/Rabe* in: Hölters/Weber, § 116 AktG, Rn. 67.

588 § 93 Abs. 1 S. 3: „Über vertrauliche Angaben und Geheimnisse der Gesellschaft, namentlich Betriebs- oder Geschäftsgeheimnisse, die den Vorstandsmitgliedern durch ihre Tätigkeit im Vorstand bekanntgeworden sind, haben sie Stillschweigen zu bewahren."; *Lutter/Krieger/Verse*, Rechte und Pflichten des Aufsichtsrats, § 6, Rn. 254. Ausführlich *dazu* Lutter, Information und Vertraulichkeit im Aufsichtsrat, Rn. 384 ff.

589 Siehe ausführlich dazu *Veil* in: BeckOGK-AktG, § 116 AktG, Rn. 117 ff.

590 BGH, Urteil v. 5.6.1975 – II ZR 156/73, BGHZ 64, 325 (330); *Veil* in: BeckOGK-AktG, § 116 AktG, Rn. 111; *Meyer-Landrut*, ZGR 1976, 510 (511f.); *Lutter/Krieger/Verse*, Rechte und Pflichten des Aufsichtsrats, § 6, Rn. 254 ff.

Die Kommunikation mit Investoren einerseits und das Vertraulichkeitsprinzip andererseits stehen in einem Spannungsverhältnis zueinander, weshalb für die Aufsichtsratsmitglieder besondere Achtsamkeit bei der Weitergabe von Unternehmensinformationen geboten ist.[591] Maßgeblich für den Umfang der Verschwiegenheitspflicht ist stets das Unternehmensinteresse an der vertraulichen Behandlung der erlangten Information durch die Aufsichtsratsmitglieder.[592] Zur Bestimmung des Unternehmensinteresses sind das Anteilseigner- sowie das Arbeitnehmerinteresse in gleicher Weise zu gewichten und darüber hinaus das Interesse der Gesellschaft an einer vertrauensvollen Zusammenarbeit zwischen Vorstand und Aufsichtsrat als übergeordnetes Leitziel zu berücksichtigen.[593]

Dies hat zur Folge, dass der Informationsweitergabe durch den Aufsichtsrat an Investoren keine festen Grenzen gesetzt sind, weshalb es im Einzelfall im Unternehmensinteresse liegen kann, außerhalb des üblichen Hauptversammlungszyklus mit ausgewählten Investoren zu sprechen, um bspw. eine potentielle Kapitalerhöhung im Vorfeld zu erörtern.[594] Die Aufsichtsratsmitglieder haben somit im Vorfeld der Informationsweitergabe eine Interessenabwägung durchzuführen, inwiefern eine partielle Weitergabe von die Gesellschaft betreffenden Informationen zweckmäßig ist.[595]

Eine nicht ausreichende Rechtfertigungsgrundlage liegt nicht bereits dann vor, wenn pauschal auf das Interesse der Gesellschaft an guten und funktionierenden Beziehungen zu Investoren abgestellt wird,[596] denn auf

591 *Schilha/Theusinger*, NZG 2019, 521 (524).

592 BGH, Urteil v. 5.6.1975 – II ZR 156/73, BGHZ 64, 325 (329f.); *Koch*, § 93 AktG, Rn. 63; *Hopt/Roth* in: GroßKommAktG, § 93 AktG, Rn. 286 f.; *Hoffmann-Becking* in: MünchHdB GesR IV, § 25, Rn. 51 f.; *Fleischer*, ZGR 2009, 505 (526).

593 *Veil* in: BeckOGK-AktG, § 116 AktG, Rn. 111.

594 Vgl. *Fleischer*, ZGR 2009, 501 (521); *Duden*, FS v. Caemmerer, 1978, S. 499 (509). Weitere Konstellationen, in denen eine Kommunikation üblicherweise durch das Gesellschaftsinteresse geboten ist, liegen vor, wenn durch die Außenkommunikation Gerüchten begegnet oder Transparenz geschaffen werden soll, um Missverständnisse zu vermeiden oder Unstimmigkeiten zu begegnen, vgl. *Schilha/Theusinger*, NZG 2019, 521 (524).

595 BGH, Urteil v. 5.6.1975 – II ZR 156/73, BGHZ 64, 325 (329 f.); *Spindler* in: MüKo-AktG, § 93 AktG, Rn. 150; *Fleischer/Bedkowski*, DB 2009, 2195 (2197).

596 Freilich stellen gute Beziehungen zwischen den Gesellschaftsorganen und Investoren einen legitimen Zweck dar, dessen Verfolgung im Unternehmensinteresse liegt. Gleich-

diese Weise würde die Verschwiegenheitsverpflichtung der Aufsichtsratsmitglieder schlicht ausgehöhlt werden.[597] Stattdessen ist notwendigerweise erforderlich, dass gerade gegenüber dem entsprechenden Investor ein Interesse an der Offenlegung der konkreten Information vorliegt.[598]

bb) Offenlegung von Informationen

In einem weiteren Schritt ist zu erörtern, welches Organ die Entscheidung über die Offenlegung von Informationen trifft. Aufgrund der ihm zustehenden Geschäftsführungskompetenz fällt es grundsätzlich in den Aufgabenbereich des Vorstands, über die Offenlegung von ebenjenen Informationen zu entscheiden, über die er die Geschäftsführungskompetenz innehat.[599]

Sofern die sachliche Zuständigkeit für einen Themenbereich jedoch beim Aufsichtsrat liegt, so trifft der Aufsichtsrat im Gremium oder in Zusammenarbeit mit dem Vorstand die Entscheidung über die Offenlegung von Informationen im Gesellschaftsinteresse.[600] Die Kompetenz des Aufsichtsrats zur Entscheidung über die Offenlegung vertraulicher Informationen ist folglich Bestandteil seiner eigentlichen Kommunikationskompetenz.[601] Über die Aufhebung der Vertraulichkeit wird im Gre-

zeitig kann durch diesen Zweck jedoch nicht jedwede Form der Informationsweitergabe gerechtfertigt werden. Ansonsten würden die Kriterien, die für eine Rechtfertigung der Offenlegung von Unternehmensinformationen herangezogen werden, ins Leere laufen, indem Termine zum Informationsaustausch mit Investoren stets unter Verweis auf die Pflege der Beziehungen gerechtfertigt würden.

597 *Koch*, AG 2017, 129 (139).

598 *Koch*, AG 2017, 129 (139); *Hirt/Hopt/Mattheus*, AG 2016, 725 (736).

599 *Mertens/Cahn* in: KölnerKommAktG, § 116 AktG, Rn. 51; *Habersack* in: MüKoAktG, § 116 AktG, Rn. 65. Zur grundsätzlichen Zuweisung der Geschäftsführungskompetenz zum Vorstand, vgl. nur BGH, Beschluss v. 6.3.1997 – II ZB 4/96, BGHZ 135, 48 (53f.); BGH, Urteil v. 8.1.2019 – II ZR 364/18, BGHZ 220, 354, Rn. 34; *Spindler* in MüKoAktG, § 76 AktG, Rn. 1; *Fleischer* in BeckOGK-AktG, § 76 AktG, Rn. 7; *Fleischer*, ZIP 2003, 1 (1).

600 Das Dispositionsrecht des Aufsichtsrats richtet sich damit nach seiner funktionalen Zuständigkeit, BGH, Urteil v. 19.2.2013 – II ZR 56/12, BGHZ 196, 195, Rn. 30; *Habersack* in: MüKoAktG, § 116 AktG, Rn. 65; *Bachmann*, Gesellschaftsrecht in der Diskussion, 2016, 135 (163); *Fleischer/Bauer/Wansleben*, DB 2015, 360 (367).

601 BGH, Urteil v. 19.2.2013 – II ZR 56/12, BGHZ 196, 195, Rn. 30; *Fleischer/Bauer/Wansleben*, DB 2015, 360 (367); *Veil* in: BeckOGK-AktG, § 116 AktG, Rn. 110; *Schilha/*

mium per Beschluss oder anstelle des Gremiums durch einen Ausschuss entschieden, auf den diese Kompetenz im Vorfeld durch Beschluss übertragen wurde.[602] Das Aufsichtsratsmitglied wird folglich durch Beschluss des Aufsichtsratsgremiums oder des Ausschusses zur Informationsweitergabe an den Investor ermächtigt.[603]

c) Kein Verstoß gegen das Verbot der Weitergabe von Insiderinformationen, Art. 14 lit. c MMVO

aa) Allgemeine insiderrechtliche Grenzen der Informationsweitergabe

Des Weiteren unterliegt die Kommunikation mit Investoren auch allgemeinen kapitalmarkt- und gesellschaftsrechtlichen Schranken. Aus kapitalmarktrechtlicher Sicht ist bei der Beurteilung der Zulässigkeit einer Informationsweitergabe an institutionelle Investoren somit auch das Insiderrecht zu beachten, gegen welches der Aufsichtsrat im Rahmen des Austauschs mit den Investoren nicht verstoßen darf.[604] Im Speziellen bestimmt Art. 14 lit. c MMVO, dass die unrechtmäßige Offenlegung von Insiderinformationen[605] verboten ist. Die Vorschrift stellt somit eine strikte Grenze auch für die Informationsweitergabe an Investoren dar. Durch Art. 10 Abs. 1 S. 1 MMVO[606] wird die Unrechtmäßigkeit einer Offenlegung näher ausgeführt und konkretisiert Fälle der unrechtmäßigen Offenlegung von Informationen. Grundsätzlich darf der Aufsichtsrat danach keine

---

Theusinger, NZG 2019, 521 (522 f.); *Veil*, ZHR 172 (2008), 239 (245), sieht sogar eine Kompetenz des Aufsichtsratsvorsitzenden zur Entscheidung über die Befreiung von der Verschwiegenheitspflicht.

602 *Veil* in: BeckOGK-AktG, § 116 AktG, Rn. 110; *Linker/Zinger*, NZG 2002, 497 (502).

603 Zur Kompetenzwahrnehmung des Aufsichtsrats siehe unter D.

604 Die Relevanz des Insiderrechts für den Investorendialog ist unzweifelhaft, siehe nur *Bachmann*, Gesellschaftsrecht in der Diskussion 2016, 135 (162); *Fleischer/Bauer/Wansleben*, DB 2015, 360 (366); *Leyendecker-Langner*, NZG 2015, 44 (47).

605 Bei Insiderinformationen handelt es sich um Informationen, die im Falle ihres öffentlichen Bekanntwerdens dazu geeignet wären, eine erhebliche Kursbeeinflussung zu bewirken; näher siehe Art. 7 Abs. 1 MMVO.

606 Art. 10 Abs. 1 S. 1 MMVO: „Für die Zwecke dieser Verordnung liegt eine unrechtmäßige Offenlegung von Insiderinformationen vor, wenn eine Person, die über Insiderinformationen verfügt und diese Informationen gegenüber einer anderen Person offenlegt, es sei denn, die Offenlegung geschieht im Zuge der normalen Ausübung einer Beschäftigung oder eines Berufs oder der normalen Erfüllung von Aufgaben."

Insiderinformationen i. S.v. Art. 7 MMVO weitergeben, sofern die Weitergabe der Information nicht im Rahmen der gewöhnlichen Erfüllung von Aufgaben oder der gewöhnlichen Ausübung einer Beschäftigung oder des Berufs erfolgt.[607] Auf diese Weise soll verhindert werden, dass einzelne Marktteilnehmer einen Vorteil gegenüber den übrigen Marktteilnehmern erhalten und aufgrund der ungleichen Möglichkeit zum Zugang von kursrelevanten Informationen ihr Anlageverhalten optimieren oder zumindest anpassen können.[608] Ein solches Vorgehen würde nämlich den Grundsatz des gleichen Informationszugangs (equal access) verletzen.[609] Das handelnde Aufsichtsratsmitglied ist daher bei der Weitergabe von Informationen dazu gehalten, je mehr Vorsicht zu wahren, desto konkretere Informationen im Einzelfall weitergegeben werden, damit es nicht gegen insiderrechtliche Vorschriften verstößt.[610]

Als Gradmesser für die Beurteilung einer im Einzelfall zulässigen Informationsweitergabe kann sich das Aufsichtsratsmitglied in einem ersten Schritt die Frage stellen, ob es bei seiner Beurteilung nach der Zulässigkeit einer Informationsweitergabe zu dem Schluss käme, dass die infrage stehende Information, würde sie denn öffentlich bekannt werden, einen erheblichen Einfluss auf den Aktienkurs des Unternehmens nehmen könnte – wird diese „Testfrage“ bejaht, müsste das Aufsichtsratsmitglied die Weitergabe der infrage stehenden Information als unzulässig einstufen und konsequenter Weise unterlassen.[611]

bb) Eng gesteckter Rahmen der im Einzelfall zulässigen Weitergabe von Insiderinformationen an Investoren

Eine zulässige Weitergabe von Informationen kommt nach Art. 10 Abs. 1 MMVO nur dann in Betracht, wenn die Offenlegung der entsprechenden

607 Siehe Art. 10 Abs. 1, Hs. 2 MMVO.

608 *Klöhn*, WM 2010, 1869 (1869); *Kumpan/Grütze*, in: Schwark/Zimmer, Kapitalmarktrecht, Art.14 VO (EU) 596/2014 Rn. 4; *Buck-Heeb*, Kapitalmarktrecht, Rn. 346, Rn. 459 ff.

609 *Klöhn*, WM 2010, 1869 (1869); *Kumpan/Grütze*, in: Schwark/Zimmer, Kapitalmarktrecht, Art.14 VO (EU) 596/2014 Rn. 4; *Buck-Heeb*, Kapitalmarktrecht, Rn. 346, Rn. 459 ff.

610 Vgl. *Bachmann*, Gesellschaftsrecht in der Diskussion 2016, 135 (162).

611 Vgl. *Bachmann*, Gesellschaftsrecht in der Diskussion 2016, 135 (162).

Information *„im Zuge der normalen Ausübung einer Beschäftigung oder eines Berufs oder der normalen Erfüllung von Aufgaben“* erfolgt und infolgedessen nicht unrechtmäßig ist. Ob es sich bei der Weitergabe von Informationen um die „normale“ Ausübung oder Erfüllung von Aufgaben i. S.v. Art. 10 Abs. 1 MMVO handelt, wird im Rahmen einer Abwägungsentscheidung getroffen.[612] Diese Abwägung erfolgt zwischen dem Weitergabeinteresse des Insiders und dem Informationseindämmungsinteresse des Marktes, sprich, dem allgemeinen Interesse an der Wahrung der informationellen Gleichbehandlung.[613] Letztlich erfolgt die Entscheidung über die Zulässigkeit einer Informationsweitergabe damit in Form einer Verhältnismäßigkeitsprüfung.[614] Dabei zieht die Rechtsprechung des EuGH für die nationalen Gerichte bei dieser Abwägungsentscheidung enge Grenzen und verlangt, dass *erstens* ein enger Zusammenhang zwischen der Weitergabe und der Ausübung des Berufs bestehen und *zweitens* die Weitergabe der Information für die Ausübung des Berufs „erforderlich“ sein muss.[615]

Übertragen auf die Weitergabe von Informationen an einzelne wesentliche (Groß-)Aktionäre bedeutet dies, dass eine Weitergabe aus insiderrechtlichen Gesichtspunkten nur dann zulässig ist, wenn sie zur Verwirklichung eines berechtigten Interesses der Gesamtheit der Aktionäre geeignet, erforderlich und angemessen ist.[616] Eine privilegierte Information wesentlich beteiligter Aktionäre steht schon in keinem engeren Zusammenhang mit der beruflichen Ausübung des Aufsichtsrats. Denn es ist nicht ersichtlich, in welchem Zusammenhang der Aufsichtsrat zur Erfüllung seiner organschaftlichen Tätigkeit Insiderinformationen an wesentliche

---

612 EuGH v. 22.11.2005 – C-384/02, Slg. 2005, I-9939 (Grøngaard und Bang), NZG 2006, 60 (61); *Klöhn* in: Klöhn, MMVO, Art. 10 MMVO, Rn. 43.

613 *Klöhn* in: Klöhn, MMVO, Art. 10 MMVO, Rn. 43.

614 *Klöhn* in: Klöhn, MMVO, Art. 10 MMVO, Rn. 44.

615 EuGH v. 22.11.2005 – C-384/02, Slg. 2005, I-9939, NZG 2006, 60 (61) (Grøngaard und Bang); *Klöhn* in: Klöhn, MMVO, Art. 10 MMVO, Rn. 71; *Leyens*, ZGR 2019, 544 (578). Teilweise wird sogar der noch strengere Maßstab einer *Unerlässlichkeit* angelegt, so etwa *Veil*, ZHR 2008, 239 (266 f.). Im Einzelfall wird diese Unterscheidung kaum Einfluss auf die Entscheidung über die Zulässigkeit der Weitergabe einer relevanten Information haben, da von beiden Ansichten betont wird, dass die Informationsweitergabe restriktiv erfolgen soll und die Grenzen der Zulässigkeit eng sind.

616 *Klöhn* in: Klöhn, MMVO, Art. 10 MMVO, Rn. 114.

Aktionäre weitergeben müsste. Die Kompetenzen des Aufsichtsrats stehen nämlich grundsätzlich in keinem engeren Zusammenhang mit den Kompetenzen der Hauptversammlung, wodurch eine vorherige Abstimmung mit ausgewählten Investoren zwingend erforderlich erschiene.[617]

Der pauschale Verweis auf ein allgemein bestehendes Interesse an der Pflege der *investor relations* ist in diesem Zusammenhang, ebenso wie im Rahmen der zu wahrenden Verschwiegenheitspflicht,[618] kein anerkennenswerter Zweck.[619] Es gibt Stimmen die in einer selektiven Weitergabe von Informationen an Analysten oder andere wesentliche Investoren die Chance sehen, durch den Dialog mit und kritischer Rückfragen von diesen Marktteilnehmern den Informationsgehalt der weitergeleiteten Informationen zu erhöhen.[620] Dies käme insgesamt allen Marktteilnehmern zugute, wodurch die Weitergabe von Informationen im Einzelfall erforderlich und damit zulässig sein könne.[621] Allerdings ist bei dieser Argumentation zu beanstanden, dass der Aufsichtsrat ein vielköpfiges Gremium mit Expertise in verschiedenen Bereichen ist. Es darf daher von dem Organ erwartet werden, Informationen selbstständig zu analysieren und auszuwerten. Daher darf es nicht das Mittel der Wahl sein, Insiderinformationen an ausgewählte Aktionäre weiterzuleiten, um deren Informationsgehalt zu erhöhen. Vielmehr liegt es im Interesse und entspricht der Erwartung der Aktionäre, dass sie sich auf die Auswertung der Informationen durch den Aufsichtsrat verlassen dürfen, ohne dass dieser außenstehende Expertise in Anspruch nehmen muss – insbesondere bei sensiblen kursrelevanten Informationen. Es wird vor diesem Hintergrund nicht im Interesse der übrigen Aktionäre liegen, dass einzelne institutionelle Investoren bevorzugt werden. Eine Weitergabe von Insiderinformationen durch den Aufsichtsrat im Rahmen eines Investorendialogs ist daher regelmäßig unzulässig.

617 So auch *Knorr*, Kapitalmarktkommunikation, 2021, S. 320.

618 B.II.4.b).bb).

619 *Klöhn* in: Klöhn, MMVO, Art. 10 MMVO, Rn. 115; *Schneider/Singhof*, FS Kraft, 1998, S. 585 (602); *Veil*, ZHR 172 (2008), 239 (266).

620 Auf das amerikanische Rechtssystem bezogen, aber in seiner Argumentationslinie in diesem Fall auf das deutsche Recht anwendbar, *Fisch/Sale*, 88 Iowa L. Rev. 1035 (2003), 1035 (1065 ff.); *Klöhn*, WM 2010, 1869 (1874).

621 So etwa *Klöhn*, WM 2010, 1869 (1874).

Es gibt einige Konstellationen, in denen eine Informationsweitergabe an der Grenze zum Verstoß gegen das Insiderrecht liegen dürfte, aber dennoch in Betracht kommen kann. Es handelt sich um solche Gesprächsgegenstände, die zwar aufgrund ihres Informationsgehalts an der Schwelle zur Kursrelevanz „kratzen", aufgrund der Umstände des Einzelfalls diese Schwelle aber nicht überschreiten. So können Personalangelegenheiten eine erhebliche Kursrelevanz aufweisen und daher eine diesbezügliche Informationsweitergabe einen insiderrechtlichen Verstoß darstellen.[622] Dabei muss es sich aber um Schlüsselpositionen innerhalb des Unternehmens handeln – dies ist vor allem bei einem Wechsel in der Position des Vorstandsvorsitzenden anzunehmen.[623] Handelt es sich hingegen lediglich um Wechsel in den Positionen einfacher Organmitglieder, sind diese regelmäßig nicht kursrelevant und eine entsprechende Informationsweitergabe an Investoren müsste sich nicht anhand der insiderrechtlichen Grenzen messen lassen.[624] Natürlich kann auch das Ausscheiden eines einfachen Organmitglieds kursrelevant werden; dies hängt aber von besonderen Umständen des Einzelfalls ab, insbesondere von der Größe des Gremiums sowie der konkreten Person.[625] Folglich ist insbesondere bei bevorstehenden Personalentscheidungen in Bezug auf den Vorstandsvorsitzenden bei der Kommunikation des Aufsichtsrats besondere Vorsicht walten zu lassen, denn im Einzelfall kann ein Personalwechsel in der Position des Vorstandsvorsitzenden zu starken Kursschwankungen führen.[626]

622 Vgl. nur *Klöhn* in Klöhn: Marktmissbrauchsverordnung, 2018, Art. 17 MAR Rn. 408 ff.; *Krause* in: Meyer/Veil/Rönnau, Handbuch zum Marktmissbrauchsrecht, § 6, Rn. 150 ff.; *Seibt/Danwerth*, NZG 2019, 121 (122 ff.); *Krämer/Kiefner*, AG 2016, 621 (625f.); *Merkner/Sustmann/Retsch*, AG 2019, 621 (626).

623 BaFin Emittentenleitfaden, Modul C, S. 19 (Nr. I.2.1.5.7), *Brellochs* in: Habersack/Mülbert/Schlitt, Kapitalmarktinf-Hdb, § 1, Rn. 114; *Merkner/Sustmann/Retsch*, AG 2019, 621 (626); *Rosengarten*, NZG 2022, 1515 (1522); *Veil*, ZHR 172 (2008), 239 (266).

624 *Merkner/Sustmann/Retsch*, AG 2019, 621 (626); siehe auch dazu *Seibt/Danwerth*, NZG 2019, 121 (122).

625 *Merkner/Sustmann/Retsch*, AG 2019, 621 (626 f.). Insbesondere bei Organen mit mehr als drei Mitgliedern kann regelmäßig nicht von einer „Schlüsselposition" des ausscheidenden einfachen Organmitglieds gesprochen werden, so etwa *Seibt/Danwerth*, NZG 2019, 121 (124). Vgl. zu einer möglichen Schlüsselposition eines einfachen Vorstandsmitglieds auch *Berger*, BOARD 2018, 100 (101).

626 Man denke nur an den Wechsel Kasper Rorstedts von der Henkel AG & Co. KGaA

So kann eine Informationsweitergabe an einzelne Investoren im Gesamtinteresse der Aktionäre liegen, wenn sie im Vorfeld von grundlegenden strukturverändernden Maßnahmen innerhalb der Gesellschaft erfolgt.[627]

Im Ergebnis ist festzuhalten, dass im Hinblick auf mögliche Verstöße gegen das Insiderrecht ein strenger Maßstab bei der Weitergabe von Informationen an Aktionäre anzulegen ist und es sich bei der Vorschrift des Art. 10 Abs. 1 S. 1 MMVO um eine eng auszulegende Ausnahmevorschrift handelt. Dies hat zur Folge, dass der Aufsichtsrat zunächst sorgfältig prüfen sollte, ob die als Dialogthema infrage stehende Information geeignet ist, sich kursrelevant auszuwirken. Denn wie dargestellt gibt es insbesondere betreffend die Personalkompetenz des Aufsichtsrats Konstellationen, in denen die Kursrelevanz bestimmter Informationen von mehreren einzelfallabhängigen Komponenten bestimmt wird. Wird die (potentielle) Kursrelevanz festgestellt, ist in einem ersten Schritt zu prüfen, ob überhaupt eine Informationsweitergabe aus insiderrechtlichen Gesichtspunkten ausnahmsweise zulässig ist. Dies richtet sich nach Art. 10 Abs. 1 S. 1 MMVO. In einem zweiten Schritt muss dann stets für den Einzelfall sorgfältig geprüft werden, ob eine Informationsweitergabe an institutionelle Investoren geradezu *erforderlich*[628] für die Aufgabenwahrnehmung des Aufsichtsrats ist.[629] Eine solche selektive Weitergabe an ausgewählte Investoren ist aus den vorgenannten Gründen mit dem Insiderrecht regelmäßig nicht vereinbar. Insbesondere ist es nicht ausreichend, wenn die Informationsweitergabe als lediglich zweckmäßig erachtet wird.[630] Für

---

zur Adidas AG, der auf Seiten von Henkel eine negative Entwicklung des Kurses von 5 % verursachte, während der Aktienkurs der Adidas AG um 12% nach oben ging, *Manager-Magazin* vom 18.1.2016, abrufbar unter www.manager-magazin.de/unternehmen/artikel/henkel-kasper-rorsteds-wechsel-laesst-adidas-aktie-abheben-a-1072565.html (abgerufen am 5.9.2025); *Koch*, AG 2017, 129 (139). Eine empirische Untersuchung zum Kursbeeinflussungspotential bei einem Wechsel in der Position des Vorstandsvorsitzenden, *Seibt/Danwerth*, NZG 2019, 121 (122).

627 Eine klassische Konstellation liegt in der Absprache mit Großaktionären im Vorfeld einer geplanten Kapitalerhöhung, *Klöhn* in: Klöhn, MMVO, Art. 10, Rn. 117; *Schneider/Singhof*, FS Kraft, 1998, S. 585 (600 ff.); *Veil*, ZHR 172 (2008), 239 (266 f.).

628 *Veil*, ZHR 172 (2008), 239 (266) spricht in diesem Zusammenhang sogar von „*unerlässlich*".

629 Vgl. *Veil*, ZHR 172 (2008), 239 (266 f.).

630 Vgl. *Veil*, ZHR 172 (2008), 239 (266 f.).

die Beurteilung von Informationsgegenständen, die unterhalb der kursrelevanten Schwelle liegen, gelten zwar nicht die vorgenannten Grenzen des Insiderrechts. Es sind aber in diesen Fällen insbesondere die Grenzen des aktienrechtlichen Gleichbehandlungsgrundsatzes aus § 53a AktG zu berücksichtigen und einzuhalten.[631]

d) Keine Verdrängung der Vorstandskompetenz

Der direkte Kontakt des Aufsichtsratsvorsitzenden mit Investoren könnte die Vorstandskompetenzen unzulässig beschneiden und ihn aus seiner Stellung als Leitungsorgan verdrängen. Dahingehend ist zunächst festzuhalten, dass die Investorenkommunikation zwar nicht ausdrücklich gesetzlich geregelt ist. Es handelt sich dabei aber um einen Teil der Geschäftsführungsaufgaben der Gesellschaft, zu dessen Erfüllung der Vorstand grundsätzlich vorrangig zuständig ist.[632] Dem Vorstand obliegt im Hinblick auf Geschäftsführungsaufgaben und damit auch für die Investorenkommunikation grundsätzlich das sog. Initiativrecht zur Wahrnehmung dieser Aufgaben und erst nachrangig kann der Aufsichtsrat in diesem Bereich tätig werden.[633] Allerdings kann nicht zwangsläufig jedes Gespräch zwischen Investor und Aufsichtsrat als Geschäftsführungsmaßnahme klassifiziert werden. Denkt man an einen nur zwanglosen Austausch zwischen Aufsichtsrat und Investor, wird nicht stets die Schwelle zur „Geschäftsführungsmaßnahme" überschritten sein.[634] Es hat durchaus seine Berechtigung, dass der Aufsichtsrat den Kontakt zu Aktionären sucht, werden seine Mitglieder doch durch die Hauptversammlung gewählt, wodurch er ein intrinsisches Interesse daran hat, in regelmäßigem Austausch mit den Aktionären zu bleiben.[635] Erst wenn dieser Gesprächsrahmen eine offiziellere Form annimmt und sich auch die Gesprächsgegenstände hin zu konkreteren, das Unternehmen betreffenden Themen hin

631 B.IV.2).a).

632 Die Vorrangstellung des Vorstands bei der Erfüllung von Geschäftsführungsaufgaben ergibt sich aus § 111 Abs. 4 AktG, so auch *Habersack* in: MüKoAktG, § 111 AktG, Rn. 110.

633 *Koch* in: 50 Jahre Aktiengesetz, 2016, S. 65 (82).

634 *Leyendecker-Langner*, NZG 2015, 44 (46).

635 Fleischer/Bauer/Wansleben, DB 2015, 360 (362).

verschieben, wird man den Austausch als Geschäftsführungsmaßnahme ansehen müssen.[636] Jeder Austausch unterhalb dieser Schwelle ist im Hinblick auf die Kompetenzverteilung zwischen Vorstand und Aufsichtsrat noch nicht relevant. Bei weiterführenden Themen wie der Unternehmensstrategie wird nach dem Wortlaut der gesetzlichen Regelungen die Kompetenz grundsätzlich beim Vorstand liegen.[637] Eine Wahrnehmung durch den Aufsichtsrat würde demnach den Vorstand dahingehend aus dieser Rolle als primär zuständiges Organ verdrängen.

Auch die Eigenschaften des Aufsichtsrats als vielköpfiges und von seinen Mitgliedern oftmals lediglich im Nebenamt ausgeübtes Organ lassen den Aufsichtsrat aus organisatorischen Gründen in seiner Eignung für den Investorendialog im Verhältnis zum Vorstand eher ungeeignet erscheinen.[638] Würde man allerdings für die Kompetenz zum Investorendialog eine Verengung auf den Aufsichtsratsvorsitzenden annehmen, könnte der aufsichtsratsgeführte Investorendialog unter Heranziehung der Grundsätze der Organadäquanz als Argumentationskriterium eine gewichtigere Rolle einnehmen und sogar Vorteile gegenüber der Wahrnehmung durch den Vorstand aufweisen.[639] Denn der Aufsichtsratsvorsitzende ist einerseits im Verhältnis zum Aufsichtsrat, aber sogar auch im Verhältnis zum Vorstand das deutlich schlankere Vehikel, um in den Austausch mit Investoren einzutreten. Mit der Kompetenz zu Investorengesprächen konzentriert auf eine Person könnte der Aufsichtsratsvorsitzende im Sinne des Gesellschaftsinteresses eine geeignete und zugleich die effizienteste Partei für Gespräche mit Investoren darstellen. Dieser Argumentationslinie folgend würde die Durchführung solcher Gespräche durch den Aufsichtsratsvorsitzenden auch nicht mehr zwingend im Kompetenzbereich des Vorstands liegen und der Vorstand würde somit auch nicht vom Aufsichtsrat aus seinem Kompetenzbereich verdrängt werden.

Dieser Annahme kann freilich nicht ganz vorbehaltlos gefolgt werden, da eine Kanalisierung der Kompetenzen auf den Aufsichtsratsvorsitzenden sowohl im Hinblick auf das im Aufsichtsrat verankerte Kolle-

636 *Koch* in: 50 Jahre Aktiengesetz, 2016, S. 65 (88 f.).
637 *Koch* in: 50 Jahre Aktiengesetz, 2016, S. 65 (88 f.).
638 *Koch* in: 50 Jahre Aktiengesetz, 2016, S. 65 (90 ff.).
639 *Koch* in: 50 Jahre Aktiengesetz, 2016, S. 65 (90 ff.).

gialprinzip als auch aus mitbestimmungsrechtlicher Sicht zu Problemen führt.[640] Arbeitnehmervertreter im Aufsichtsrat wären von der konkreten Ausgestaltung dieser Gespräche durch den Aufsichtsratsvorsitzenden ausgeschlossen, und auch allgemein widerspricht es der Konzeption des Aufsichtsrats als Kollegialorgan, wesentliche Kompetenzen auf ein Mitglied, wenn auch in Person des Aufsichtsratsvorsitzenden auf ein hervorgehobenes Mitglied, zu beschränken.

e) Zwischenergebnis

Der Gesetzgeber hat nicht klar festgelegt, welches Organ mit Investoren in Kontakt treten darf. Die vorangegangenen Ausführungen belegen, dass das Aktiengesetz im Bereich der Investorenkommunikation rechtlichen Freiraum lässt, der ausgefüllt werden will. Betrachtet man sowohl das Gleichbehandlungsgebot als auch die Verschwiegenheitspflicht sowie Art. 14 lit. c MMVO, wird erkennbar, dass diese aktienrechtlichen Vorschriften zwar den Investorendialog in einzelnen Bereichen einschränken, ihm aber nicht generell entgegenstehen. Gleichwohl muss der Aufsichtsrat beim Kontakt mit Investoren Gesprächsthemen und -inhalt sorgfältig mit Rücksicht auf die aktienrechtlichen Leitlinien wählen. So kann in einzelnen, im Kompetenzbereich des Aufsichtsrats liegenden Themenfeldern nicht jeder Gesprächsgegenstand gewählt werden, ohne dass der Aufsichtsrat seinen Kompetenzrahmen überschreiten könnte.

Dementsprechend zeigen die vorausgegangenen Darstellungen lediglich, wo die Grenzen für eine aufsichtsratsgeführte Investorenkommunikation grundsätzlich liegen. Welche konkret zulässigen Gesprächsgegenstände daraus resultieren, bedarf einer gesonderten Darstellung.[641]

3. Bindung des Aufsichtsrats an die sog. One Voice Policy

Die Gesellschaft wird nach außen hin allein durch den Vorstand vertreten. Als Teil seiner Leitungskompetenz gem. § 76 Abs. 1 AktG diktiert der Vorstand die Informationspolitik des Unternehmens und entscheidet

640 *Koch* in: 50 Jahre Aktiengesetz, 2016, S. 65 (90 ff.).
641 S. u. B.II.4.d).

über die Weitergabe von unternehmensinternen Inhalten.[642] In seiner Entscheidungskompetenz liegt die Festlegung, welche inhaltlichen Botschaften und Informationen nach außen getragen werden dürfen.[643] Der Vorstand legt intern die Rahmenbedingungen für die Kommunikation der Gesellschaft nach außen hin fest. Entsprechend darf der Aufsichtsrat bei Gesprächen mit Aktionären zu diesen vom Vorstand festgelegten Kommunikationsleitlinien nicht in Widerspruch treten oder sich darüber hinwegsetzen.[644] Dies ergibt sich aus der organschaftlichen Treuepflicht, wonach der Aufsichtsrat die Interessen der Gesellschaft zu wahren hat.[645] Hinsichtlich des Dialogs mit Investoren muss er gewährleisten, dass die Gesellschaft in der Außendarstellung mit einer gemeinsamen Stimme auftritt und keine Divergenzen zwischen den Gesellschaftsorganen öffentlich werden.[646]

Gleichzeitig darf die sog. *One Voice Policy* nicht dahingehend verstanden werden, dass der Aufsichtsrat jegliche Gesprächsaspekte, die mit Investoren zur Sprache kommen, im Vorfeld mit dem Vorstand abstimmen muss. Es muss lediglich nach außen erkennbar und unmissverständlich deutlich werden, dass der Aufsichtsrat der vom Vorstand vorgegebenen Unternehmensausrichtung folgt. In einzelnen Gesprächspunkten, die nicht die grundsätzliche Unternehmensstrategie oder wesentliche Entscheidungen der Gesellschaft betreffen, darf der Aufsichtsrat eine eigene Meinung vertreten.[647]

---

642 BGH, Urteil v. 26.4.2016 – XI ZR 108/15, NJW 2016, 2569 (2571); *Spindler*, FS Seibert, 2019, S. 855 (866); *Fleischer/Bauer/Wansleben*, DB 2015, 360 (363); *Koch*, AG 2017, 129 (131).

643 *E. Vetter*, AG 2014, 387, (392).

644 *Grunewald*, ZIP 2016, 2009 (2010); *Leyendecker-Langner*, NZG 2015, 44 (46); *E. Vetter*, AG 2014, 387, (392).

645 *Drygala* in: Schmidt/Lutter, § 107 AktG Rn. 25, § 116 AktG, Rn. 25 f.

646 Als prägnanter Ausdruck für diese gemeinsame Stimme der wird der Begriff „*one-voice-policy*“ verwendet.

647 *Leyendecker-Langner*, NZG 2015, 44 (46).

4. Inhaltlich relevante Themenbereiche für die Investorenkommunikation

Die bisherigen Ausführungen haben aufgezeigt, innerhalb welchen Rahmens eine aufsichtsratsgeführte Investorenkommunikation zulässig sein kann. Darauf aufbauend bedarf es der Konkretisierung, über welche wesentlichen Gesprächsinhalte sich der Aufsichtsrat mit Investoren austauschen darf. Denn sowohl weiter gefasste Gesprächsthemen als auch sich auf einen bestimmten Gegenstand beziehende Gesprächsinhalte sind vom Aufsichtsrat sorgfältig auszuwählen, um innerhalb dieses (eng) gesteckten zulässigen Rahmens zu agieren. Daher soll in den folgenden Darstellungen anhand einiger wesentlicher Themenbereiche der Umfang möglicher Gesprächsthemen und -gegenstände dargestellt werden. Es wird erörtert, über welche Gesprächsgegenstände der Aufsichtsrat mit Investoren in den Dialog eintreten kann und an welchen Stellen die konkreten kompetenzrechtlichen Grenzen in den einzelnen Themenfeldern liegen.

a) Abschlussprüfung

Es hat eine verstärkte Einbindung des Aufsichtsrats in die Bestellung und Abberufung des Abschlussprüfers stattgefunden. Der Aufsichtsrat macht der Hauptversammlung nach § 124 Abs. 3 S. 1 AktG Wahlvorschläge für die Auswahl des Abschlussprüfers, schließt darüber hinaus den Vertrag mit dem Abschlussprüfer selbst ab und legt nach § 111 Abs. 2 S. 3 AktG das vom Abschlussprüfer zu prüfende Programm fest.[648] Aus diesen gesetzlichen Vorschriften ergeben sich keine Anhaltspunkte für eine daran anknüpfende Kommunikationskompetenz des Aufsichtsrats in diesem Zusammenhang. Es werden im Wortlaut der Normen ausdrücklich nur die Möglichkeit der Präsentation von Wahlvorschlägen sowie die Festlegung des Prüfungsprogramms aufgeführt. Dieser recht klare Wortlaut spricht daher zunächst dafür, dass damit die Kompetenzen des Aufsichtsrats im Zusammenhang mit der Abschlussprüfung abschließend geregelt werden sollen. Aus systematischen Gesichtspunkten verdeutlicht aller-

648 Eine ausführlichere Darstellung hinsichtlich der Zusammenarbeit des Aufsichtsrats mit dem Abschlussprüfer und dessen Bestellung findet sich bei *E. Vetter* in: Fleischer/Koch/Kropff/Lutter, 50 Jahre Aktiengesetz, ZGR-Sonderheft 19, S. 103 (125 ff.).

dings § 111 Abs. 2 S. 3 AktG, dass die Verantwortlichkeit im Bereich der Abschlussprüfung beim Aufsichtsrat liegen soll.[649]

Überdies gebietet es ohnehin das aktienrechtliche Trennungsprinzip, den Vorstand von jeglichen Vorgängen im Zusammenhang mit der Abschlussprüfung fernzuhalten, denn § 111 Abs. 2 S. 3 AktG soll unterstreichen, dass der Abschlussprüfer unabhängig vom Vorstand agiert und die Abschlussprüfung ein Mittel des Aufsichtsrats ist, welches diesen bei der Erfüllung seiner Überwachungsaufgabe unterstützt.[650] Eine Einbindung des Vorstands wäre dahingehend ein Eintritt in den Kompetenzbereich des Aufsichtsrats und würde den Aufsichtsrat in der Vorstandsüberwachung limitieren.

Schlägt man auf Grundlage des Dargestellten den Bogen zur Kommunikationskompetenz im Zusammenhang mit der Abschlussprüfung, so sprechen die genannten Argumente für eine Kompetenz des Aufsichtsrats. Es widerspräche nämlich dem Gesetzeszweck,[651] wenn einerseits der Vorstand von der Abschlussprüfung ausgeschlossen sein soll, um insbesondere in der Außendarstellung eine Distanz zwischen Abschlussprüfer und Management zu gewährleisten, andererseits der Vorstand aber in Investorengesprächen die Abschlussprüfung thematisiert und darüber durch die Hintertür wieder eine (zumindest scheinbare) Nähe zwischen Vorstand und Abschlussprüfung herstellen würde. Die gesetzgeberische Intention zu § 111 Abs. 2 S. 3 AktG würde durch einen solchen Vorgang geradezu ausgehöhlt werden.

Darüber hinaus sprechen auch reine Zweckmäßigkeitserwägungen für eine Kommunikationskompetenz des Aufsichtsrats in diesem Themenbereich. Denn der gesamte Prozess der Abschlussprüfung wird vom Vorstand ferngehalten, während der Aufsichtsrat sowohl Wahlvorschlä-

649 Vor Einführung des § 111 Abs. 2 S. 3 AktG durch das KonTraG 1998 war es der Vorstand, der im Anschluss an die Beschlussfassung dem Abschlussprüfer den Auftrag erteilt. Um dem Eindruck einer zu großen Nähe des Abschlussprüfers zum Vorstand entgegenzuwirken, sollte durch Einführung der Norm einerseits die Unabhängigkeit des Prüfers vom Vorstand und andererseits die Hilfsfunktion des Abschlussprüfers für den Aufsichtsrat bei dessen Erfüllung des Überwachungsauftrags verdeutlicht werden, BT-Drs. 13/9712, S. 16.

650 BT-Drs. 13/9712, S. 16; *Koch*, § 111 AktG, Rn. 42.

651 Siehe zum Gesetzeszweck BT-Drs. 13/9712, S. 16.

ge aufstellt als auch das Prüfungsprogramm festlegt. Da ist es nur sinnig, wenn das mit den Prozessen vertraute Organ, der Aufsichtsrat, auch die inhaltlich mit diesem Thema zusammenhängende Kommunikation mit Investoren übernimmt. Besonders für den Aufsichtsrat kann es interessant sein, seine Wahlvorschläge sowie das festgelegte Prüfungsprogramm vor ausgewählten Investoren zu erläutern, um sich dahingehend deren Rückendeckung auf der kommenden Hauptversammlung zu versichern.[652] Im Hinblick auf die allgemeinen „Investor Relations“ kann der Aufsichtsrat aufgrund seiner inhaltlichen Kenntnisse diesen Dialog sogar fundierter führen als der Vorstand.

Entsprechend den vorgenannten Ausführungen würde sich eine Kommunikationskompetenz des Aufsichtsrats also auf einen Bereich beziehen, der bereits inhaltlich dem Zugriff des Vorstands gänzlich entzogen sein soll. Daher soll im Einzelfall eine aufsichtsratsgeführte Investorenkommunikation im Zusammenhang mit der Abschlussprüfung zulässig sein. Der Rahmen des zulässigen Dialogs ist eng gesteckt. An vorderer Stelle wurde die erforderliche und auch gewollte Unabhängigkeit vom Abschlussprüfer zum Vorstand dargelegt. Dasselbe gilt aber auch im Verhältnis zum Vorstand – denn generell soll der Abschlussprüfer in größtmöglicher Unabhängigkeit von den Gesellschaftsorganen agieren können.[653] Dies gebietet es, dass der Aufsichtsrat bei Investorengesprächen sich zurückhaltend in Punkten äußern sollte, welche die Arbeit des Abschlussprüfers in irgendeiner Weise beeinflussen könnten.

b) Unternehmensstrategie

Regelmäßig wird der Aufsichtsrat in Investorengesprächen auch mit Fragen zur Unternehmensstrategie und der künftigen Ausrichtung des Unternehmens konfrontiert. In diesem Punkt ist der Übergang zwischen Äußerungen zu seiner allgemeinen Beratungs- und Überwachungstätigkeit und Äußerungen zu Geschäftsführungsmaßnahmen des Vorstands fließend, weshalb sich die Beurteilung der rechtlichen Zulässigkeit schwie-

652 *Roth*, FS Bergmann, 2018, S. 515 (565, 572); *Holle*, ZIP 2019, 1895 (1898).

653 *Habersack* in: MüKoAktG, § 111 AktG, Rn. 91. Siehe dazu bei Unternehmen von öffentlichem Interesse auch die europäischen Vorschriften zur Unabhängigkeit des Abschlussprüfers in Art. 5 VO (EU) Nr. 537/2014.

rig gestaltet. Als normativer Anknüpfungspunkt für die Kompetenz des Aufsichtsrats, über Strategiefragen mit Investoren in den Dialog einzutreten, kommt lediglich die allgemeine Vorschrift des § 111 Abs. 1 AktG in Betracht, welche dem Aufsichtsrat die Überwachung der Geschäftsführung als wesentliche Aufgabe zuweist und damit die Aufsichtsratskompetenzen von denjenigen des Vorstands abgrenzt.[654] Bereits dieser normative Anker steht auf wackligen Beinen, wenn man bedenkt, dass aus der Pflicht des Aufsichtsrats, die allgemeine, vom Vorstand vorangetriebene Unternehmensstrategie zu überwachen, die Kompetenz erwachsen soll, auch zu die Strategie betreffenden Fragen Stellung zu nehmen. Dabei liegt die Problematik eines auf dieser Basis potentiell zulässigen aufsichtsratsgeführten Investorendialogs auf der Hand. Denn die Überwachungstätigkeit des Aufsichtsrats bezieht sich auf die vom Vorstand vorgegebene Unternehmensstrategie. Gestattet man dem Aufsichtsrat also auf Grundlage seiner Überwachungsaufgabe mit Investoren zu sprechen, würde dies dessen Kommunikationskompetenz sehr erheblich ausdehnen, und zwar auf einen Bereich, der dem Pflichtenkreis des Vorstands angehört. Unweigerlich würde es eine Überschneidung mit den Kompetenzen des Vorstands geben, dessen Geschäftsführungsmaßnahmen ja gerade vom Aufsichtsrat überwacht werden. Es stellt sich daher die Frage, ob überhaupt Raum für einen vom Aufsichtsrat geführten Dialog im Rahmen von Strategiefragen besteht.

Das Gesetz sieht grundsätzlich die Rolle des Aufsichtsrats bei strategischen Fragen untergeordnet zu derjenigen des Vorstands. Im Rahmen seiner Beratungstätigkeit kann der Aufsichtsrat zwar zumindest mittelbar Einfluss auf die strategische Entwicklung der Gesellschaft nehmen, indem er dem Vorstand seine Sichtweise darlegt. Allerdings befindet sich der Aufsichtsrat dabei lediglich in einer beratenden Position, in welcher er dem Vorstand bei dessen Aufgabenerfüllung zur Seite steht. Die Kompetenz des Aufsichtsrats beschränkt sich in diesem Bereich also auf die bloße Unterstützung des Vorstands bei dessen Kompetenzwahrnehmung und es handelt sich im Gegensatz dazu gerade nicht um eine eigene inhalt-

654 *Hopt/Roth* in: GroßKommAktG, § 111 AktG, Rn. 18; *Habersack* in: MüKoAktG, § 111 AktG, Rn. 1.

liche Kompetenz des Aufsichtsrats. Eine Einbindung des Aufsichtsrats in die Kommunikation bei strategischen Fragen würde vor diesem Hintergrund in die Kompetenzen des Vorstands eingreifen.

Würde man dem Aufsichtsrat gestatten, nach außen hin über die strategische Ausrichtung und die Unternehmenspolitik der Gesellschaft zu kommunizieren, stellte dies eine Durchbrechung der kompetenzrechtlichen Aufgabenzuweisung zwischen Vorstand und Aufsichtsrat dar.[655] Sobald der Aufsichtsrat entweder die strategische Planung kommentiert oder deren Umsetzung durch den Vorstand bewertet, können bei Dissonanzen Rückschlüsse auf ein belastetes Verhältnis von Vorstand und Aufsichtsrat gezogen werden. Um dies von vorneherein zu vermeiden, sollte die Kommunikation zu Strategiefragen allein im Kompetenzbereich des Vorstands liegen. Der inhaltliche Mehrwert von Äußerungen durch den Aufsichtsrat wäre für Investoren ohnehin verhältnismäßig gering, da die strategische Ausrichtung des Unternehmens in den Händen des Vorstands liegt. Äußerungen des Aufsichtsrats dazu ließen daher keinen unmittelbaren Rückschluss auf tatsächliche, in Zukunft durchzuführende strategische Maßnahmen zu.[656]

Äußerungen des Aufsichtsrats zur strategischen Ausrichtung der Gesellschaft müssen daher aus aktienrechtlicher Sicht unterbleiben. Solche Äußerungen stellten eine Durchbrechung des im Aktienrecht verankerten Trennungsprinzips dar und sind daher rechtlich unzulässig.

---

655 So auch *Grunewald*, ZIP 2016, 2009 (2011); *Koch*, AG 2017, 129 (133); *Schaper*, AG 2018, 356 (358). Anders beurteilt wird dies von der Arbeitsgruppe „Developing Shareholder Communication" in ihrem Leitsatz 5, AG 2016, R300, R301. Danach soll der Aufsichtsrat auch über seine Mitwirkung im Strategieprozess sowie seine Bewertung der Umsetzung der entwickelten Strategie mit Investoren sprechen dürfen.

656 Natürlich lässt sich an dieser Stelle argumentieren, dass der Aufsichtsrat durch seine beratende Aufgabe Einfluss auf den Vorstand nehmen kann und seine Äußerungen für Investoren zumindest erkennbar werden lassen, zu welchen Maßnahmen der Aufsichtsrat dem Vorstand raten wird. Doch auch diese Argumentation mag nicht zu überzeugen. Einerseits, weil sie nicht die Einmischung in den Kompetenzbereich des Vorstands überwinden mag, und andererseits würde der Vorstand auf diese Weise erheblich unter Druck geraten, da er sich gezwungen fühlen könnte, den nach außen hin geäußerten Ansichten des Aufsichtsrats Folge leisten zu müssen.

c) Äußerungen zum Überwachungs- und Beratungsumfang

Ein für die aufsichtsratsgeführte Investorenkommunikation einerseits naheliegender, in der Literatur in diesem Zusammenhang aber kaum beachteter Gesprächsgegenstand ist der Dialog über die durchgeführten Überwachungsmaßnahmen und die Beratungstätigkeit des Aufsichtsrats. Kommt der Aufsichtsrat gegenüber Investoren auf einzelne durchgeführte Überwachungsmaßnahmen zu sprechen, so lassen sich daraus Rückschlüsse auf die Vorstandstätigkeit ziehen, wodurch dessen Verantwortungsbereich automatisch tangiert wird. Denn insbesondere dort, wo der Aufsichtsrat außerordentliche Aufsichtsmaßnahmen bemüßigt hat, kann für den auf der anderen Seite stehenden Investor ein Anknüpfungspunkt sein, um die Vorstandsarbeit zu hinterfragen oder zumindest ein besonderes Augenmerk darauf zu legen. Auch könnten in Äußerungen über den Einsatz bestimmter Aufsichtsmittel Anzeichen für Risse zwischen Vorstand und Aufsichtsrat oder zumindest eine gewisse Skepsis des Aufsichtsrats gegenüber der Vorstandsarbeit hineininterpretiert werden.

Auch Äußerungen über die Beratungstätigkeit Dritten gegenüber können im Einzelfall problematisch sein. Denn durch Kundgabe des Aufsichtsrats, wie er sich zu einzelnen Themen gegenüber dem Vorstand beratend positioniert hat, macht er seine eigene Position deutlich und kann auf diese Weise indirekt seine Vorstellungen über die strategische Ausrichtung der Gesellschaft kundtun. Darüber hinaus könnten inhaltliche Differenzen zwischen Vorstand und Aufsichtsrat offen zutage treten. Äußert sich der Aufsichtsrat in einem Gespräch mit einem Investor nämlich in Bezug auf einen Beratungsgegenstand, so wird unter Anschauung der in Bezug auf diesen Gegenstand getroffenen Maßnahme durch den Vorstand recht offen deutlich, ob der Vorstand den Empfehlungen des Aufsichtsrats gefolgt ist oder andere eigene Vorstellungen realisiert hat. Solche offen zutage tretende Dissonanzen zwischen Vorstand und Aufsichtsrat, unabhängig davon, ob es sich um wesentliche oder eher unbedeutende Maßnahmen der Gesellschaft handelt, fördern nicht das Vertrauen in die bestellten Organe und sollten vermieden werden.

Äußerungen über getätigte Überwachungsmaßnahmen sowie über die Beratungstätigkeit sind daher defensiv zu gestalten. Der Aufsichtsratsvorsitzende als die sich für den Aufsichtsrat äußernde Person sollte allgemeinere gegenüber konkreteren Ausführungen bevorzugen. Auch sollte er bei seinen Äußerungen stets berücksichtigen, inwieweit sie Rückschlüsse auf die Vorstandsarbeit und damit auf ein außerhalb seines Kompetenzbereichs liegendes Feld zulassen. Darüber hinaus sollten die Äußerungen keine Rückschlüsse auf unterschiedliche inhaltliche Vorstellungen von Aufsichtsrat und Vorstand in Bezug auf einzelne Themenfelder wie der zukünftigen strategischen Ausrichtung der Gesellschaft zulassen. Der Aufsichtsrat sollte sich bei Dialogen mit Investoren darum bemühen, seine eigene Tätigkeit vordergründig zu behandeln und dabei so wenig Rückschlüsse wie möglich auf Einzelheiten der Vorstandstätigkeit zuzulassen, damit der aktienrechtliche Kompetenzrahmen gewahrt wird.

d) Personalfragen

aa) Kommunikation bei Personalentscheidungen

Dem Aufsichtsrat obliegt die Personalhoheit über Bestellung und Abberufung von Vorstandsmitgliedern. Daher verwundert es nicht, dass Investoren Anfragen an den Aufsichtsrat richten und Auskünfte zu einzelnen Vorstandsmitgliedern erhalten wollen. Wenn der Aufsichtsrat auf diese Anfragen eingehen will, muss er klar differenzieren, wie er seine Antworten formuliert. Denn der Aussagegehalt seiner Auskünfte unterscheidet sich maßgeblich darin, ob er sich einerseits zu dem Auswahlprozess einzelner Vorstandsmitglieder äußert oder ob er sich andererseits zu einzelnen Maßnahmen des Vorstands äußert und diese sogar bewertet. Beides sind Antwortfelder, die bei Auskunftsersuchen betreffend den Vorstand in Betracht kommen; der Übergang dazwischen verläuft fließend.[657] Ebenfalls muss der Aufsichtsrat unterscheiden, ob er sich ganz allgemein zu den für die Auswahl eines Vorstandsmitglieds herangezogenen Kriterien äußert oder ob er konkrete Beweggründe für die Auswahl des einzelnen Vorstandsmitglieds darlegt. Insbesondere in letzterem Fall können nämlich die Ausführungen zu Fragen der generellen Unternehmensstrategie fließend verlaufen.

Äußert sich der Aufsichtsrat zu Fragen betreffend die Kriterien seiner Personalauswahl, sprich zur Bestellung einzelner Mitglieder, so stellt er in

---

657 A.III.2).a).aa).

allgemeinen Worten den im Gremium oder Ausschuss getroffenen Auswahlprozess dar. Dabei kann er unter Befreiung vom Beratungsgeheimnis einzelne Beweggründe und herangezogene Kriterien, die zum Zeitpunkt der Bestellung des Mitglieds zugrunde gelegt wurden, in zulässiger Weise nach außen hin darstellen.[658] Zu denken ist dabei an eine Darstellung derjenigen Kriterien, die aus Sicht des Aufsichtsrats zu diesem Zeitpunkt für das Unternehmen angemessenen erschienen. Dabei kommt vor allem die Darstellung eines ausgearbeiteten Katalogs in Betracht, welcher einerseits notwendige Qualifikationen von potentiellen Kandidaten umschreibt und andererseits wesentliche zu erfüllende Bedürfnisse für die Gesellschaft darlegt.

Möchte der Aufsichtsrat in seinen Ausführungen konkreter werden und darlegen, weshalb ein konkretes Vorstandsmitglied bestellt wurde, muss der Aufsichtsrat zurückhaltender agieren.[659] Zwar wird man aus den dargestellten allgemeinen Auswahlkriterien stets Rückschlüsse auf die Auswahl eines konkreten Vorstandsmitglieds ziehen können. Denn jede Person steht für einen bestimmten Führungsstil und die Umsetzung bestimmter Maßnahmen.[660] Äußert sich der Aufsichtsrat daher zu seinen Beweggründen für die Bestellung einzelner Vorstandsmitglieder, fließen auch immer eigene Ansichten über sein Verständnis zur zukünftigen Ausrichtung des Unternehmens zum Zeitpunkt der Bestellung ein. Dennoch darf der Aufsichtsrat in dieser Hinsicht mit seinen Ausführungen nicht zu konkret werden, damit daraus nicht eine indirekte Bewertung der aktuellen Unternehmenspolitik ableitbar ist.[661] An diesem Punkt liegt die Schnittstelle zu Äußerungen zur generellen Unternehmensstra-

658 So auch *Vollhard*, GRUR 1980, 496 (497); *Fleischer/Bauer/Wansleben*, DB 2015, 360 (364); *Holle*, ZIP 2019, 1895 (1898); *E. Vetter*, AG 2014, 387 (393); *Groß-Bölting/Rabe* in: Hölters/Weber, § 107 AktG, Rn. 51.

659 Eine solche Darlegung konkreter Personalentscheidungen wird wohl auch von *Fleischer/Bauer/Wansleben*, DB 2015, 360 (364); *Holle*, ZIP 2019, 1895 (1898) als zulässig erachtet. Gänzlich ablehnende Haltung bei der Diskussion über konkrete Personalien hingegen bei *Schauer*, Aufsichtsratskommunikation, 2021, S. 249.

660 Siehe dazu A.III.2.a).aa).

661 Dies wäre der Fall, wenn die Ausführungen des Aufsichtsrats ganz deutlich offenbaren, dass seine eigenen Vorstellungen der Unternehmensausrichtung in ganz wesentlichen Aspekten von denjenigen des Vorstands abweichen.

tegie des Unternehmens und damit zum grundsätzlichen Kompetenzbereich des Vorstands.

Zum formalen und zeitlichen Ablauf der Bestellung oder Abberufung einzelner Vorstandsmitglieder kann sich der Aufsichtsrat ebenfalls äußern. Er sollte dabei bedenken, dass er einen stringenten Ablauf des Auswahlprozesses schildert, um nicht den Anschein von Ungereimtheiten aufkommen zu lassen. Denn würde aus seinen Ausführungen erkennbar, dass statt dem aktuell bestellten Vorstandsmitglied eigentlich eine andere Person für diesen Posten favorisiert war, würde dies die Position des aktuellen Vorstandsmitglieds sowohl innerhalb des Unternehmens, aber auch in der Außendarstellung schwächen. Das bestellte Vorstandsmitglied würde an Unterstützung innerhalb des Unternehmens verlieren, aber auch seine Investor Relations würden darunter leiden, wenn Investoren der berechtigten Annahme unterliegen, dass der Aufsichtsrat von dem aktuellen Vorstand nicht vollends überzeugt ist und daher einzelne Mitglieder mit einer potentiellen Abberufung rechnen müssen.

Einen noch stärkeren Eingriff in die Akzeptanz eines Vorstandsmitglieds würde es darstellen, wenn der Aufsichtsrat mit Investoren konkret über eine bevorstehende oder geplante Abberufung einzelner Vorstandsmitglieder sprechen würde. Jegliche Maßnahmen des entsprechenden Vorstandsmitglieds verlören an Akzeptanz, insbesondere langfristig angelegte unternehmerische Entscheidungen.[662]

bb) Kommunikation zum Vergütungssystem

Eine weitergehende Fragestellung hinsichtlich der Kommunikationskompetenz des Aufsichtsrats in Personalfragen ergibt sich bei der Festlegung des Vergütungssystems. Die Vergütung der Aufsichtsratsmitglieder wird in der börsennotierten AG durch den Aufsichtsrat festgesetzt.[663] Der Aufsichtsrat muss sodann der Hauptversammlung nach § 120a Abs. 1 AktG das Vergütungssystem vorlegen, über welches diese abstimmt (sog. *say on pay*).[664] Dabei handelt es sich um ein sehr öffentlichkeitswirksames und vieldiskutiertes Thema, weshalb ein Dialog des Aufsichtsrats mit wesent-

662 *Schauer*, Aufsichtsratskommunikation, 2021, S. 249.

663 *Schauer*, Aufsichtsratskommunikation, 2021, S. 247.

664 Ausführlich dazu siehe C.IV.1.b).bb).

lichen Investoren zu einzelnen Punkten des Vergütungssystems im Vorfeld der Abstimmung in der Hauptversammlung als Rückversicherung für den Aufsichtsrat zweckmäßig sein kann.[665]

Darf der Aufsichtsrat das der Hauptversammlung vorzulegende Vergütungssystem nicht im Vorfeld mit Investoren erörtern, läuft er Gefahr, dass das System von der Hauptversammlung letztlich nicht bestätigt wird. Zwar entfaltet ein ablehnender Beschluss der Hauptversammlung keine Bindungswirkung, in der Außendarstellung der Gesellschaft ist dieser Umstand trotzdem kein gutes Zeichen. Der Aufsichtsrat wäre mit erheblicher Kritik konfrontiert und sähe sich dem Vorwurf einer unzureichenden Ausarbeitung des Vergütungssystems ausgesetzt, wodurch seine Position geschwächt werden könnte und er in Rechtfertigungszwang geriete.[666]

Auch für den Vorstand stellt ein ablehnender Beschluss einen Makel dar. Zwar ist dieser in den Prozess der Entwicklung des Vergütungssystems selbst nicht eingebunden; geht man aber berechtigterweise davon aus, dass ein Vergütungssystem regelmäßig nur abgelehnt wird, wenn es dem Vorstand zu hohe Auszahlungen oder zu einfach zu erreichende Boni garantiert, so kann ein ablehnender Beschluss der Hauptversammlung auch als Misstrauensvotum gegenüber dem Vorstand ausgelegt werden. Eine derartige Kritik an diesen beiden Gesellschaftsorganen schadet der Gesellschaft. Es liegt im Interesse des handelnden Aufsichtsrats, eine solche Kritik zu vermeiden. Das geeignetste Mittel, um das Risiko eines ablehnenden Beschlusses (oder eines Beschlusses mit nur geringer Zustimmungsquote) der Hauptversammlung zu reduzieren, ist die vorherige Evaluation mit Großinvestoren, die das Ergebnis des Beschlusses aufgrund ihrer Stimmrechte einerseits entscheidend mitgestalten und andererseits aufgrund ihrer Stellung als Aktionäre ihre Sichtweise zum Entwurf des Vergütungssystems bereits zu einem frühen Zeitpunkt übermitteln können. Aufgrund dessen hat der Aufsichtsrat die Möglichkeit, ein Stimmungsbild zum entworfenen Vergütungssystem zu erhalten. Bei der Diskussion über die Vorabinformation ausgewählter Investoren geht es ausdrücklich nicht um deren Einbindung in den Entwicklungsprozess des

665 Zur öffentlichen Wahrnehmung der Entwicklung von Vorstandsgehältern, *Grigoleit/Kochendörfer* in: GrigoleitAktG, § 87a AktG, Rn. 13; *Bayer,* DB 2018, 3034 (3035).

666 *Schauer,* Aufsichtsratskommunikation, 2021, S. 247 f.

Vergütungssystems. Die Entwicklung liegt weiterhin allein in den Händen des Aufsichtsrats, welcher Investoren lediglich das von ihm (fertig) entwickelte Vergütungssystem erläutert. Damit ist bereits zu großen Teilen das Argument entkräftet, wonach durch eine Erläuterung des Vergütungssystems in der Folge eine Kompetenzverschiebung zulasten des Aufsichtsrats stattfinden könnte, wenn dieser aufgrund der Resonanz von Aktionären Anpassungen vornehmen wolle.

Die zwingende Einbindung der Hauptversammlung über § 120a Abs. 1 AktG in Form eines konsultativen Billigungsbeschlusses[667] steigert das Bedürfnis nach einem Dialog zwischen Aufsichtsrat und Aktionären. Denn wenn man den Aufsichtsrat dazu verpflichtet, der Hauptversammlung das Vergütungssystem vorzulegen, muss dieser bei der Entwicklung des Vergütungssystems Ansichten und Einschätzungen der Aktionäre berücksichtigen, damit das System bei Vorlage vor der Hauptversammlung gebilligt wird. Der beste Weg dafür ist eine Konsultation einzelner Investoren, die eine Rückmeldung zu dem entwickelten Vergütungssystem geben können. Andernfalls läuft der Aufsichtsrat bis zur eigentlichen Beschlussfassung in der Hauptversammlung Gefahr, ein den Erwartungen der Aktionäre nicht entsprechendes Vergütungssystem vorzulegen.

Auch der mit der Einführung von § 120a AktG verfolgte Zweck steht einer aufsichtsratsgeführten Kommunikation im Zusammenhang mit dem Vergütungssystem nicht im Wege. Durch die Einführung der Vorschrift soll die Position der an der Gesellschaft beteiligten Aktionäre gestärkt und der Aufsichtsrat zu besonderer Sorgfalt bei der Erstellung des Vergütungssystems angehalten werden.[668] Dem würde es entsprechen, wenn der Aufsichtsrat den Aktionären sein entwickeltes Vergütungssystem darlegen und erläutern darf. Auf diese Weise kann die Kommunikationskompetenz des Aufsichtsrats im Rahmen der Vorlage des Vergütungssystems auch zweckmäßig für die Gesellschaft sein. Hat er nämlich die Möglichkeit, das von ihm entwickelte System zu erläutern, kann dies im Einzelfall die Akzeptanz bei den Aktionären fördern und deren Beschlussfassung

667 § 120a AktG wurde durch das ARUG II 2019 eingefügt.

668 *Koch*, § 120a AktG, Rn. 1; *Kubis* in: MüKoAktG, § 120a AktG, Rn. 1.

positiv beeinflussen. Dies ist letztlich aus den oben genannten Gründen für die Gesellschaft gewinnbringend.

Eine Kommunikationskompetenz des Aufsichtsrats im Hinblick auf das Vergütungssystem stellt auch keinen unangemessenen Eingriff in Kompetenzen des Vorstands dar. Die Frage nach der Vergütung des Vorstands ist dem Kompetenzbereich des Vorstands selbst ohnehin entzogen.[669] Eine systemwidrige Beschneidung der Vorstandskompetenzen kann an dieser Stelle also nicht vorgebracht werden. Warum sollte daher der Aufsichtsrat, als inhaltlich gut informiertes Organ, nicht in diesen regelungsfreien Bereich hineintreten und ihn ausfüllen? Aufgrund des Umstands, dass auch der Aufsichtsrat selbst das Vergütungssystem entwickelt, ist er am besten dazu geeignet, inhaltliche Auskunft dazu zu geben.

Die vorgenannten Argumente verdeutlichen, dass dem Aufsichtsrat in den konkret dargestellten Fällen im Zusammenhang mit Personalfragen die Kompetenz zur Kommunikation mit Investoren zukommt. Diese knüpft an die dem Aufsichtsrat nach dem Aktiengesetz zustehende Personalkompetenz an.

5. Rückschlüsse auf die inhaltliche Zulässigkeit der Beantwortung von Aktionärsfragen in der Hauptversammlung, § 131 Abs. 1 AktG

Es lassen sich aus den Ausführungen über die inhaltliche Reichweite der zulässigen Investorenkommunikation auch Parallelverbindungen zu den zulässigen Äußerungen des Aufsichtsrats in der Hauptversammlung ziehen. Es ist nur konsequent, dass sich der Aufsichtsrat in der Hauptversammlung über die ohnehin aus seinem Aufgabenbereich stammenden zulässigen Themen hinaus auch zu jenen Themen äußern darf, die er in (Einzel-) Gesprächen mit Investoren tangiert. Denn äußert sich der Aufsichtsrat in zulässiger Weise gegenüber Investoren, so stehen der Informationsweitergabe im Rahmen der Hauptversammlung ebenfalls weder aktienrechtliche Vorschriften, wie das Gleichbehandlungsgebot oder die Verschwiegenheitspflicht, entgegen, noch das Verbot der Weitergabe von

669 Siehe auch *Spindler*, FS Seibert, 2019, S. 855 (866).

Insiderinformation.[670] Zu beachten ist jedoch, dass in Bezug auf diese Themen zwischen der Informationsweitergabe *in* und *außerhalb* der Hauptversammlung zu differenzieren ist. Außerhalb der Hauptversammlung hat der Investor keinerlei Anspruch auf die Weitergabe von Informationen. Im Rahmen der Hauptversammlung hat der fragende Aktionär hingegen einen Anspruch aus § 131 Abs. 1 AktG gegen die Gesellschaft, sofern die Beantwortung der Frage zur Beurteilung eines Tagesordnungspunkts erforderlich ist. Einen unmittelbar gegen den Aufsichtsrat gerichteten Anspruch auf Beantwortung der Frage hat der Aktionär hingegen nicht.[671]

6. Zusammenfassung des Meinungsstands und kritische Auseinandersetzung mit dem gewählten Bestimmungsansatz für die Zulässigkeit der Kommunikation mit institutionellen Investoren

Die an oberer Stelle dargestellten Schranken der Kompetenz des Aufsichtsrats, mit (institutionellen) Investoren in den Dialog einzutreten, sollen die Grenzen desjenigen Rahmens ziehen, den der Gesetzgeber offengelassen hat, damit er vom Rechtsanwender ausgefüllt wird. Es ist ersichtlich, dass die dargestellten Schranken einen aufsichtsratsgeführten Investorendialog zwar erheblich limitieren, aber nicht gänzlich unterbinden. In den meisten Fällen bleibt die Informationsweitergabe an institutionelle Investoren außerhalb der Hauptversammlung unzulässig. In Einzelfällen wird ein solcher Dialog in engen Grenzen gestattet.[672] Bewegt sich der Aufsichtsrat bei seinen Gesprächen mit institutionellen Investoren in diesen Grenzen, erfolgt dies im Interesse der gesamten Gesellschaft;[673] die Wahrnehmung solcher Gespräche ist in diesen Fällen daher sogar geboten.[674]

---

670 Siehe ausführlich zu diesen den Aufsichtsratsdialog begrenzenden Vorschriften B.II.4.b).

671 Siehe B.I.7.

672 Siehe *Holle*, ZIP 2019, 1895 (1897); *E. Vetter*, AG 2014, 387 (389 f.).

673 Dieses Gesellschaftsinteresse ergibt sich allein dadurch, dass für die Prüfung der Zulässigkeit einer Weitergabe von Informationen an Aktionäre stets eine Verhältnismäßigkeitsprüfung im Einzelfall erforderlich ist. Kommt man bei dieser Prüfung zum Ergebnis, dass Verhältnismäßigkeit gegeben ist, ergibt sich daraus im Umkehrschluss der Nutzen für die gesamte Gesellschaft.

674 Die Gebotenheit, im Interesse der Gesellschaft zu handeln, ergibt sich aus der gesell-

Institutionelle Investoren werden im Verhältnis zu Kleininvestoren an einigen Stellen bei der Weitergabe von Informationen außerhalb der Hauptversammlung privilegiert. Diese Privilegierung innerhalb der Aktionärsgesamtheit muss stets sachlich gerechtfertigt sein. Dies muss im Einzelfall geprüft werden. Eine pauschale Privilegierung institutioneller Investoren beim Dialog betreffend einzelne bestimmte Themen ist nicht angezeigt. Insbesondere mit dem Verbot der Weitergabe von Insiderinformationen (Art. 14 lit. c MMVO) lässt sich eine allgemeingültige pauschale Regelung für die zulässige Weitergabe von Informationen aufgrund der Vielzahl an verschiedenen gesellschaftsspezifischen Konstellationen nicht vereinbaren.[675]

Problematisch an einer Privilegierung institutioneller Investoren erscheint zudem, dass sich Großinvestoren durch eine weitere Aufstockung ihres Aktienpakets potentiell einen Informationsvorsprung und Einfluss auf die Gesellschaft „erkaufen" könnten. Denn je größer das Aktienpaket und damit die Machtposition ist, desto eher wird der Aufsichtsrat das Bedürfnis verspüren, mit dem entsprechenden Investor in einen Dialog zu treten und sich über unternehmensrelevante Themen auszutauschen. Dem ist entgegenzuhalten, dass es bei dem Dialog zwischen Investor und Aufsichtsrat in erster Linie um einen Informationsaustausch geht und nicht darum, gemeinsam etwaige Unternehmensentscheidungen zu treffen. Der bloße Austausch an sich hat zunächst keinen Einfluss auf den Entscheidungsprozess des Aufsichtsrats. Natürlich kann jedoch auch ein reiner Informationsaustausch in einer Beeinflussung des Auf-

---

schaftsrechtlichen Treuepflicht des Aufsichtsrats gegenüber der Gesellschaft, wonach der Aufsichtsrat verpflichtet ist, das Unternehmensinteresse zu wahren, *Lutter/Krieger/Verse* in: Lutter/Krieger/Verse, Rechte und Pflichten des Aufsichtsrats, § 13, Rn. 1006; *Drygala* in: Schmidt/Lutter, § 116 AktG, Rn. 25 f.; *Mertens/Cahn* in: KölnerKommAktG, § 116 AktG, Rn. 24 ff.; *Veil* in: BeckOGK-AktG, § 116 AktG, Rn. 80 ff.

675 Die Informationsweitergabe bzgl. anstehender grundlegender Strukturierungsmaßnahmen oder Personalentscheidungen kann in jeder Gesellschaft unterschiedliche Auswirkungen auf die Entwicklung des Aktienkurses haben. Auch kommt es wegen unterschiedlicher Aktionärsstrukturen in jeder Gesellschaft nicht in Betracht, anhand einer starren Beteiligungsschwelle (bspw. Inhaberschaft von mehr als 3% der Anteile an einem Unternehmen) einen Aktionär als wesentlich genug für die Gesellschaft für eine privilegierte Informationsweitergabe zu bestimmen, vgl. B.II.4.b).cc).

sichtsrats bei seiner Entscheidungsfindung münden. Daher ist der Aufsichtsrat angehalten, auch beim Dialog mit wesentlichen Investoren stets das gesamte Gesellschaftsinteresse sowie die Interessen der Gesamtheit der Aktionäre als übergeordneten Zweck im Blick zu halten.

C. Anwendbarkeit von § 119 Abs. 2 AktG (analog) auf den Aufsichtsrat

Über Fragen der Geschäftsführung kann die Hauptversammlung nur entscheiden, wenn es der Vorstand verlangt (§ 119 Abs. 2 AktG). Folglich ist die Hauptversammlung grundsätzlich für Fragen der Geschäftsführung nicht zuständig.[676] Mitglieder des Vorstands haben aber die Möglichkeit, anstatt eine eigene Entscheidung über eine Geschäftsführungsfrage zu treffen, einen Beschluss der Hauptversammlung gem. § 119 Abs. 2 AktG einzuholen. Für die Vorstandsmitglieder kommt eine Anrufung der Hauptversammlung vornehmlich dann in Betracht, wenn sie befürchten, dass ihre (eigene) Entscheidung eine potentielle spätere Organhaftung begründen könnte.[677] Der eingeholte Hauptversammlungsbeschluss entfaltet nach § 93 Abs. 4 S. 1 AktG sodann haftungsbefreiende Wirkung zugunsten des Vorstands.[678]

Im folgenden Abschnitt wird der Frage nachgegangen, ob auch dem Aufsichtsrat die Möglichkeit einer Haftungsbefreiung zu eigenen Gunsten durch die Herbeiführung eines Hauptversammlungsbeschlusses gem. § 119 Abs. 2 AktG (analog) offensteht. Diese Frage wird insbesondere aufgrund der immer größer werdenden Aufgabenwahrnehmung, auch von Geschäftsführungsaufgaben, durch den Aufsichtsrat virulent. So stellt sich die Frage einer Vorlagebefugnis durch den Aufsichtsrat einerseits bei klassischen, in seinem Aufgabenbereich liegenden Fragen wie der Vorstands-

676 Vgl. nur *Koch*, § 119 AktG, Rn. 11.

677 *Fischbach*, ZIP 2013, 1153 (1153).

678 *Hoffmann* in: BeckOGK-AktG, § 119 AktG, Rn. 23; *Kubis* in: MüKoAktG, § 119 AktG, Rn. 29; *Fischbach*, ZIP 2013, 1153 (1153).

vergütung oder der Bestellung von Vorstandsmitgliedern,[679] andererseits erscheint auch eine Vorlagebefugnis des Aufsichtsrats für darüber hinausgehende Kompetenzen wie in Einzelfragen der Investorenkommunikation diskussionswürdig.

Neben der Frage, ob § 119 Abs. 2 AktG (analog) überhaupt auf den Aufsichtsrat anwendbar ist, wird erörtert, unter welchen Voraussetzungen und in welchem Anwendungsbereich ein (mögliches) Vorlagerecht des Aufsichtsrats in Betracht kommt. Dies wird vor dem Hintergrund der in der Praxis gestiegenen Bedeutung des Aufsichtsrats bei Geschäftsführungsthemen beleuchtet.

I. Grundzüge des Vorlagerechts des Vorstands, § 119 Abs. 2 AktG

Zunächst bedarf es eines *Verlangens* des Vorstands über die Beschlussfassung der Hauptversammlung. Dies stellt sicher, dass die Hauptversammlung nicht durch eigenes Bestreben einen Eingriff in Geschäftsführungsmaßnahmen, also die Organkompetenzen des Vorstands, vornehmen kann.[680] Das Verlangen des Vorstands stellt selbst eine Geschäftsführungsmaßnahme dar und bedarf daher eines Vorstandsbeschlusses mit satzungsmäßiger Mehrheit.[681] Ob ein Verlangen überhaupt gestellt wird, liegt im freien Ermessen des Vorstands.[682] Hinsichtlich der Form ergibt sich aus § 124 Abs. 3 AktG, dass der Vorstand sein Verlangen mit einem hinreichend

679 Siehe *Fischbach*, ZIP 2013, 1153 (1157 ff.) mit noch weiteren Beispielen, die die Diskussion über eine Vorlagebefugnis des Aufsichtsrats nach § 119 Abs. 2 (analog) begründen sowie *Dietz-Vellmer*, NZG 2014, 721 (724).

680 *Koch*, § 119 AktG, Rn. 11; *Mülbert* in: GroßKommAktG, § 119 AktG, Rn. 191; *Tröger* in: KölnerKommAktG, § 119 AktG, Rn. 25.

681 *Bungert* in: MünchHdB GesR IV, § 35, Rn. 18; *Koch*, § 119 AktG, Rn. 13; *Mülbert* in: GroßKommAktG, § 119 AktG, Rn. 198.

682 BGH, Urteil v. 25.2.1982 – II ZR 174/80, BGHZ 83, 122 (131); BGH, Urteil v. 15.1.2001 – II ZR 124/99, BGHZ 146, 288 (288); OLG Celle, Urteil v. 7.3.2001 – 9 U 137/00, NZG 2001, 409 (410); *Bungert* in: MünchHdB GesR IV, § 35, Rn. 17; *Koch*, § 119 AktG, Rn. 13; *Drinhausen* in: Hölters/Weber, § 119 AktG, Rn. 13; *Tröger* in: KölnerKommAktG, § 119 AktG, Rn. 30; *Spindler* in: K. Schmidt/Lutter, § 119 AktG, Rn. 17; *Hoffmann* in: BeckOGK-AktG, § 119 AktG, Rn. 17; *Henze*, FS Ulmer, 2003, S. 211 (217); *Dietz-Vellmer*, NZG 2014, 721 (722).

bestimmten Vorschlag zur Beschlussfassung verbinden muss, was folglich im Vorfeld des Verlangens stets eine inhaltliche Auseinandersetzung innerhalb des Vorstandsgremiums mit dem Beschlussgegenstand erfordert.[683]

Des Weiteren muss es sich bei dem Verlangen um einen *tauglichen Beschlussgegenstand* handeln. Tauglich sind grundsätzlich nur Fragen der Geschäftsführung, die nach § 76 AktG der Leitungskompetenz des Vorstands zugewiesen sind, einschließlich derjenigen Geschäftsführungsaufgaben, die nach § 111 Abs. 4 AktG die Zustimmung des Aufsichtsrats notwendig machen.[684] Keine tauglichen Vorlagegegenstände im unmittelbaren Anwendungsbereich der Norm sind dagegen Geschäftsführungsmaßnahmen, die in den originären Kompetenzbereich des Aufsichtsrats oder sogar der Hauptversammlung fallen.[685]

Unterschiedliche Auffassungen hinsichtlich der Tauglichkeit eines Beschlussgegenstands gibt es bei der Frage, ob der Vorstand zulässigerweise auch einen Gegenstand zur Entscheidung vorlegen kann, der eine bereits getroffene Maßnahme betrifft, um sich noch im Nachhinein gem. § 93 Abs. 4 S. 1 AktG zu enthaften.[686] Aus dem Wortlaut von § 119 Abs. 2 AktG ergeben sich dahingehend keine Anhaltspunkte.[687] Der Wortlaut des § 93 Abs. 4 S. 1 AktG spricht gegen die Zulässigkeit einer nachträglichen Entscheidungsvorlage, da die Norm verlangt, dass die Geschäfts-

683 *Bungert* in: MünchHdB GesR IV, § 35, Rn. 23; *Koch*, § 119 AktG, Rn. 14; *Mülbert* in: GroßKommAktG, § 119 AktG, Rn. 49.

684 *Hoffmann* in: BeckOGK-AktG, § 119 AktG, Rn. 18.

685 *Koch*, § 119 AktG, Rn. 13; *Spindler* in: K. Schmidt/Lutter, § 119 AktG, Rn. 21.

686 Für ein Vorlagerecht lediglich für bevorstehende Geschäftsführungsmaßnahmen *Mülbert* in: GroßKommAktG, § 119 AktG, Rn. 42; *Hoffmann* in: BeckOGK-AktG, § 119 AktG, Rn. 20; *Groß*, AG 1996, 111 (113); *Dietz-Vellmer*, NZG 2014, 721 (722); a. A. BGH, Urteil v. 15.1.2001 – II ZR 124/99, BGHZ 146, 288 (292 f.); ebenso *Spindler* in: K. Schmidt/Lutter, § 119 AktG, Rn. 20; *Kubis* in: MüKoAktG, § 119 AktG, Rn. 25, der auch die nachträgliche Entscheidungsvorlage an die Hauptversammlung als von der Ermessensfreiheit des Vorstands gedeckt und damit als zulässig ansieht. Allerdings müsse der Vorstand, der freiwillig eine nicht vorlagepflichtige Entscheidung noch im Nachhinein der Hauptversammlung vorlegt, in diesem Fall das Risiko einer von seiner ursprünglichen Entscheidung abweichenden Hauptversammlungsentscheidung tragen. Dies hätte zur Folge, dass ihn die Rechtsfolgen eines Verstoßes gegen einen bindenden Hauptversammlungsbeschluss träfen.

687 *Kubis* in: MüKoAktG, § 119 AktG, Rn. 25.

führungsmaßnahme auf dem Hauptversammlungsbeschluss „beruht".[688] Dies ist jedoch nicht der Fall, wenn die Entscheidung bereits im Vorfeld des Beschlusses getroffen wurde. Die haftungsrechtliche Folge des § 93 Abs. 4 S. 1 AktG kann somit nicht mehr eintreten, weshalb die Herbeiführung eines solchen Hauptversammlungsbeschlusses für den Vorstand unzweckmäßig wäre.[689] Darüber hinaus führte ein solcher nachträglicher Hauptversammlungsbeschluss zu einem impliziten Verzicht auf Ersatzansprüche, der den Beschränkungen des § 93 Abs. 4 S. 3 AktG unterläge.[690]

II. Vorlagerecht des Aufsichtsrats, § 119 Abs. 2 AktG (analog)

Für die Anwendbarkeit von § 119 Abs. 2 AktG (analog) auf den Aufsichtsrat müsste eine planwidrige Regelungslücke im Gesetz vorliegen sowie eine vergleichbare Interessenlage gegeben sein. Es müsste zunächst eine gesetzliche Regelungslücke vorliegen. Diese ist planwidrig, sofern es sich um eine so vom Gesetzgeber nicht intendierte Regelungslücke im Gesetz handelt.[691] Eine vergleichbare Interessenlage liegt vor, sofern die Interessenlage bei einer Hauptversammlungsvorlage durch den Vorstand und einer Vorlage durch den Aufsichtsrat vergleichbar ist.[692]

1. Vorliegen einer planwidrigen Regelungslücke

Der Gesetzgeber spricht in § 119 Abs. 2 AktG ausdrücklich nur vom Vorstand.[693] Im Wortlaut der Norm wird der Aufsichtsrat nicht erwähnt. Auch gibt es im Aktiengesetz keine Verweisungsnorm, die § 119 Abs. 2 AktG als

688 So *Hoffmann* in: BeckOGK-AktG, § 119 AktG, Rn. 20; *Mülbert* in: GroßKommAktG, § 119 AktG, Rn. 42; *Groß*, AG 1996, 111 (113); *Dietz-Vellmer*, NZG 2014, 721 (722).

689 *Hoffmann* in: BeckOGK-AktG, § 119 AktG, Rn. 20; so auch *Mülbert* in: GroßKomm-AktG, § 119 AktG, Rn. 42; *Dietz-Vellmer*, NZG 2014, 721 (722).

690 *Hoffmann* in: BeckOGK-AktG, § 119 AktG, Rn. 20.

691 *Larenz/Canaris*, Methodenlehre der Rechtswissenschaft, 3. Aufl. 1995, S. 194.

692 Zum Ausfüllen von Gesetzeslücken durch Analogie vgl. *Larenz/Canaris*, Methodenlehre der Rechtswissenschaft, 3. Aufl. 1995, S. 202 ff.

693 „[…], wenn der Vorstand es verlangt".

entsprechend anwendbar auf den Aufsichtsrat erklärt. Eine Regelungslücke ist mithin gegeben.

Diese Regelungslücke müsste auch planwidrig sein. Zieht man den Wortlaut der Norm heran, so ergibt sich, dass zunächst der Vorstand vorlageberechtigt sein soll. Es weisen größere Teile der Literatur darauf hin, dass der Wortlaut des § 119 Abs. 2 AktG eindeutig nur und ausschließlich auf den Vorstand verweise und daher die Wortlautgrenze gar keinen Raum für eine analoge Anwendbarkeit auf den Aufsichtsrat lasse.[694] Dieser auf den Wortlaut bezogenen Argumentation kann jedoch entgegengehalten werden, dass aus der ausdrücklichen Berechtigung des Vorstands in § 119 Abs. 2 AktG nicht im Wege eines Umkehrschlusses zwingend auf ein konkludentes Verbot der Vorlage durch den Aufsichtsrat geschlossen werden kann. So gibt die ausdrückliche Einbeziehung des Vorstands in den Wortlaut der Norm nicht den zwingenden Ausschluss der anderen Organe aus dem Anwendungsbereich der Norm her.[695]

Bei Zuhilfenahme der Regierungsbegründung zum Aktiengesetz[696] scheint diese allerdings gegen eine Planwidrigkeit der Regelungslücke zu sprechen. So geht aus der Regierungsbegründung hervor, dass der Gesetzgeber darüber diskutierte, ob ein Vorschlag in das Gesetz übernommen werden solle, wonach die Hauptversammlung auch auf Verlangen des Aufsichtsrats über Geschäftsführungsentscheidungen entscheiden kann.[697] Dieser Vorschlag wurde mit der Begründung abgelehnt, dass dadurch das Verhältnis zwischen Vorstand und Aufsichtsrat verschoben würde.[698] Eine solche Verschiebung im Verhältnis zwischen den Organen wollte man aber nicht hinnehmen. Es widerspräche nämlich der sach-

694 Allgemein gegen eine Vorlagebefugnis des Aufsichtsrats nach § 119 Abs. 2 AktG (analog) etwa *Koch*, § 119 AktG Rn. 13a; *Mülbert* in: GroßKommAktG, § 119 AktG, Rn. 9, 44; *Kubis* in: MüKoAktG, 4. Auflage 2018, § 119 AktG, Rn. 20; *Zöllner* in: KölnerKommAktG, 1. Auflage 1985, § 119 AktG, Rn. 35; *Groß-Bölting/Rabe* in: Hölters/Weber, § 116 AktG, Rn. 102; *Dietz-Vellmer*, NZG 2014, 721 (724).

695 Eine ähnliche Argumentation wird bei der Diskussion über eine Auskunftsberechtigung des Aufsichtsrats während der Hauptversammlung im Rahmen des § 131 Abs. 1 AktG herangezogen, siehe *J. Vetter*, FS E. Vetter, 2019, S. 833 (841 f.).

696 Bundesgesetzblatt Teil I, ausgegeben zu Bonn am 11.9.1965, Nr. 48 – Z 1997 A.

697 RegBegr., *Kropff*, Aktiengesetz, 1965, S. 165.

698 RegBegr., *Kropff*, Aktiengesetz, 1965, S. 165.

gerechten Aufgabenverteilung, wenn der Aufsichtsrat dem Vorstand die Leitung über die Gesellschaft nähme, indem er die Hauptversammlung über sie entscheiden ließe.[699]

Doch würde die Möglichkeit des Aufsichtsrats, Maßnahmen der Hauptversammlung zur Entscheidung vorzulegen, tatsächlich das Verhältnis der Organe untereinander verschieben? Das obenstehend dargestellte Verständnis der Regierungsbegründung durch weite Teile der Literatur erscheint nicht zwingend. So lässt sich die Regierungsbegründung auch in dem Sinne verstehen, dass der Aufsichtsrat lediglich im Zusammenhang mit Geschäftsführungsfragen aus dem Kompetenzbereich des Vorstands unberechtigt zur Vorlage vor der Hauptversammlung sein soll.[700] Dem folgend ließen die Gesetzesmaterialien keinen Rückschluss darauf zu, wie der historische Gesetzgeber gegenüber einer Vorlagebefugnis des Aufsichtsrats bei Fragen, die seiner originären Geschäftsführungsbefugnis entstammen, eingestellt war.[701] In diesem Fall würden die Erwägungen des historischen Gesetzgebers einer Anwendung von § 119 Abs. 2 AktG (analog) nicht entgegenstehen. Denn legt der Aufsichtsrat der Hauptversammlung Maßnahmen aus seinem eigenen Kompetenzbereich vor, so hat dies keine Auswirkungen auf die Rechte und Pflichten des Vorstands. Im Ergebnis ist eine planwidrige Regelungslücke somit weder aufgrund des Wortlauts noch aufgrund der Erwägungen des historischen Gesetzgebers generell ausgeschlossen.

2. Vergleichbare Interessenlage bei Vorstand und Aufsichtsrat

Trotz der Argumentation des historischen Gesetzgebers, der sich bewusst gegen eine Einbeziehung des Aufsichtsrats in den Wortlaut der Norm entschieden hat, streitet ein gewichtiges systematisches Argument für eine analoge Anwendung von § 119 Abs. 2 AktG zumindest in Ausnahmefällen auch auf den Aufsichtsrat.[702] Nach § 116 S. 1 AktG gilt die Vorschrift des

699 RegBegr., *Kropff*, Aktiengesetz, 1965, S. 165.

700 So etwa *Habersack*, NZG 2016, 321 (327).

701 *Fischbach*, ZIP 2013, 1153 (1154); ebenso *Habersack*, NZG 2016, 321 (327).

702 Für eine Anwendung von § 119 Abs. 2 AktG auch auf den Aufsichtsrat *Spindler* in: K. Schmidt/Lutter, AktG, § 119 AktG Rn. 15; *Hoffmann* in: BeckOGK-AktG, § 119

§ 93 AktG (mit Ausnahme des Abs. 2 S. 3) ebenso wie für die Vorstandsmitglieder auch für die Sorgfaltspflicht und Verantwortlichkeit der Mitglieder des Aufsichtsrats.[703] Der Verweis umfasst auch den Haftungsausschluss in § 93 Abs. 4 AktG[704], welcher greift, wenn eine Handlung des betreffenden Organs auf einem Beschluss der Hauptversammlung beruht.[705] Zwar erschöpft sich der alleinige Regelungszweck von § 93 Abs. 4 AktG nicht in einer haftungsrechtliche Dimension, jedoch ist der Schutz des Vorstands vor Haftung zumindest als ein Teilzweck der Norm anzuerkennen.[706] Aus dem Zweck der Norm ergibt sich danach, dass dem Aufsichtsrat in diesen Fällen dieselbe Haftungsprivilegierung wie auch dem Vorstand zukommen soll. Vor diesem Hintergrund erscheint es nur konsequent, wenn dem Aufsichtsrat, ebenso wie dem Vorstand, die Möglichkeit der Enthaftung gegeben wird.

Daraus kann abgeleitet werden, dass es im Einklang mit der aktienrechtlichen Systematik erfolgt, wenn auch der Aufsichtsrat der Hauptversammlung Fragen der Geschäftsführung zur Entscheidung vorlegen darf, um sich enthaften zu können.[707] Wenn der Aufsichtsrat vereinzelte

---

AktG, Rn. 19; *Fischbach*, ZIP 2013, 1153 (1154); *Habersack*, NZG 2016, 321 (326 f.); *Schüppen*, ZIP 2010, 905 (909 f.); *v. Falkenhausen*, NZG 2016, 601 (604 ff.).

703 § 116 S. 1 AktG: „Für die Sorgfaltspflicht und Verantwortlichkeit der Aufsichtsratsmitglieder gelten § 93 mit Ausnahme des Absatzes 2 Satz 3 über die Sorgfaltspflicht und Verantwortlichkeit der Vorstandsmitglieder und § 15b der Insolvenzordnung sinngemäß."

704 § 94 Abs. 4 S. 1 AktG: „Der Gesellschaft gegenüber tritt die Ersatzpflicht nicht ein, wenn die Handlung auf einem gesetzmäßigen Beschluss der Hauptversammlung beruht."

705 Dass der Verweis in § 116 S. 1 AktG die Vorschrift des § 93 Abs. 4 AktG mit umfasst, ergibt sich daraus, dass § 93 Abs. 2 S. 3 AktG von dem Verweis ausdrücklich ausgenommen wird. Im Wege eines Umkehrschlusses ergibt sich, dass die übrigen, nicht ausdrücklich ausgenommenen Paragraphen vom Verweis in § 116 S. 1 AktG umfasst sein sollen.

706 Den (zumindest teilweisen) Zweck von § 93 Abs. 4 AktG als Enthaftungsnorm sieht auch *v. Falkenhausen*, NZG 2016, 601 (601); ähnlich auch *Koch*, § 119 AktG, Rn. 1, der zwar den Zweck von § 93 Abs. 4 AktG nicht in einer ausschließlichen haftungsrechtlichen Funktion sieht, gleichwohl die Vorschrift aber als für den Vorstand wichtig und die Enthaftung damit als wesentlichen „Nebeneffekt" bezeichnet.

707 Zu dieser Annahme gelangt man, wenn man das Zusammenspiel von § 116 S. 1 AktG und § 93 Abs. 4 S. 1 AktG auf der einen und die Verknüpfung von § 93 Abs. 4 S. 1

Geschäftsführungsmaßnahmen wahrnimmt, sollte er auch die gleichen Möglichkeiten wie der Vorstand haben, sich über § 119 Abs. 2 (analog) AktG vor einer Haftung zu schützen. Das Bedürfnis eines Haftungsschutzes zugunsten des Aufsichtsrats ist aufgrund der Tendenz hin zu einer verstärkten Aufgabenwahrnehmung von Geschäftsführungsaufgaben durch den Aufsichtsrat stetig steigend, sodass die Argumentation des historischen Gesetzgebers gegen eine Aufnahme des Aufsichtsrats in den Anwendungsbereich von § 119 Abs. 2 AktG nur noch bedingt herangezogen werden kann. Denn das in der Regierungsbegründung herangezogene Argument, wonach die Aufgabenverteilung zwischen Vorstand und Aufsichtsrat verschoben würde, greift nicht gänzlich, da die Frage nach einer zulässigen Entscheidungsvorlage sowieso nur für diejenigen Fragen relevant ist, in denen die Geschäftsführungskompetenzen ohnehin bereits beim Aufsichtsrat liegen.[708] Eine weitergehende Aufgabenverschiebung wäre daher nicht zu befürchten.

Eine Anwendung von § 119 Abs. 2 AktG (analog) würde sich nicht als die Ursache für eine Kompetenzverschiebung zwischen Vorstand und Aufsichtsrat darstellen, sondern wäre bloß die Konsequenz aus einer bereits erfolgten Verschiebung. Darüber hinaus wird die Interessenlage beim Aufsichtsrat in Bezug auf eine Enthaftung in den meisten Fällen kongruent zu der des Vorstands zu beurteilen sein und gibt auch aus diesem Gesichtspunkt keinen Anlass für eine abweichende Beurteilung.[709] § 116 AktG verweist für den Aufsichtsrat hinsichtlich der Haftung auf § 93 AktG, mithin auf Vorstandsrecht, was verdeutlicht, dass der Gesetzgeber durchaus Parallelen zwischen Aufsichtsrat und Vorstand zieht.

AktG mit § 119 Abs. 2 AktG auf der anderen Seite heranzieht; zum Verhältnis der Normen siehe auch *Habersack* in: MüKoAktG, § 116 AktG, Rn. 76; *Fischbach*, ZIP, 2013, 1153 (1154). Die Verweisung in § 116 S. 1 AktG auf § 93 AktG, von der ausdrücklich nur § 93 Abs. 2 S. 3 AktG, nicht aber § 94 Abs. 4 S. 1 AktG ausgenommen ist, zeigt, dass der Aufsichtsrat das gleiche Maß an Haftungsschutz wie auch der Vorstand genießen soll. Versagte man ihm jedoch, von der Befugnis nach § 119 Abs. 2 AktG (analog) Gebrauch zu machen, hätte § 93 Abs. 4 S. 1 AktG für den Aufsichtsrat nahezu keinen Anwendungsbereich.

708 RegBegr., *Kropff*, Aktiengesetz, 1965, S. 165.

709 So *v. Falkenhausen*, NZG 2016, 601 (604).

3. Zwischenergebnis

Eine Regelungslücke im Gesetz liegt vor; diese ist auch planwidrig. Die Argumentation von einigen Teilen der Literatur, wonach Regierungsbegründung sowie der Wortlaut der Norm einer analogen Anwendbarkeit von § 119 Abs. 2 AktG auf den Aufsichtsrat entgegenstünden, konnte widerlegt werden. Bei Betrachtung des Telos der Vorschrift wird deutlich, dass als Grundlage für eine Anwendung von § 119 Abs. 2 AktG eine vergleichbare Interessenlage zwischen Vorstand und Aufsichtsrat vorliegt. Es wäre im Ergebnis geradezu widersprüchlich, mit einer gestiegenen Anforderungshaltung gegenüber dem Aufsichtsrat zu erwarten, dass dieser vermehrt Geschäftsführungsaufgaben wahrnimmt und ihm gleichzeitig für diese Aufgabenwahrnehmung einen potentiellen Haftungsschutz zu versagen, den man im Gegensatz dazu dem Vorstand gewährt.[710] Die Voraussetzungen für eine analoge Anwendbarkeit von § 119 Abs. 2 AktG auf den Aufsichtsrat liegen somit vor.[711]

III. Beschlussfassung bei der Vorlage durch den Aufsichtsrat

Legt der Aufsichtsrat der Hauptversammlung eine Geschäftsführungsmaßnahme zur Entscheidung vor, *kann*[712] die Hauptversammlung über diese Geschäftsführungsmaßnahme entscheiden.[713] Dem Wortlaut nach

---

710 Ähnliche Gedankenführung bei *Fischbach*, ZIP, 2013, 1153 (1154). Noch drastischer *Habersack*, NZG 2016, 321 (326 f.), der in diesem Zusammenhang von „*Willkür*" spricht.

711 Im Hinblick auf die analoge Anwendbarkeit von § 119 Abs. 2 AktG auf den Aufsichtsrat unterscheidet in der Literatur *Schüppen*, ZIP 2010, 905 (909) zwischen einer Analogie und einer systematischen Erweiterung der Norm. Im Ergebnis kann die rechtliche Konstruktion für eine Vorlagebefugnis des Aufsichtsrats nach § 119 Abs. 2 AktG in praktischer Hinsicht aber dahinstehen.

712 § 119 Abs. 2 AktG: „*Über Fragen der Geschäftsführung kann die Hauptversammlung nur entscheiden, wenn …*". Aus dem Tatbestandsmerkmal „*kann*" ergibt sich, dass der Hauptversammlung bei der Entscheidung über die Vorlage freies Ermessen sowohl im Hinblick auf die Frage nach der Ablehnung oder Zustimmung der Vorlage zustehen soll als auch darüber, ob sie überhaupt einen Beschluss über die Vorlage fassen soll.

713 *Hoffmann* in: BeckOGK-AktG, § 119 AktG, Rn. 19; *Fischbach*, ZIP, 2013, 1153 (1157).

ist sie also nicht verpflichtet, über den Vorlagegegenstand zu entscheiden. Dabei sind analog zum Vorstand für den Aufsichtsrat dieselben Grundsätze einschlägig.[714] Wenn die Hauptversammlung über den Vorlagegegenstand entscheidet, kann diese Entscheidung positiv oder negativ in Form eines zustimmenden oder aber auch ablehnenden Beschlusses ausfallen.[715] Gleichwohl ist die Hauptversammlung nicht zur Entscheidung verpflichtet und kann stattdessen auch eine unverbindliche Meinungsäußerung zu der Vorlage abgeben oder eine Entscheidung in der Sache sogar gänzlich verweigern.[716]

Sofern die Hauptversammlung keinen Beschluss fasst, bleibt der Aufsichtsrat in seiner Entscheidung über die vorgelegte Maßnahme zwar frei, kommt aber auch nicht in den Genuss der Enthaftungswirkung des § 93 Abs. 4 S. 1 AktG. Dennoch ist auch letztgenannter Fall, in welchem die Hauptversammlung keinen Beschluss trifft, aber zumindest eine unverbindliche Meinungsäußerung kundtut, für den Aufsichtsrat nützlich. Er weiß, welches Vorgehen die Hauptversammlung präferiert und kann dies in seine Entscheidungserwägungen einfließen lassen.

Die Reichweite des gefassten Beschlusses ergibt sich aus dem vorgelegten Gegenstand.[717] Dabei darf die Hauptversammlung mit ihrem Beschluss weder inhaltlich über den Vorlagegegenstand hinaus noch über weitere Geschäftsführungsfragen „mitentscheiden".[718] Die Hauptversammlung ist folglich inhaltlich an den Vorlagegegenstand gebunden.

---

714 Vgl. *Hoffmann* in: BeckOGK-AktG, § 119 AktG, Rn. 19.

715 *Hoffmann* in: BeckOGK-AktG, § 119 AktG, Rn. 21; *Bungert* in: MünchHdB GesR IV, § 35, Rn. 20; *Mülbert* in: GroßKommAktG, § 119 AktG, Rn. 207; *Tröger* in: KölnerKommAktG, § 119 AktG, Rn. 71; *Spindler* in: K. Schmidt/Lutter, § 119 AktG, Rn. 24; Speziell für den Aufsichtsrat *Fischbach*, ZIP, 2013, 1153 (1157).

716 *Hoffmann* in: BeckOGK-AktG, § 119 AktG, Rn. 21; *Bungert* in: MünchHdB GesR IV, § 35, Rn. 20; *Mülbert* in: GroßKommAktG, § 119 AktG, Rn. 207; *Tröger* in: KölnerKommAktG, § 119 AktG, Rn. 71; *Spindler* in: K. Schmidt/Lutter, § 119 AktG, Rn. 24. Speziell für den Aufsichtsrat *Fischbach*, ZIP, 2013, 1153 (1157).

717 *Hoffmann* in: BeckOGK-AktG, § 119 AktG, Rn. 22.

718 *Hoffmann* in: BeckOGK-AktG, § 119 AktG, Rn. 22.

IV. Umfang eines Vorlagerechts des Aufsichtsrats

Aus den vorangegangenen Darstellungen ergibt sich, dass eine entsprechende Anwendung von § 119 Abs. 2 AktG auf den Aufsichtsrat *de lege lata* in Einzelfällen gestattet sein kann. Eine akkurate Herausarbeitung und Darstellung betreffender Einzelfälle erfolgt im Folgenden anhand der vom Gesetzgeber gesetzten Leitplanken sowie unter Heranziehung systematischer Erwägungen.

1. Kein unbeschränktes Vorlagerecht des Aufsichtsrats – Voraussetzungen

a) Geschäftsführungsmaßnahmen aus dem originären Kompetenzbereich des Aufsichtsrats

Zunächst käme in Betracht, dem Aufsichtsrat im Hinblick auf den Vorlagegegenstand ein unbeschränktes Vorlagerecht nach § 119 Abs. 2 AktG zuzugestehen. Dies würde ihm ermöglichen, jegliche von ihm zu treffenden Entscheidungen der Hauptversammlung vorzulegen und diese darüber entscheiden zu lassen. Einer derartigen Auslegung steht jedoch der eindeutige Wortlaut der Norm entgegen, wonach ausdrücklich nur *Fragen der Geschäftsführung* der Hauptversammlung vorgelegt werden können. Nicht davon umfasst sind Fragen der Geschäftsführung, denen der Aufsichtsrat lediglich zustimmen muss (§ 111 Abs. 4 AktG) – diese Fragen können der Hauptversammlung nur vom Vorstand vorgelegt werden.[719]

Stattdessen kommt eine Vorlagebefugnis des Aufsichtsrats über Geschäftsführungsfragen dann in Betracht, wenn er die originäre Geschäftsführungsbefugnis innehat.[720] In Fragen, in denen der Aufsichtsrat über die originäre Geschäftsführungsbefugnis verfügt, ist keine Kompetenzverlagerung zulasten des Vorstands zu befürchten, da es ausschließlich um Kompetenzen geht, die ohnehin dem Aufgabenbereich des Vorstands von

719 *Hoffmann* in: BeckOGK-AktG, § 119 AktG, Rn. 19.

720 *Spindler* in: K. Schmidt/Lutter, AktG, § 119 AktG Rn. 15; *Hoffmann* in: BeckOGK-AktG, § 119 AktG, Rn. 19; *Fischbach*, ZIP 2013, 1153 (1154); *Habersack*, NZG 2016, 321 (326f.); *Schüppen*, ZIP 2010, 905 (909f.); *v. Falkenhausen*, NZG 2016, 601 (604ff.).

Anfang an entzogen sind.[721] Sofern der Aufsichtsrat für eine bestimmte Aufgabe die Geschäftsführungskompetenz innehat, ist es alleine ihm überlassen zu entscheiden, ob er die Möglichkeit in § 119 Abs. 2 AktG wahrnimmt – es ist folglich nicht zu befürchten, dass die Hauptversammlung aus eigenem Bestreben Kompetenzen an sich ziehen kann.[722] Letztlich ist es im Aktiengesetz angelegt, dass das die Geschäftsführungsmaßnahme ausführende Organ die Möglichkeit haben soll, sich zu enthaften. Es wäre deshalb widersprüchlich, dem Vorstand einerseits die Möglichkeit der Enthaftung bei Geschäftsführungsmaßnahmen zu gewähren und sie dem Aufsichtsrat andererseits zu versagen.[723] Es würde letztlich für die beiden Organe bei einer inhaltlich gleichen Maßnahme ein unterschiedlicher Maßstab angelegt werden. Zwar könnte man erwägen, dass eine Vorlagebefugnis auch des Aufsichtsrats die Funktionsfähigkeit des Systems der „Checks and Balances" in der AG gefährden könnte, wenn der Aufsichtsrat die Entscheidung über einzelne Vorlagegegenstände der Hauptversammlung überlässt. Dem lässt sich jedoch entgegenhalten, dass der Aufsichtsrat die Kontrollfunktion für die Gesellschaft und damit indirekt für den Souverän der Gesellschaft, also die Aktionäre, ausübt. Es sollte der Gesellschaft also nicht zum Nachteil gereichen, wenn in Einzelfällen der Aufsichtsrat dem Souverän in der Hauptversammlung Entscheidungsgegenstände vorlegt. Ganz im Gegenteil kann sich der Aufsichtsrat, ebenso wie der Vorstand, bereits vor Vollziehung einer Maßnahme bei der Hauptversammlung über deren Rückversicherung vergewissern. Daneben sind keinerlei Gründe ersichtlich, weshalb dem Aufsichtsrat die Befragung der Hauptversammlung nach § 119 Abs. 2 AktG versagt werden sollte.

b) Relevante Vorlagegegenstände des Aufsichtsrats – Praktisches Bedürfnis

Im Rahmen der Diskussion über eine Vorlagebefugnis des Aufsichtsrats für Fragen der Geschäftsführung nach § 119 Abs. 2 AktG (analog) wird

721 *Habersack*, NZG 2016, 321 (327).
722 *Habersack*, NZG 2016, 321 (327).
723 Siehe dazu bereits die Ausführungen unter B.III.2.b).

argumentiert, dass für die Klärung dieser Frage kein praktisches Bedürfnis bestehe, weshalb sich eine Diskussion ohnehin erübrige.[724]

Im Folgenden sollen daher einzelne in Betracht kommende Vorlagegegenstände dargestellt und deren praktische Relevanz erörtert werden. Eine solche Relevanz könnte sich nämlich in denjenigen Fällen ergeben, in denen der Aufsichtsrat einzelne, teilweise potentiell haftungsanfällige Geschäftsführungshandlungen aus seinem Kompetenzbereich wahrnimmt, bei denen der Aufsichtsrat ein Interesse daran hat, sich durch eine Hauptversammlungsvorlage vor einer Haftung zu schützen. Gleichzeitig darf sich der Aufsichtsrat durch die Möglichkeit einer Hauptversammlungsvorlage nicht seiner ureigenen Aufgaben entledigen und eine bei ihm verortete Entscheidungskompetenz auf die Hauptversammlung abwälzen.[725]

aa) Anstellungsverträge von Vorstandsmitgliedern

Bei einem Abschluss von Anstellungsverträgen mit Vorstandsmitgliedern handelt es sich um gewöhnliche zivilrechtliche Verträge, bei deren Abschluss der Aufsichtsrat im Außenverhältnis gemäß § 112 AktG für die Gesellschaft auftritt.[726] Er führt dabei als geschäftsführendes Organ eine nach § 84 Abs. 1 S. 5 i. V. m. S. 1 AktG ihm zugewiesene Geschäftsführungshandlung aus.[727] Es handelt sich folglich um eine dem Aufsichtsrat zugewiesene Geschäftsführungsbefugnis.

Mülbert führt in solch einem Fall hinsichtlich der Vertretung der Gesellschaft durch den Aufsichtsrat an, dass der Aufsichtsrat bei der Vertretung gegenüber den Vorstandsmitgliedern funktional vollwertig an die Stelle des Vorstands trete und dies im Ergebnis dazu führe, dass der Aufsichtsrat seine Überwachungspflicht aus § 111 Abs. 1 AktG über sich selbst und seine eigene Tätigkeit ausübe.[728] Es würde den Zweck von § 119 Abs. 2 AktG

---

724 So etwa *Arbeitsgruppe des VCI-Fachausschusses Unternehmensrecht*, NZG 2022, 156 (158).

725 Zur Vorstandsvergütung als zentrale und wichtige Aufgabe des Aufsichtsrats siehe nur BT-Drs. 19/9739, S. 92.

726 *Koch*, § 84 AktG, Rn. 15; *Kort* in: GroßKommAktG, § 84 AktG, Rn. 287.

727 *Fleischer* in: BeckOGK-AktG, § 84 AktG, Rn. 36; *Spindler* in: MüKoAktG, § 84 AktG, Rn. 68; *Kort* in: GroßKommAktG § 84 AktG, Rn. 287; *Oltmanns/Quass* in: Heidel-AktR, § 84 AktG, Rn. 12; *Seibt* in: K. Schmidt/Lutter, § 84 AktG, Rn. 27.

728 *Mülbert* in: GroßKommAktG, § 119 AktG, Rn. 197.

überreizen, wenn sich der Aufsichtsrat in dieser Konstellation durch Vorlage einer Entscheidung vor der Hauptversammlung von seiner Überwachungsaufgabe im Einzelfall befreien könnte.[729] Daher komme eine analoge Anwendung von § 119 Abs. 2 AktG nicht in Betracht, wenn es um die Vorlage des Anstellungsvertrages eines Vorstandsmitglieds gehe.[730]

Diese Argumentation, dass sich der Aufsichtsrat in einem solchen Falle selbst überwachen würde, überzeugt nicht. Es widerspricht gerade dem Trennungsprinzip im Aktiengesetz, dass sich das für die Gesellschaft handelnde Organ selbst überwachen soll. Wenn es zu den Pflichten des Aufsichtsrats gehört, in Einzelfällen für die Gesellschaft geschäftsführend tätig zu werden, ist dies nicht gleichbedeutend damit, dass er sich selbst zu überwachen habe. Andernfalls nähme man etwa an, dass der Aufsichtsrat sich als Teil seines präventiven Überwachungsauftrags selbst bei der Wahrnehmung der Geschäftsführungsaufgabe beraten müsste. Allein dieses Beispiel zeigt, dass die Überwachung der eigenen Tätigkeit unzweckmäßig ist. Folglich ist die Vorlage von Anstellungsverträgen vor der Hauptversammlung auf der Ebene der Geschäftsführungsmaßnahme zu sehen. Die generelle Überwachungspflicht des Aufsichtsrats steht dem nicht entgegen. Demnach kann der Aufsichtsrat der Hauptversammlung grundsätzlich Anstellungsverträge von Vorstandsmitgliedern zur Entscheidung vorlegen.

Durch diese rein theoretische Vorlagemöglichkeit ist allerdings noch nicht automatisch ein zwingendes praktisches Bedürfnis für eine solche Vorlage hinterlegt. So wird es bei großen Publikumsgesellschaften kaum im Interesse des Aufsichtsrats liegen, Anstellungsverträge mit Vorstandsmitgliedern vor einer Vielzahl von Aktionären zu offenbaren.[731] Dies könnte sich als unzuträglich für den Gesellschaftsfrieden erweisen, sodass für börsennotierte Gesellschaften der Gang eines solchen Weges uninteressant sein dürfte. Für kleinere Gesellschaften hingegen mit nur einer geringen und stark begrenzten Anzahl an Gesellschaftern käme eine Vorlage der Anstellungsverträge von den Vorstandsmitgliedern vor

729 *Mülbert* in: GroßKommAktG, § 119 AktG, Rn. 197. Siehe zum Zweck der Vorschrift des § 119 Abs. 2 AktG B.III.2.b).

730 Vgl. *Mülbert* in: GroßKommAktG, § 119 AktG, Rn. 197.

731 Vgl. *Fischbach*, ZIP 2013, 1153 (1157f.).

der Hauptversammlung im Einzelfall in Betracht.[732] Jedoch ist in diesen meist eher atypischen Gesellschaftskonstellationen, in denen Aufsichtsratsmitglieder und Gesellschafter aufgrund des begrenzten Gesellschafterkreises teilweise in einem persönlichen Verhältnis zueinander stehen, zu beachten, dass Aufgaben aus dem Kompetenzbereich des Aufsichtsrats nicht dauerhaft in die Hände der Hauptversammlung gelegt werden. Im Rahmen einer bewussten Absprache zwischen Aufsichtsrat und Gesellschaftern könnten auf diese Weise einzelne Geschäftsführungskompetenzen in einem regelmäßig wiederkehrenden Turnus auf die Hauptversammlung verlagert werden, was im Widerspruch zum aktienrechtlichen Kompetenzgefüge stünde, bedenkt man, dass gerade der Abschluss der Vorstandsverträge zu den zentralen Aufgaben der Aufsichtsratstätigkeit gehört.[733] Darüber hinaus hat der Aufsichtsrat die vertrauensvolle Zusammenarbeit mit dem Vorstand zu achten. Eine Vorlage von Anstellungsverträgen von Vorstandsmitgliedern ist dazu geeignet, dieses Vertrauensverhältnis zu belasten und zu zerrütten. Auf Basis dieser Erkenntnisse wird man zu dem Schluss kommen müssen, dass die Vorlage von Anstellungsverträgen von Vorstandsmitgliedern vor der Hauptversammlung für den Aufsichtsrat lediglich in atypischen Gesellschafterkonstellationen der AG relevant sein kann. Im Regelfall ist eine solche Vorlage durch den Aufsichtsrat nicht zulässig.

bb) Entscheidung über die Vergütung der Vorstandsmitglieder

Die Entscheidung über die Vergütung der Vorstandsmitglieder hängt eng mit dem Abschluss der Anstellungsverträge mit den Vorstandsmitgliedern zusammen. Besonders in diesem Bereich wird die bereits beschriebene[734] verschärfte Haftungsgefahr des Aufsichtsrats sichtbar.[735]

---

732 Vgl. *Fischbach*, ZIP 2013, 1153 (1158).

733 Der Abschluss von Anstellungsverträgen mit dem Vorstand liegt im Kompetenzbereich des Aufsichtsrats, *Fleischer* in: BeckOGK-AktG, § 84 AktG, Rn. 36; *Spindler* in: MüKoAktG, § 84 AktG, Rn. 68; *Kort* in: GroßKommAktG, § 84 AktG, Rn. 287; *Oltmanns* in: Heidel-AktR, § 84 AktG, Rn. 12; *Seibt* in: K. Schmidt/Lutter, § 84 AktG, Rn. 27.

734 B.III.2.b).

735 *Fischbach*, ZIP 2013, 1153 (1158). Die erhöhte Haftungsgefahr des Aufsichtsrats ebenfalls hervorhebend *Pollmann*, WM 2023, 1349 (1351).

Gleichzeitig muss die Frage der analogen Anwendbarkeit von § 119 Abs. 2 AktG bei Vergütungsfragen im Zusammenhang mit der Vorschrift des § 120a AktG[736] beurteilt werden. So dürfte die Frage nach der Befugnis des Aufsichtsrats, das Vergütungssystem der Hauptversammlung vorzulegen, nämlich durch die Einführung des § 120a AktG an Relevanz verloren haben.[737] Im Zentrum des folgenden Abschnitts steht die Beurteilung, ob neben § 120a AktG generell Raum für eine parallele Anwendung von § 119 Abs. 2 AktG analog bei Fragen der Vorstandsvergütung ist. Dabei ist einerseits zwischen der Billigung des vom Aufsichtsrat vorgelegten *Vergütungssystems* durch die Hauptversammlung sowie andererseits der (vorab erfolgenden) Vorlage *konkreter Vergütungsbeträge* der Vorstandsmitglieder zu differenzieren.

Aufgrund des engen inhaltlichen Zusammenhangs zwischen der Frage nach der Vorlagebefugnis des Aufsichtsrats gem. § 119 Abs. 2 AktG analog sowie der Vorlagepflicht des Aufsichtsrats nach § 120a AktG im Zusammenhang mit Vergütungsfragen des Vorstands ist der Anwendungsbereich des § 120a AktG an dieser Stelle kurz darzustellen.

(1) Verpflichtende Vorlage des Vergütungssystems, § 120a AktG

Nach § 120a Abs. 1 AktG beschließt bei börsennotierten Gesellschaften die Hauptversammlung über das Vergütungssystem des Vorstands. Dieses wird der Hauptversammlung vom Aufsichtsrat vorgelegt. Dass der Aufsichtsrat zur Vorlage des Vergütungssystems vor der Hauptversammlung verpflichtet ist, resultiert aus der alleinigen Zuständigkeit der Hauptversammlung, über das Vergütungssystem abzustimmen.[738] In diesem Aspekt ist auch der wesentliche Unterschied in Abgrenzung zu § 120 Abs. 4 AktG a.F. zu sehen. Denn schon bereits vor Inkrafttreten des ARUG II *konnte* die

736 Diese Vorschrift wurde im Zusammenhang mit der Umsetzung der EU-Aktionärsrechte-Richtlinie 2017/828 („ARUG II") zum 1.1.2020 eingeführt (BGBl. I 2019, S. 2637).

737 Tatsächlich dürfte ein Bedeutungsverlust dieser Frage bereits zu einem früheren Zeitpunkt durch die Einführung des sich mit dem Vergütungssystem des Vorstands befassenden § 120 Abs. 4 AktG a.F. eingetreten sein (eingefügt durch das VorstAG vom 31.7.2009 (BGBl. I 2009, S. 2509) und mit Geltung bis zum 1.1.2020).

738 *Hoffmann* in: BeckOGK-AktG, § 120a AktG, Rn. 28; *Kubis* in: MüKoAktG, § 120a AktG, Rn. 4; *Koch*, § 120a AktG, Rn. 3.

Hauptversammlung börsennotierter Gesellschafter über das System der Vorstandsvergütung beschließen – sie musste dies jedoch nicht tun, da die Vorlage im Ermessen des Aufsichtsrats lag.[739] Erst durch die Einführung von § 120a Abs. 1 AktG wurde aus dieser Möglichkeit eine Verpflichtung.

Gegenstand der Vorlage ist dabei das durch den Aufsichtsrat entwickelte und für zukünftige Vertragsgestaltungen heranzuziehende Vergütungssystem nach § 87a Abs. 1 S. 1 AktG.[740] Der Beschluss kann sich dabei nur auf das konkrete, der Hauptversammlung vorgelegte Vergütungssystem beziehen. Das Vergütungssystem ist eine nach § 87a AktG allgemein entwickelte und festgelegte Struktur, die als Berechnungs- und Bestimmungsgrundlage für (zukünftige) Vergütungsentscheidungen dient.[741] Nicht von § 120a Abs. 1 AktG gedeckt und damit auch kein Bestandteil des Beschlusses ist eine Entscheidung über die Angemessenheit der konkreten Vergütung einzelner Vorstandsmitglieder.[742] Exakt an diesem Punkt behält die Frage nach einer neben § 120a Abs. 1 AktG stehenden Vorlagebefugnis des Aufsichtsrats bezüglich der konkreten Vorstandsvergütung ihre praktische Relevanz. Denn es muss beleuchtet werden, ob § 120a Abs. 1 AktG generell eine Sperrwirkung bei Vorlagegegenständen, die auch nur in einem (erweiterten) Zusammenhang mit der Vorstandsvergütung stehen, entfaltet oder nur bei Vorlagegegenständen speziell das Vergütungssystem betreffend.

(2) Keine (rechtliche) Bindungswirkung von § 120a Abs. 1 AktG für den Aufsichtsrat

Über das der Hauptversammlung vorgelegte Vergütungssystem wird ein Beschluss gefasst. Dieser begründet weder besondere Rechte noch Pflichten (§ 120a Abs. 1 S. 2 AktG). Der Aufsichtsrat ist seinen durch § 120a Abs. 1 AktG auferlegten Pflichten bereits durch die Vorlage des Ver-

739 *Hoffmann* in: BeckOGK-AktG, § 120a AktG, Rn. 28; *Koch*, § 120a AktG, Rn. 1.

740 *Koch*, § 120a AktG, Rn. 3.

741 *Hoffmann* in: BeckOGK-AktG, § 120a AktG, Rn. 20. Davon umfasst sind u. a. die Regelungen zur Altersversorgung, Grundzüge der Sondervergütung bei Beendigung der Vorstandstätigkeit vor Vertragsablauf sowie Festsetzungen zur Aufteilung zwischen Gesamtvergütung und variabler Vergütung, vgl. *Fleischer*, NZG 2009, 801 (805).

742 *Hohenstatt*, ZIP 2009, 1349 (1355 f.); *Vetter*, ZIP 2009, 2136 (2136); *Begemann/Laue*, BB 2009, 2442 (2442); *Bosse*, BB 2009, 1650 (1650).

gütungssystems nachgekommen.[743] Dementsprechend bindet der von der Hauptversammlung gefasste Beschluss, unabhängig davon, ob er positiv oder negativ ausfällt, den Aufsichtsrat nicht und wirkt für diesen lediglich empfehlend.[744]

Dennoch wird sich der Aufsichtsrat faktisch an ein solches, von der Hauptversammlung getroffenes Votum gebunden fühlen und sich, trotz der theoretisch bestehenden Möglichkeit, gegen ein dem Votum widersprechendes Vorgehen entscheiden.[745] Denn durch das Votum tritt ein eindeutiger Wunsch der Anteilseigner hervor, dem sich der Aufsichtsrat im Normalfall anschließen wird.[746] Somit bleibt festzuhalten, dass ein Beschluss der Hauptversammlung nach § 120a Abs. 1 AktG zwar keine rechtliche, aber in der Praxis zumindest eine faktische Bindung des Aufsichtsrats bewirkt.

(3) Keine abschließende Wirkung von § 120a Abs. 1 AktG (auch) bei Fragen der konkreten Höhe der Vorstandsvergütung

Bei der diskutierten Vorlageberechtigung nach § 119 Abs. 2 analog für Fragen der Vorstandsvergütung würde die Hauptversammlung einen den Aufsichtsrat rechtlich bindenden Beschluss treffen, wodurch dieser in Bezug auf die Festsetzung der konkreten Vorstandsvergütung enthaftet würde.[747] Es geht also bei der Frage nach der möglichen Anwendung von § 119 Abs. 2 AktG analog neben § 120a Abs. 1 AktG darum, ob der Aufsichtsrat über die sich auf das Vergütungssystem beziehende Vorlagepflicht des § 120a Abs. 1 AktG hinaus den Anteilseignern konkrete Vergütungen einzelner Vorstandsmitglieder mit enthaftender Wirkung vorlegen können soll. Sofern der Gesetzgeber dem Aufsichtsrat bewusst die Möglichkeit verwehren wollte, sich bei Fragen der Vorstandsvergütung zu enthaften, bliebe neben § 120a Abs. 1 AktG kein Raum mehr für eine Anwendung von

743 *Kubis* in: MüKoAktG, § 120a AktG, Rn. 12.

744 *Hoffmann* in: BeckOGK-AktG, § 120a AktG, Rn. 24; BT-Drs. 19/9739, S. 92, wonach es sich beim Beschluss des Aufsichtsrats um ein „empfehlendes Votum" handelt; *Bachmann/Pauschinger*, ZIP 2019, 1 (5); *Gärtner/Himmelmann*, AG 2021, 259 (259).

745 BT-Drs. 19/9739, S. 92.

746 BT-Drs. 19/9739, S. 92.

747 Die Enthaftung des Aufsichtsrats richtet sich in einem solchen Fall nach § 116 S. 1 i. V. m. § 93 Abs. 4 S. 1 AktG.

§ 119 Abs. 2 AktG analog. Ob es also Platz für eine analoge Anwendung von § 119 Abs. 2 AktG gibt, beurteilt sich maßgeblich anhand der rechtlichen Vereinbarkeit einer Vorlagebefugnis hinsichtlich der konkreten Vergütung mit dem dualistischen System der deutschen AG sowie der Wahrung der Beschlusskompetenz des Aufsichtsrats.[748]

Zunächst sind die Erwägungen des Gesetzgebers im Regierungsentwurf[749] heranzuziehen, wonach zwar über die Implementierung eines verbindlichen Votums diskutiert, sich aber letztlich (nur) für ein empfehlendes Votum entschieden wurde.[750] Dafür werden verschiedene Argumente angeführt: Als maßgebliches Argument – insbesondere von Verbänden und Gewerkschaften – wird vorgebracht, dass sich ein bloß empfehlendes Votum besser in die Grundkonzeption des deutschen Aktienrechts einbringen ließe und daher einfacher in das bestehende Corporate Governance-System einzugliedern sei.[751] Es handle sich bei der Festlegung der Vorstandsvergütung nämlich um eine der wichtigsten Aufgaben, die der Aufsichtsrat wahrzunehmen habe, weshalb diese Aufgabe nicht in die Hände der Aktionäre wandern dürfe.[752] Die Festlegung des Vergütungssystems müsse also Aufgabe des Aufsichtsrats bleiben.

Bei einer Vorlage über die Höhe und konkrete Ausgestaltung der Vorstandsvergütung nach § 119 Abs. 2 AktG analog gibt der Aufsichtsrat die

---

748 Vgl. zum dualistischen System als Bewertungsmaßstab im Zusammenhang mit der Vergütung des Vorstands BT-Drs. 19/9739, S. 92 f. Die Zuständigkeit des Aufsichtsrats betonend *Grigoleit/Kochendörfer* in: GrigoleitAktG, § 87a AktG, Rn. 22; *Bachmann/Pauschinger*, ZIP 2019, 1 (2).

749 BT-Drs. 19/9739.

750 BT-Drs. 19/9739, S. 92. Die Frage, ob dieses Votum lediglich empfehlend oder doch verbindlich sein sollte, war einer der Hauptstreitpunkte der Diskussion, vgl. *Seibert*, FS Kübler, 2015, S. 665 ff.; *Bachmann/Pauschinger*, ZIP 2019, 1 (4).

751 BT-Drs. 19/9739, S. 92; *Verse*, NZG 2013, 921 (925). An dieser Stelle wird durch den Deutschen Gewerkschaftsbund (DGB) von einem zu erwartenden „Systembruch" gesprochen, würde der Beschluss der Hauptversammlung Bindungswirkung entfalten, Stellungnahme vom 3.6.2013, S. 3. Das Deutsche Aktieninstitut spricht in diesem Zusammenhang von einem potentiellen „Paradigmenwechsel", Stellungnahme vom 4.6.2013, S. 7 (abrufbar unter: https://www.dai.de/fileadmin/dokumente/positionspapiere/2013-04-06%20DAI%20zu%20Vorstandsverguetung%20Aktienrechtsnovelle.pdf, abgerufen am 5.9.2025).

752 BT-Drs. 19/9739, S. 92.

Entscheidung darüber aber nicht dem Wesen nach aus der Hand. Denn weiterhin legt er die relevanten Werte fest, und wenn er sodann eine Entscheidung getroffen hat, legt er erst diese der Hauptversammlung vor. Die Hauptversammlung kann nur darüber entscheiden, was ihr (in ausgefertigter Form) vorgelegt wird.[753] Sie hätte folglich keinesfalls Einfluss auf den Festlegungsprozess der Vorstandsvergütung. Lediglich auf Rechtsfolgenseite hätte der bindende Hauptversammlungsbeschluss Relevanz.[754] Die Hauptversammlung würde keinen Beschluss darüber treffen, wie die Vorstandsvergütung konkret zu bemessen ist, sondern nur darüber, ob sie der vom Aufsichtsrat festgelegten Vorstandsvergütung zustimmt oder nicht. Die Entscheidung über die Festsetzung der konkreten Vorstandsvergütung verbleibt also beim Aufsichtsrat.

Überdies wird der Zweck der Vorschrift des § 120a AktG nicht durch eine Vorlagebefugnis des Aufsichtsrats nach § 119 Abs. 2 AktG gefährdet. Denn § 120a AktG soll sicherstellen, dass der Aufsichtsrat die Aktionäre in die Auswahl des Vergütungssystems einbezieht. Die Norm kann daher primär als eine Mindestanforderung für den Aufsichtsrat hinsichtlich der Einbindung der Aktionäre gesehen werden.

a. *Vorlage der konkreten Vorstandsvergütung gemäß § 119 Abs. 2 AktG analog*

Es darf in Zweifel gezogen werden, ob der Anwendungsbereich des § 120a Abs. 1 AktG überhaupt die infrage stehende Vorlagebefugnis hinsichtlich einer einzelnen konkreten Vergütungsentscheidung abdeckt. Denn § 120a AktG verpflichtet den Aufsichtsrat, das *Vergütungssystem* der Hauptversammlung vorzulegen. Dabei handelt es sich um abstrakte Berechnungs- und Zusammenstellungsmethoden und gerade nicht um die konkrete Vergütungszusammenstellung für einzelne Vorstandsmitglieder.

Die Ergänzung des § 116 S. 3 AktG durch das VorstAG 2009[755] macht deutlich, dass die Aufsichtsratsmitglieder eine Schadensersatzpflicht bei

753 Siehe *Verse*, NZG 2013, 921 (925).

754 *Bachmann/Pauschinger*, ZIP 2019, 1 (5); *Leuering*, NZG 2017, 646 (651); *Verse*, NZG 2013, 921 (925).

755 VorstAG vom 31.7.2009 (BGBl. I 2009, S. 2509). Die Änderung von § 116 S. 3 AktG ist nur rein deklaratorischer Natur, denn bereits zuvor machten sich Aufsichtsrats-

Festlegung einer unangemessenen Vorstandsvergütung treffen soll. Der Gesetzgeber erinnert den Aufsichtsrat dadurch daran, dass er bei der Festsetzung der Vorstandsvergütung sorgfältig vorzugehen hat und dass es zu seinen wesentlichen Aufgaben gehört, eine angemessene Vorstandsvergütung festzulegen.[756] Durch den bloßen Umstand, dass der Aufsichtsrat in Fällen unangemessener Vorstandsvergütung haften soll, ist aber noch nicht gleichzeitig dargestellt, dass es der Haftungskonzeption im Aktiengesetz widerspräche, wenn sich der Aufsichtsrat durch vorherige Hauptversammlungsvorlage der konkreten Vergütungshöhe enthaften könnte. Vielmehr ist in § 93 Abs. 4 AktG sogar explizit angelegt, dass sich der Aufsichtsrat[757] in Fällen, in denen er grundsätzlich haftet, schützen kann, sofern die haftungsbegründende Maßnahme auf einem gesetzmäßigen Hauptversammlungsbeschluss beruht.

Darüber hinaus spricht ein weiterer Umstand dafür, in den Fällen der Festlegung einer konkreten Vorstandsvergütung dem Aufsichtsrat die Möglichkeit der Enthaftung durch Vorlage vor der Hauptversammlung zu gewähren. Da die Höhe der Vorstandsvergütungen inzwischen ein höchst politisiertes Thema ist, an dem sich viele Aktionäre reiben, greift der Aufsichtsrat zur eigenen Absicherung oftmals auf externe Vergütungsberater zurück, mit deren Rat er eine angemessene Vergütung festzulegen versucht.[758] Gleichzeitig sind diese Berater nicht stets von objektiven Maßstäben geleitet, sondern weisen in einigen Fällen Interessenkonflikte auf.[759] Man muss daher hinterfragen, ob es einer guten Corporate Governance im Unternehmen zuträglicher ist, externe Berater für die Festlegung der Vorstandsvergütung heranzuziehen, anstatt auf die vom Aktien-

---

mitglieder bei Festsetzung einer unangemessenen Vorstandvergütung über § 116 S. 1 i. V. m. § 93 Abs. 2 AktG schadensersatzpflichtig, *Koch*, § 116 AktG, Rn. 18; *Fleischer*, NZG 2009, 801 (804).

756 *Fleischer*, NZG 2009, 801 (804) spricht in diesem Zusammenhang von einer „Bewusstseinsverschärfung" aufseiten des Aufsichtsrats; *Bosse*, BB 2009, 1650 (1653).

757 Über § 116 S. 1 AktG hat § 93 Abs. 4 AktG auch Geltung für den Aufsichtsrat.

758 Zu externen Vergütungsberatern *Fleischer*, NZG 2009, 801 (804).

759 Mit einer Studie zu den USA und Großbritannien: *Conyon*, Compensation Consultants and Executive Pay: Evidence from the United States and the United Kingdom (May 2008), abrufbar unter SSRN: https://papers.ssrn.com/sol3/papers.cfm?abstract_id=1106729 (abgerufen am 5.9.2025).

gesetz zur Verfügung gestellten Mittel zurückzugreifen, indem man dem Aufsichtsrat im Zusammenhang mit der Vorstandsvergütung ermöglicht, sich über eine Hauptversammlungsvorlage gemäß § 119 Abs. 2 AktG analog haftungsrechtlich abzusichern.

Fortführend ist die Haftungsgefahr für den Aufsichtsrat bei Festsetzung einer unangemessenen Vergütung stets immanent, wird doch angenommen, dass sich die Aufsichtsratsmitglieder bei Festsetzung einer unangemessenen Vergütung schadensersatzpflichtig machen.[760] Dieser Differenzbetrag kann je nach Höhe der Abweichung im Einzelfall schnell oberhalb der Vergütung liegen, die das einzelne Aufsichtsratsmitglied für die Wahrnehmung des Aufsichtsratsmandats jährlich insgesamt erhält.[761] Vor diesem Hintergrund sind die Mitglieder des Aufsichtsrats auch aus finanziellen Gesichtspunkten schutzwürdig. Daher versperrt § 120a Abs. 1 AktG dem Aufsichtsrat nicht generell die Möglichkeit, der Hauptversammlung gemäß § 119 Abs. 2 AktG analog die konkrete Vergütung von Vorstandsmitgliedern zur Entscheidung vorzulegen und sich auf diese Weise absichern. Gleichzeitig wird diese hypothetische Möglichkeit eng durch die vom Aufsichtsrat anzuwendende Sorgfaltspflicht gemäß § 116 S. 1 i. V. m. § 93 Abs. 1 AktG begrenzt. Es ist nämlich zu berücksichtigen, dass der Aufsichtsrat auf diese Möglichkeit in der Praxis regelmäßig nicht zurückgreifen können wird. Es wird, entsprechend der Argumentation im Zusammenhang mit der Vorlagebefugnis der Vorstandsverträge, nicht im Interesse der einzelnen Vorstandsmitglieder liegen, dass ihre konkrete Vergütung der Hauptversammlung vorgelegt wird.

Um die kollegiale Zusammenarbeit mit dem Vorstand nicht negativ zu beeinflussen, ist dem Aufsichtsrat daher im Regelfall von einer Vorlage der konkreten Vergütung abzuraten. Konkret widerspräche es sogar dem vom Aufsichtsrat bei seiner Arbeit anzulegenden Sorgfaltsmaßstab, wenn dieser durch die Vorlage der konkreten Vorstandsvergütung das

760 *Fleischer* in: BeckOGK-AktG, § 87 AktG, Rn. 64; *Koch*, § 87 AktG, Rn. 47.

761 Siehe eine beispielhafte Aufstellung der Vergütung von Aufsichtsratsmitgliedern der Allianz: https://www.allianz.com/content/dam/onemarketing/azcom/Allianz_com/investor-relations/de/hauptversammlung/dokumentencenter/2021/de-fact-book-aufsichtsrat-verguetung-hv-2021.pdf (abgerufen am 5.9.2025).

Verhältnis zum Vorstand nachhaltig belasten und auf diese Weise zum Nachteil der Gesellschaft agieren würde.

Daher wird sich der praktische Nutzen dieser Möglichkeit ebenfalls lediglich auf atypische Konstellationen beschränken, in welchen die Gesellschafterstruktur eng umrissen und eingegrenzt ist.

b. *Unzulässige Vorlage des Vergütungssystems über § 119 Abs. 2 AktG analog neben § 120a Abs. 1 AktG*

Die Vorlage des Vergütungssystems für den Vorstand vor der Hauptversammlung ist über § 120a Abs. 1 AktG geregelt. Die Regierungsbegründung lässt erkennen, dass sich der Gesetzgeber in einer bewussten Entscheidung gegen ein verbindliches Votum der Hauptversammlung ausgesprochen hat.[762] Eine Vorlagemöglichkeit des Aufsichtsrats über § 119 Abs. 2 AktG analog würde ein ebensolches verbindliches Votum ermöglichen und über die Wirkungen der Vorschrift des § 120a Abs. 1 AktG hinausgehen. Vor diesem Hintergrund lässt sich eine zulässige Anwendung von § 119 Abs. 2 AktG analog für Aufsichtsratsvorlagen bezüglich des entwickelten Vergütungssystems für den Vorstand nur schwerlich vertreten. Ebenso spricht die systematische Stellung von § 120a AktG im Gesetz unmittelbar auf die Vorschrift des § 119 Abs. 2 AktG folgend dafür, dass sie als Spezialnorm für den Fall der Vorlage des Vergütungssystems vorrangige und abschließende Geltung beansprucht. Die Vorschrift des § 120a Abs. 1 AktG regelt, ebenso wie § 119 Abs. 2 AktG analog, den Beschluss der Hauptversammlung über einen vom Aufsichtsrat vorgelegten Gegenstand. Die Einfügung von § 120a Abs. 1 AktG an der Stelle im Gesetz unmittelbar bei § 119 Abs. 2 AktG verdeutlicht, dass der Gesetzgeber den Regelungsgehalt dieser Normen miteinander verknüpft. Hätte der Gesetzgeber § 120a Abs. 1 AktG und § 119 Abs. 2 AktG als jeweils gänzlich unabhängig voneinander zu beurteilende Normen angesehen, hätte er § 120a Abs. 1 AktG stattdessen bei § 87a Abs. 1 AktG verorten können, wo er dem Aufsichtsrat die Entwicklung des Vergütungssystems als Aufgabe zuweist. Abschließend befindet sich § 120a Abs. 1 AktG nun in einem Unterabschnitt mit der amtlichen Überschrift „*Rechte der Hauptversammlung*", wodurch erkennbar wird, dass gerade

762 BT-Drs. 19/9739, S. 92.

nicht der Aufsichtsrat über die Art und Weise der Einbindung der Hauptversammlung – die Art und Weise schließt auch die gesetzlich normierten Rechtswirkungen des Hauptversammlungsbeschlusses in § 120a Abs. 1 AktG ein – beim Vergütungssystem disponieren können soll. Stattdessen soll die Entscheidung über die Art und Weise der Einbindung der Hauptversammlung im Anwendungsbereich von § 120a Abs. 1 AktG gerade dem Einflussbereich des Aufsichtsrats entzogen sein. Eine Hauptversammlungsvorlage des Aufsichtsrats hinsichtlich des Vergütungssystems gemäß § 119a Abs. 2 AktG ist neben § 120a AktG daher unzulässig.

cc) Entscheidung über die Verfolgung von gegen Vorstandsmitglieder gerichteter Organhaftungsansprüche[763]

Ein weiterer Themenbereich, in dem eine Hauptversammlungsvorlage durch den Aufsichtsrat in Betracht kommt, ist die Verfolgung von Organhaftungsansprüchen gegen Mitglieder des Vorstands. Als relevanter Vorlagegegenstand kommt die *Durchsetzung* von Organhaftungsansprüchen in Betracht.[764] Bei der Durchsetzung von Organhaftungsansprüchen gegen Vorstandsmitglieder handelt es sich gemäß § 112 AktG um eine vom Aufsichtsrat durchzuführende Geschäftsführungsmaßnahme für die Gesellschaft.[765] Da es sich um eine Geschäftsführungsmaßnahme handelt, ist nach der hier vertretenen Ansicht grundsätzlich ein Vorlagebefugnis des Aufsichtsrats nach § 119 Abs. 2 AktG analog gegeben. Diese Befugnis erschöpft sich aber in denjenigen Bereichen, in denen Vorschriften, die aufgrund von Spezialität die Hauptversammlung vorrangig bei Fragen der Vorstandshaftung einbinden, Geltung beanspruchen – in diesen

763 *Koch*, § 111 AktG, Rn. 7ff.

764 In Abgrenzung dazu liegt die *Überprüfung*, ob überhaupt ein Organhaftungsanspruch vorliegt. Dabei handelt es sich um einen Teil der (internen) Überwachungs- und Kontrolltätigkeit des Aufsichtsrats, auf welche § 119 Abs. 2 AktG (analog) mangels Geschäftsführungsmaßnahme nicht anwendbar ist, vgl. nur *Koch*, § 111 AktG, Rn. 7.

765 Zwar entspricht es der grundsätzlichen Kompetenzverteilung im Aktienrecht, dass gemäß § 78 AktG der Vorstand für die Gesellschaft Ansprüche geltend macht und auch gerichtlich durchsetzt. Sofern Anspruchsgegner aber ehemalige oder aktuelle Vorstandsmitglieder sind, ist gemäß § 112 AktG der Aufsichtsrat für die Geltendmachung und Durchsetzung der Ansprüche der Gesellschaft zuständig, *Krebs* in: Hölters/Weber, § 147 AktG, Rn. 12; *Habersack* in: MüKoAktG, § 111 AktG, Rn. 113.

Bereichen fehlt es an einer für eine Analogie notwendigen Regelungslücke.[766] Entsprechende, den Analogiebereich begrenzende Vorschriften werden daher zunächst dargestellt.

(1) Anwendungsgrenze im Regelungsbereich von § 147 Abs. 1 AktG

Zu beachten ist dabei die Vorschrift des § 147 Abs. 1 AktG, die regelt, dass die Geltendmachung von Ersatzansprüchen gegen Vorstandsmitglieder von der Hauptversammlung beschlossen werden kann. Ein solcher Beschluss kann sowohl auf Initiative der Anteilseigner als auch der Verwaltungsorgane erfolgen.[767] Die in § 147 Abs. 1 AktG aufgeführten Ersatzansprüche der Gesellschaft müssen sodann vom Aufsichtsrat geltend gemacht werden, wenn es die Hauptversammlung mit einfacher Mehrheit beschließt.[768] Umfasst sind lediglich Ersatzansprüche, welche häufig in Form von Schadensersatzansprüchen auftreten, nicht aber Erfüllungsansprüche.[769] Neben dem aus dem Wortlaut der Vorschrift hervorgehenden Anwendungsbereich der Norm sind durch erweiternde Auslegung weitere Ausgleichsansprüche[770] sowie zugehörige Hilfsansprüche[771] umfasst.[772] Darüber hinaus fallen auch konzernrechtliche Ersatzansprüche in den Anwendungsbereich von § 147 Abs. 1 AktG.[773] Somit muss in den dargestellten Fällen bei Ersatzansprüchen gegen Vorstandsmitglieder die Anwendung von § 147 Abs. 1 AktG wegen Spezialität vorrangig sein. Damit ist die parallele Anwendung von § 119 Abs. 2 AktG (analog) in diesen Fallgruppen versperrt.

(2) Anwendungsgrenze im Regelungsbereich von § 93 Abs. 4 S. 3 AktG

Ebenfalls spezialgesetzlich geregelt ist in § 93 Abs. 4 S. 3 AktG der Fall, unter welchen Voraussetzungen sich der Aufsichtsrat von der Verpflichtung

766 *Fischbach*, ZIP 2013, 1153 (1159).
767 *Fischbach*, ZIP 2013, 1153 (1159).
768 Siehe Wortlaut in § 147 Abs. 1 AktG.
769 *Koch*, § 147 AktG, Rn. 3; *Liebscher* in: Henssler/Strohn, § 147 AktG, Rn. 3.
770 Relevant können Ansprüche aus Geschäftsführung ohne Auftrag oder ungerechtfertigter Bereicherung werden.
771 Zu denken ist dabei an eine Auskunft oder Rechenschaft.
772 *Koch*, § 147 AktG, Rn. 3; *Liebscher* in: Henssler/Strohn, § 147 AktG, Rn. 3.
773 *Koch*, § 147 AktG, Rn. 6; Ausführlich dazu *Bernau*, AG 2011, 894 (894 ff.).

zur Geltendmachung von Organhaftungsansprüchen befreien lassen kann. Zusätzlich umfasst vom Anwendungsbereich der Norm sind jegliche Rechtshandlungen, die wirtschaftlich einem Verzicht oder Vergleich gleichkommen.[774] Unter anderem setzt die Vorschrift den Ablauf einer Dreijahresfrist voraus. An dieser Stelle könnte man die Erwägung anstellen, ob es dem Aufsichtsrat nicht möglich sein soll, bereits zu einem früheren Zeitpunkt die Hauptversammlung in die Entscheidung über die Nichtverfolgung eines Anspruchs einzubeziehen, wenn er vor Ablauf dieser Dreijahresfrist Zweifel darüber hegt, ob er in absehbarer Zeit von der Verfolgung des Anspruchs Abstand nehmen kann.[775] Könnte er die Hauptversammlung bereits vor Ablauf der Frist einbeziehen, hätte er bereits zu einem frühen Zeitpunkt Gewissheit, dass die von ihm herangezogenen Gründe für die Nichtverfolgung des Anspruchs vor der Hauptversammlung bestand hätten.[776] Nach Verstreichen der Frist müsste der Aufsichtsrat lediglich noch prüfen, ob es im Anschluss an den Beschluss der Hauptversammlung noch zu Änderungen der Sachlage gekommen ist.[777] Der Vorteil einer solchen Möglichkeit für den Aufsichtsrat läge offensichtlich darin, dass er sich bereits zu einem frühen Zeitpunkt bei der Hauptversammlung über die Nichtverfolgung des Anspruchs rückversichern kann. Gleichzeitig würde es ermöglichen, dass im Einzelfall noch vor Ausscheiden einzelner Vorstandsmitglieder frühzeitig im Interesse der Gesellschaft und aller übrigen Beteiligten eine Klärung von Anspruchsfragen erfolgen kann.[778]

Eine solche Vorlage vor Ablauf der Dreijahresfrist könnte unter den Voraussetzungen des § 119 Abs. 2 AktG analog zulässig sein, sofern der Anwendungsbereich von § 93 Abs. 4 S. 3 AktG denn Raum für eine Ana-

---

774 *Sailer-Coceani* in: K. Schmidt/ Lutter, § 93 AktG, Rn. 64.

775 Gedanken dazu bei *Habersack*, NZG 2016, 321 (326). Generell für ein ersatzloses Streichen der Dreijahresfrist *Mertens/Cahn* in: KölnerKommAktG, 3. Aufl. 2010, § 93 AktG, Rn. 164; *Hopt/Roth* in: GroßKommAktG, § 93 AktG, Rn. 505; *Fleischer*, WM 2005, 909 (918 f.).

776 *Habersack*, NZG 2016, 321 (326).

777 *Habersack*, NZG 2016, 321 (326).

778 Vgl. *Fleischer* in: BeckOGK-AktG, § 93 AktG, Rn. 347. Eine kritische Auseinandersetzung mit der dreijährigen Sperrfrist in *Fleischer*, AG 2015, 133 (139); *Habersack*, FS Baums, 2017, 531 (544 f.).

logie lässt.[779] Begutachtet man den Schutzzweck der Norm, so darf dies bezweifelt werden. Sie dient vor allem dem Schutz des Gesellschaftsvermögens sowie dem der Minderheitsaktionäre.[780] Mit der Sperrfrist sollte bewirkt werden, dass gerade nicht zu einem zu frühen Zeitpunkt, an dem die gesamten, für den Sachverhalt relevanten Umstände noch nicht gänzlich überblickt werden können, über einen Verzicht auf Ersatzansprüche entschieden wird.[781] Eine Anwendung von § 119 Abs. 2 AktG analog vor Ablauf der Dreijahresfrist würde genau diesen, vom Gesetzgeber ins Auge gefassten Schutzzweck unterlaufen. § 93 Abs. 4 S. 3 AktG soll nämlich ein solches Vorgehen verhindern und das zuständige Organ dazu veranlassen, erst nach Ablauf der Dreijahresfrist Arbeitsaufwand in den Sachverhalt zu investieren, wenn die Folgen des haftungsbegründenden Verhaltens i. d. R. abschätzbar sind. Eine im Einzelfall geringere Effizienz bei der Entscheidungsfindung oder Behinderung eines zügigen Beschlusses über den Verzicht von Ersatzansprüchen bei eindeutigen Sachverhalten muss hinter dem Schutzzweck der Norm zurückstehen.[782]

De lege lata ist der Aufsichtsrat somit an die Voraussetzungen von § 93 Abs. 4 S. 3 AktG gebunden, wenn er einen Beschluss über den Verzicht der Verfolgung von Organhaftungsansprüchen erwirken will. Insbesondere eine Beschlussfassung der Hauptversammlung vor Ablauf der Dreijahresfrist über § 119 Abs. 2 AktG analog ist mangels Regelungslücke nicht möglich und würde eine Umgehung der speziellen Voraussetzungen von § 93 Abs. 4 S. 3 AktG darstellen.

---

779 *Habersack*, NZG 2016, 321 (326 f.).

780 BGH, Urteil v. 8.7.2014 – II ZR 174/13, BGHZ 202, 26, Rn. 20.

781 *Fleischer* in: BeckOGK-AktG, § 93 AktG, Rn. 339.

782 Anders *Habersack*, FS Baums, 2017, 531 (545), der das Aufrechterhalten des Schwebezustands bis zum Verstreichen der Dreijahresfrist bei eindeutigem Sachverhalt und Interessenlage als kaum zu rechtfertigende Einschränkung der Privatautonomie der Aktionäre ansieht.

(3) *Zwischenergebnis: Kein Raum für eine Anwendbarkeit von § 119 Abs. 2 AktG analog bei der Geltendmachung von Organhaftungsansprüchen gegen Vorstandsmitglieder*

Damit stellt sich die Frage, ob überhaupt noch Raum für die Anwendung von § 119 Abs. 2 AktG (analog) im Rahmen der Geltendmachung von Organhaftungsansprüchen bleibt. In Betracht käme die analoge Anwendung von § 119 Abs. 2 AktG auf Unterlassungsansprüche der Gesellschaft gegen ihre Vorstandsmitglieder. In diesem Zusammenhang ist allerdings bereits unklar, ob überhaupt solche Unterlassungsansprüche zwischen der AG und dem Vorstand bestehen können.[783] Selbst wenn man zur Erkenntnis gelangen sollte, dass solche Unterlassungsansprüche gegenüber Vorstandsmitgliedern bestehen können, ist umstritten, ob für diese der Anwendungsbereich von § 147 AktG eröffnet ist.[784] Besonders unter Verweis auf den Ausschluss der Hauptversammlung von der Geschäftsführung (§ 119 Abs. 2 AktG) wird die Anwendung von § 147 AktG auf Unterlassungsansprüche als ein möglicher Verstoß gegen die aktienrechtliche Kompetenzordnung abgelehnt, da es der Hauptversammlung nicht möglich sein soll, über den Umweg des § 147 AktG die Unterlassung einer Geschäftsführungsmaßnahme zu erzwingen.[785] Mit selbigem Argument müsste man sodann auch eine Vorlagemöglichkeit des Aufsichtsrats über § 119 Abs. 2 AktG analog ablehnen. Denn genauso könnte der Aufsichtsrat auf diese Weise als nicht zuständiges Organ die Durchführung einer Geschäftsführungsmaßnahme erzwingen.

Es wurde erkennbar, dass kein Raum für eine Anwendung von § 119 Abs. 2 AktG analog im Zusammenhang mit der Geltendmachung von gegen den Vorstand gerichteter Organhaftungsansprüche besteht. Der

783 Siehe dazu *Harnos*, Gerichtliche Kontrolldichte, 2021, S. 18 ff.; *Koch*, ZHR 180 (2016), 578 (599 ff., 607 f.).

784 Nähme man dies an, würde es an einer Regelungslücke für die Anwendung von § 119 Abs. 2 AktG analog fehlen, so *Holzborn/Faulhaber* in: Bürgers/Lieder, § 147 AktG, Rn. 3; *Liebscher* in: Henssler/Strohn, § 147 AktG, Rn. 3; *Mock* in: BeckOGK-AktG, § 147 AktG, Rn. 43.4; ablehnend *Arnold* in: MüKoAktG, § 147, Rn. 28; *Rieckers/J. Vetter* in: KölnerKommAktG, § 147 AktG, Rn. 132 ff.; *Spindler* in: K. Schmidt/Lutter, § 147 AktG, Rn. 3.

785 *Krebs* in: Hölters/Weber, § 147 AktG, Rn. 5; *Rieckers/J. Vetter* in: KölnerKommAktG, § 147 AktG, Rn. 133; *Roßkopf/Gayk*, DStR 2020, 2078 (2079).

Gesetzgeber lässt an dieser Stelle keine planwidrige Regelungslücke offen, die durch eine analoge Anwendung von § 119 Abs. 2 AktG ausgefüllt werden könnte.

2. Keine Verpflichtung der Hauptversammlung, bei Vorlage durch den Aufsichtsrat einen Beschluss zu fassen

Bei einer unmittelbaren Anwendung von § 119 Abs. 2 AktG ist die Hauptversammlung nicht verpflichtet, eine Entscheidung zu treffen, sondern nach dem Wortlaut „kann" sie bei Vorliegen eines Verlangens des Vorstands entscheiden. Daraus ergibt sich, dass es von der Hauptversammlung auch abgelehnt werden kann, überhaupt einen Beschluss zu fassen,[786] mit der Konsequenz, dass das Haftungsrisiko des Vorstands bestehen bleibt. Der Hauptversammlung steht es damit frei, lediglich eine rechtlich nicht bindende Meinungsäußerung abzugeben, durch welche der Vorstand ebenfalls nicht enthaftet wird.

Bei einer Vorlage durch den Aufsichtsrat gelten diese Grundsätze entsprechend. Nur weil man die Vorlage durch den Aufsichtsrat nach § 119 Abs. 2 AktG analog als zulässig erachtet, hat der Aufsichtsrat, ebenso wie der Vorstand, keinen Anspruch auf eine Beschlussfassung durch die Hauptversammlung. Der Hauptversammlung steht es frei, auch gegenüber dem Aufsichtsrat lediglich eine unverbindliche Meinungsäußerung kundzutun.

786 Dies ist nicht zu verwechseln mit dem Fall, in dem die Hauptversammlung einen ablehnenden Beschluss über die vorgelegte Geschäftsführungsmaßnahme trifft.

D. Recht zur Prüfung durch Sachverständige nach § 111 Abs. 2 S. 2 AktG

Damit der Aufsichtsrat seinen Rechten und Pflichten nachkommen und seine Kontrollaufgabe ordnungsgemäß ausführen kann, sind aktuelle und vollständige Informationen über die Gesellschaft die Basis.[787] Betrachtet man die Informationsversorgung des Aufsichtsrats, so ist der Vorstand das für ihn wichtigste Informationsmittel. Denn einen Großteil der Informationen, die der Aufsichtsrat erhält, erlangt er durch die Vorstandsberichte nach § 90 AktG.[788] Daraus resultiert in zeitlicher Hinsicht automatisch ein Informationsvorsprung des Vorstands.[789] Gleichzeitig gehört es zu den elementaren Aufgaben des Aufsichtsrats, gerade jenen Vorstand, von welchem der Aufsichtsrat die Informationen über die Gesellschaft erhält, zu überwachen.[790] Diese Konstellation mündet in dem Umstand, dass der Vorstand als das kontrollierte Organ selbst in der Hand hat, mit welchen Informationen er den Aufsichtsrat als das ihn kontrollierende Organ versorgt.[791] Betrachtet man dieses Spannungsverhältnis zwischen Aufsichtsrat und Vorstand sowie Fälle, in denen eine etwaige Pflichtverletzung von Vorstandsmitgliedern oder generell Unregelmäßigkeiten bei der Vor-

---

787 *Lutter*, ZGR 2001, 224 (232); *Dreher*, FS Ulmer, 2003, S. 87 (92); *Grunewald*, ZGR 2020, 469 (478); *Schmolke*, FS Grunewald, 2021, S. 1041 (1046f.); *Henning*, ZGR 2020, 485 (485f.); *Hopt*, ZGR 2019, 507 (527f.); *Peltzer/v. Werder*, AG 2001, 1 (5).

788 *Lutter/Krieger/Verse*, Rechte und Pflichten des Aufsichtsrats, § 6, Rn. 241.

789 *Heinen/Schilz/Kahle*, ZIP 2022, 553 (561).

790 Siehe A.II.1.

791 *Heinen/Schilz/Kahle*, ZIP 2022, 553 (561) bezeichnet diese Konstellation als „*brisant*" und auch *Koch*, ZGR 2020, 183 (201) erkennt dies als „*systemimmanentes Grundproblem des Aktienrechts*".

standsarbeit im Raum stehen, sollten dem Aufsichtsrat für die pflichtgemäße Erfüllung seiner Überwachungsaufgabe weitere Informationswege offenstehen.[792] Konkret geht es dabei selten um Präventionsfragen, sondern häufiger um die Aufklärung von in der Vergangenheit liegendem Fehlverhalten einzelner Mitglieder des Vorstands, welches in der Geltendmachung von Schadensersatzansprüchen mündet.[793]

Der Gesetzgeber hat für solche Fälle dem Aufsichtsrat ein zusätzliches ergänzendes Informationsrecht gewährt. Über § 111 Abs. 2 S. 1 und 2 AktG hat der Aufsichtsrat ein umfassendes Einsichts- und Prüfungsrecht, welches ihm ermöglicht, eigenständig Informationen über die Geschäftsführung zu erhalten.[794] Der Einsatz dieses Aufsichtsmittels im Aufsichtsratsplenum ist schlicht aufgrund der teilweise höheren Anzahl an Aufsichtsratsmitgliedern unpraktikabel. Zwar könnte der Aufsichtsrat die Maßnahmen zur Informationsermittlung stattdessen durch einen Ausschuss oder einzelne Aufsichtsratsmitglieder durchführen lassen,[795] aber auch dies stellt einen wenig praktikablen Weg dar, da die einzelnen Aufsichtsratsmitglieder regelmäßig nicht in der Lage sind, das Unternehmen derartig zu überblicken, dass sie die gesuchten Informationen selbstständig auffinden können.[796]

Der Gesetzgeber hat diese Problematik gesehen und gibt dem Aufsichtsrat mit § 111 Abs. 2 S. 2 AktG ein Aufsichtsmittel an die Hand, welches ihm das Recht gewährt, Sachverständige zu beauftragen und sein Einsichts- und Prüfungsrecht auf sie zu delegieren.[797] Beobachtungen der Entwicklung in der Praxis zeigen, dass dieses Instrument des Aufsichtsrats

792 *Habersack* in: MüKoAktG, § 111 AktG, Rn. 72; *Koch*, § 111 AktG, Rn. 34. Ausführlich zu den zusätzlichen Informationsquellen des Aufsichtsrats *Haßler*, BB 2017, 1603 (1603 ff.).

793 *Drygala* in: K. Schmidt/Lutter, § 111 AktG, Rn. 32; *Diekmann/Wurst*, NZG 2014, 121 (124); *Hüffer*, NZG 2007, 47 (53).

794 *Habersack* in: MüKoAktG, § 111 AktG, Rn. 71. Ausführlich zu der notwendigen Inanspruchnahme externer Berater durch den Aufsichtsrat *Lieder*, ZGR, 2018, 523 (564 ff.).

795 *Lutter*, Information und Vertraulichkeit im Aufsichtsrat, Rn. 298.

796 *Grunewald*, ZGR 2020, 469 (480).

797 *Hoffmann-Becking*, ZGR 2011, 136 (137).

immer mehr an Bedeutung gewinnt.[798] Im Folgenden wird daher neben den allgemeinen Voraussetzungen des Einsatzes eines Sachverständigen insbesondere die folgende Frage in das Zentrum der Ausführungen gerückt, ob dieses Informationsmittel gleichrangig und neben den vom Vorstand gewährten Informationen einsetzbar ist oder ob der Aufsichtsrat Sachverständige lediglich subsidiär beauftragen darf, wenn die ihm vom Vorstand gewährte Information im Einzelfall nicht ausreichend ist.

I. Anordnungskompetenz des Aufsichtsrats

Originär zuständig für die Anordnung einer Prüfung durch Sachverständige nach § 111 Abs. 2 S. 2 AktG ist der Aufsichtsrat als gesamtes Organ. Diese Kompetenz kann der Aufsichtsrat delegieren. Sie gehört nicht zum Katalog des § 107 Abs. 3 S. 3 AktG und unterliegt daher keinem Delegationsverbot, weshalb das Aufsichtsratsplenum diese Kompetenz an einen Ausschuss oder an einzelne Mitglieder delegieren kann.[799]

Keiner einhelligen Ansicht unterliegt in diesem Zusammenhang die Konstellation, in der der Aufsichtsrat eine beliebige Aufgabe an einen Ausschuss delegiert, bei welcher dieser anstelle des Plenums eine Entscheidung treffen soll. Denn dabei wird die Frage virulent, ob dem Ausschuss stets gemeinsam mit der Übertragung dieser beliebigen Aufgabe ebenfalls die Kompetenz übertragen wird, eine besondere Prüfung gem. § 111 Abs. 2 S. 2 AktG durchzuführen. Ein gängiges Beispiel für einen solchen Fall liegt vor, wenn der Prüfungsausschuss auf die Idee kommt, sich im Rahmen der Überwachung des Rechnungslegungsprozesses gemäß § 107 Abs. 3 S. 2 AktG nicht ausschließlich auf den Abschlussprüfer zu verlassen, sondern zusätzlich noch einen spezialisierten Sachverständigen heranziehen möchte.[800] Technisch wird unterschiedlich beurteilt auf welcher Rechtsgrundlage die gleichzeitige Durchführungskompetenz einer besonderen Prüfung nach § 111 Abs. 2 S. 2 AktG übertragen wird. So wird unter Hinweis auf die Erforderlichkeit eines ausdrücklichen Aufsichtsratsbe-

798 *Hoffmann-Becking*, ZGR 2011, 136 (138).

799 *Lutter*, Information und Vertraulichkeit im Aufsichtsrat, Rn. 298.

800 Beispiel aus *Hoffmann-Becking*, ZGR 2011, 136 (143).

schlusses teilweise eine konkludente Delegation des Prüfungsrechts im Rahmen der Übertragung der sonstigen Aufgabe angenommen.[801] Offen bleibt bei diesem Vorschlag allerdings, wie dieser konkludente Beschluss auszusehen hat.

Überzeugender erscheint es daher den getroffenen Aufsichtsratsbeschluss über die Übertragung eines bestimmten Aufgabenbereichs zunächst auszulegen und zu dem Ergebnis zu kommen, dass die Kompetenz für die Durchführung einer besonderen Prüfung an den Ausschuss mitdelegiert wird und in einer Annexkompetenz zu der bereits übertragenen bestimmten Aufgabe kraft Sachzusammenhangs zu sehen ist.[802]

1. Formelle Voraussetzungen für die Beauftragung eines Sachverständigen

Die Prüfung durch besondere Sachverständige oder einzelne (fachkundige) Aufsichtsratsmitglieder nach § 111 Abs. 2 S. 2 AktG ermöglicht es dem Aufsichtsrat, das ihm zustehende Einsichts- und Prüfungsrecht nicht stets durch das Plenum auszuüben, sondern diese Aufgabe einzelnen Personen anzuvertrauen, die eine hohe Fachexpertise aufweisen. Aus dem Wortlaut „für bestimmte Aufgaben" ergibt sich dabei, dass ein besonderer Sachverständiger nur für Einzelfälle, also nicht generell beauftragt werden darf.[803]

Voraussetzung für die Beauftragung sowie die Auswahl des besonderen Sachverständigen ist ein Beschluss des Aufsichtsrats gem. § 108 Abs. 1 AktG. Dabei steht es dem Aufsichtsrat offen, beide Entscheidungen durch Beschluss auf ein einzelnes seiner Mitglieder oder auf einen speziell für die Ausübung des Einsichts- und Prüfungsrechts ermächtigten Ausschuss zu übertragen.[804] Inhaltlich muss dieser Beschluss bestimmt sein, denn ein

801 *Hopt/Roth* in: GroßKommAktG, § 111 AktG, Rn. 405.

802 So *Mertens/Cahn* in: Kölner Komm AktG, § 111 AktG, Rn. 56; *Hoffmann-Becking*, ZGR 2011, 136 (143).

803 *Habersack* in: MüKoAktG, § 111 AktG, Rn. 83; *Lutter*, Information und Vertraulichkeit im Aufsichtsrat, Rn. 298.

804 *Koch*, § 111 AktG, Rn. 38; *Habersack* in: MüKoAktG, § 111 AktG, Rn. 86; *Mertens/Cahn* in: KölnerKommAktG, § 111 AktG, Rn. 61; *Hopt/Roth* in: GroßKommAktG, § 111 AktG, Rn. 412; *Lutter*, Information und Vertraulichkeit im Aufsichtsrat, Rn. 301; *Hoffmann-Becking*, ZGR 2011, 136 (143).

bloß genereller und ungenau definierter Untersuchungsauftrag würde die Organisationsselbstständigkeit des Aufsichtsrats, welche zu seinen unveräußerlichen Kernaufgaben gehört, verletzen und wäre daher unzulässig.[805] Folglich muss der zu überprüfende Gegenstand hinreichend beschränkt sein.[806] Diese Beschränkung hat sowohl in sachlich-inhaltlicher als auch in zeitlicher Hinsicht zu erfolgen.[807] Unzulässig wäre es daher, den Sachverständigen mit der generellen Wahrnehmung von Einsichts- und Prüfungsaufgaben zu betrauen, weshalb der Beschluss zur Beauftragung des Sachverständigen bereits eine konkrete, vom Sachverständigen zu erfüllende Aufgabe beinhalten muss.[808]

Des Weiteren enthält der Beschluss die Person des Sachverständigen.[809] Bei dessen Auswahl hat der Aufsichtsrat einen weiten Ermessenspielraum, allerdings impliziert die Begrifflichkeit,[810] dass eine gewisse Fachexpertise vonnöten ist, welche sich auf den Prüfungsgegenstand beziehen muss.[811]

Die zulässige Beauftragung eines Sachverständigen setzt jedoch nicht voraus, dass der Aufsichtsrat nicht selbst in der Lage ist, die Prüfung durchzuführen oder an die begehrte Information zu gelangen.[812] Es ist ausreichend, dass die Informationsbeschaffung durch den Sachverständigen zielführender bzw. besser zu erreichen ist.[813]

805 Zur Organisationsselbstständigkeit des Aufsichtsrats BGH, Urteil v. 17.5.1993 – II ZR 89/92, BGHZ 122, 342 (355); *Koch*, § 107 AktG, Rn. 25; *Hopt/Roth* in: GroßKommAktG, § 107 AktG, Rn. 298; *Mertens/Cahn* in: KölnerKommAktG, § 107 AktG, Rn. 96.

806 *Grigoleit/Tomasic* in: GrigoleitAktG, § 111 AktG, Rn. 51.

807 BGH, Urteil v. 15.11.1982 – II ZR 27/82, BGHZ 85, 293 (296); *Hopt/Roth* in: GroßKommAktG, § 111 AktG, Rn. 410; *Koch*, § 111 AktG, Rn. 38; *Mertens/Cahn* in: KölnerKommAktG, § 111 AktG, Rn. 63; *Groß-Bölting/Rabe* in: Hölters/Weber, § 111 AktG, Rn. 65; *Hoffmann-Becking* in: MünchHdB GesR IV, § 29 Rn. 52.

808 BGH, Urteil v. 15.11.1982 – II ZR 27/82, BGHZ 85, 293 (296); *Habersack* in: MüKoAktG, § 111 AktG, Rn. 87.

809 *Lutter*, Information und Vertraulichkeit im Aufsichtsrat, Rn. 299.

810 Gemeint ist der Begriff „Sachverständiger".

811 *Lutter*, Information und Vertraulichkeit im Aufsichtsrat, Rn. 299.

812 *Habersack* in: MüKoAktG, § 111 AktG, Rn. 88; a. A. *Lutter*, Information und Vertraulichkeit im Aufsichtsrat, Rn. 304, wonach sich der Aufsichtsrat nicht „beliebig" durch Bestellung Dritter von seinen Aufgaben entlasten könne.

813 Dies steht in Einklang mit der Informationsbeschaffung als dem primären Zweck bei

2. Verpflichtung zum Einsatz eines Sachverständigen im Einzelfall?

§ 111 Abs. 2 S. 1 und 2 AktG sollen es dem Aufsichtsrat ermöglichen, in eigener Initiative von seinem Einsichts- und Prüfungsrecht Gebrauch zu machen.[814] Es stellt sich weiterführend die Frage, ob aus dem Recht, tätig zu werden, in bestimmten Fällen sogar eine Verpflichtung erwachsen kann, in denen der Aufsichtsrat von diesem Kontrollinstrument Gebrauch machen muss, um seiner Überwachungsaufgabe ordnungsgemäß nachkommen zu können.

Der Aufsichtsrat hat sich bei seiner Entscheidungsfindung stets am Interesse der Gesellschaft zu orientieren.[815] Er hat im Rahmen seines pflichtgemäßen Ermessens über die Beauftragung eines Sachverständigen zu entscheiden. Dies kann zur Folge haben, dass der Aufsichtsrat zur Beauftragung eines Sachverständigen im Einzelfall verpflichtet sein kann, wenn Anhaltspunkte für Unregelmäßigkeiten in der Informationsversorgung bestehen.[816] Zwar kann sich der Aufsichtsrat grundsätzlich darauf verlassen, dass die ihm vom Vorstand übermittelten Informationen ausreichend für eine adäquate Entscheidungsfindung sind.[817] Der Aufsichtsrat ist nämlich selbst verantwortlich, sich die notwendigen Informationen zu beschaffen, wenn er befürchten muss, ohne eigene Initiative seiner Überwachungsaufgabe nicht in angemessener Weise nachkommen zu können.[818]

Er hat daher seine Informationsmöglichkeiten in der Weise auszuschöpfen, die für die entsprechende Entscheidung erforderlich ist.[819] So ist, während das Unternehmen in einer Krise steckt, die Beauftragung eines Sachverständigen im Einzelfall angemessener als in ruhigen Zeiten.[820]

---

der Beauftragung eines Sachverständigen, vgl. *Lutter*, Information und Vertraulichkeit im Aufsichtsrat, Rn. 298.

814 *Habersack* in: MüKoAktG, § 111 AktG, Rn. 71.

815 *Habersack* in: MüKoAktG, § 111 AktG, Rn. 88; *Lutter*, AG 1991, 249 (252).

816 *Habersack* in: MüKoAktG, § 111 AktG, Rn. 88.

817 *Grunewald*, ZGR 2020, 469 (482);

818 *Habersack* in: MüKoAktG, § 111 AktG, Rn. 58; *Hüffer*, NZG 2007, 47, (48 f.); *Kropff*, FS Raiser, 2005, 225, (231 ff.).

819 *Grunewald*, ZGR 2020, 469 (482) spricht diesbezüglich von einer sog. *Informationsbeschaffungspflicht*.

820 Vgl. *Hopt/Roth* in: GroßKommAktG, § 111 AktG, Rn. 387; *Grunewald*, ZGR 2020, 469 (482).

Ebenfalls hat der Aufsichtsrat darauf zu achten, dass er bei Geschäften mit maßgeblicher Bedeutung oder von besonderer Schwierigkeit einen höheren Sorgfaltsmaßstab anlegt und bei fehlender eigener Expertise einen Sachverständigen hinzuzieht.[821]

Im Ergebnis kann den Aufsichtsrat die Verpflichtung treffen, einen Sachverständigen zu beauftragen, wenn dies zur Schaffung einer ausreichenden und angemessenen Informationslage erforderlich erscheint. Maßgeblich für die Entscheidung über eine Beauftragung eines Sachverständigen ist das Ziel der ordnungsgemäßen Erfüllung seiner Überwachungsaufgabe.

Im Ergebnis ist es keine Voraussetzung für die Hinzuziehung eines Sachverständigen nach § 111 Abs. 2 S. 2 AktG, dass der Aufsichtsrat einen besonderen Anlass für eine gesonderte Prüfung hat. Besteht nämlich kein expliziter Anlass für die Prüfung, darf der Aufsichtsrat richtigerweise dennoch zumindest stichprobenartig Sachverständige mit dem Einsichts- und Prüfungsrecht betrauen. Besteht sogar ein konkreter Anlass für eine gesonderte Prüfung durch den Aufsichtsrat, gebietet es ohnehin das pflichtgemäße Ermessen, tätig zu werden.

II. Umfang und Grenzen von § 111 Abs. 2 S. 2 AktG

1. Umfang

Das Recht zum Einsatz von Sachverständigen orientiert sich an den Kompetenzen des Aufsichtsrats und ist an deren Reichweite gekoppelt.[822] In diesem Rahmen darf der Aufsichtsrat grundsätzlich einen besonderen Sachverständigen einsetzen, wenn er zu der Erkenntnis gelangt, dass dies erforderlich ist, um seiner Überwachungsaufgabe in angemessener Weise nachzukommen.[823] Er kann namentlich Bücher, Schriften und Ver-

---

821 *Drygala* in: K. Schmidt/Lutter, § 111 AktG, Rn. 15; *Hoffmann-Becking* in: MünchHdB GesR IV, § 29 Rn. 56; *Grunewald*, ZGR 2020, 469 (482).

822 Dies ergibt sich bereits daraus, dass der Aufsichtsrat seine Kompetenzen auf den Sachverständigen überträgt und seine Befugnisse daher nicht die des Aufsichtsrats übersteigen können.

823 *Habersack* in: MüKoAktG, § 111 AktG, Rn. 78.

mögensgegenstände der Gesellschaft einsehen sowie prüfen (§ 111 Abs. 2 S. 1 AktG). Diese Aufzählung ist als exemplarisch anzusehen, und darüber hinaus umfasst das Recht zur Einsichtnahme grundsätzlich den gesamten Datenbestand des Unternehmens inklusive schriftlicher und digitalisierter Berichte.[824] Nicht lediglich der Anlass, sondern auch der Umfang der Beauftragung eines Sachverständigen richten sich nach dem Gesellschaftsinteresse.[825] Daher steht es dem Einsatz eines Sachverständigen nicht generell entgegen, wenn der Aufsichtsrat befürchtet, durch die Beauftragung die Autorität des Vorstands zu untergraben.[826] Die effiziente Wahrnehmung der Überwachungsaufgabe ist vielmehr mit den durch die Durchführung des Einsichts- und Prüfungsrechts verbundenen Nachteilen für die Gesellschaft, wie das nach außen hervortretende Misstrauen gegenüber dem Vorstand, abzuwägen.[827] Der vom Aufsichtsrat getroffene Beschluss über die Beauftragung eines Sachverständigen konkretisiert und begrenzt die dem Sachverständigen zustehenden Kompetenzen.[828]

2. Grenzen

Da sich die inhaltlichen Themengebiete für die Beauftragung des Sachverständigen an den Kompetenzen des Aufsichtsrats orientieren, darf sich die Beauftragung folglich nur auf Bereiche erstrecken, auf die sich generell die dem Aufsichtsrat zugewiesenen Kompetenzen erstrecken.[829] Konkret darf der Aufsichtsrat daher insbesondere nicht in Alltagsfragen auf das Einsichts- und Prüfungsrecht zurückgreifen, um auf diese Weise den Vorstand in diesem Bereich standardisiert und wiederkehrend zu kontrollieren.[830] In diesem Sinne darf das Recht aus § 111 Abs. 2 S. 2 AktG

---

824 *Koch*, § 111 AktG, Rn. 34; *Hoffmann-Becking*, ZGR 2011, 136 (149); Hüffer, NZG 2007, 47 (53).

825 *Habersack* in: MüKoAktG, § 111 AktG, Rn. 88; *Lutter*, AG 1991, 249 (252).

826 *Hopt/Roth* in: GroßKommAktG, § 111 AktG, Rn. 394; *Habersack* in: MüKoAktG, § 111 AktG, Rn. 88.

827 *Hopt/Roth* in: GroßKommAktG, § 111 AktG, Rn. 394; *Lutter/Krieger/Verse*, Rechte und Pflichten des Aufsichtsrats, § 6, Rn. 244.

828 *Habersack* in: MüKoAktG, § 111 AktG, Rn. 85, 90.

829 *Habersack* in: MüKoAktG, § 111 AktG, Rn. 77.

830 *Mertens/Cahn* in: KölnerKommAktG, § 111 AktG, Rn. 52; *Habersack* in: Habersack/

nicht als eine generelle Befugnis zum Zugriff auf jegliche Daten, auf die der Vorstand Zugriff hat, verstanden werden.[831]

Es ist stets im Auge zu behalten, dass der Aufsichtsrat seine Kontrollaufgaben nicht auf einen externen Sachverständigen abwälzen darf. Die Beauftragung eines Sachverständigen darf nicht dazu führen, dass die vom Aufsichtsrat wahrzunehmende Kontrolltätigkeit zu wesentlichen Teilen auf den Sachverständigen übertragen und dieser faktisch zu einem „Schattenaufsichtsrat" erhoben wird.[832] So ist neben der inhaltlichen und zeitlichen Begrenzung des Prüfauftrags auch stets zu beachten, dass der Sachverständige die entsprechenden Informationen zwar beschaffen, die Bewertung der erhaltenen Informationen aber weiterhin dem Aufsichtsrat obliegen soll.[833] Dem Sachverständigen kommt im Verhältnis zum Aufsichtsrat eine Gehilfenfunktion zu.[834] Der Sachverständige darf nicht in eigener Entscheidung weitere Experten hinzuziehen.[835] Zwar kann sich der Aufsichtsrat auf die bei der Auswahl festgestellte Expertise und Fachkompetenz des Sachverständigen verlassen, muss diesen aber bei seinem Verfahren zur Ermittlung der Information zur Seite stehen.[836] Der Aufsichtsrat sollte daher stets in das Verfahren involviert sein und darf die Verantwortung zur Informationsermittlung nicht gänzlich aus den Händen geben.

Im Übrigen werden die Befugnisse des Sachverständigen durch den Inhalt des Beschlusses begrenzt.[837]

Henssler, Mitbestimmungsrecht, § 25 MitbestG, Rn. 56 f.; *Groß-Bölting/Rabe* in: Hölters/Weber, § 111 AktG, Rn. 54; *Lutter/Krieger/Verse*, Information und Vertraulichkeit im Aufsichtsrat, Rn. 294.

831 *Groß-Bölting/Rabe* in: Hölters/Weber, § 111 AktG, Rn. 54.

832 *Lutter/Krieger/Verse*, Information und Vertraulichkeit im Aufsichtsrat, Rn. 298.

833 *Mertens/Cahn* in: KölnerKommAktG, § 111 AktG, Rn. 56; *Lutter/Krieger/Verse*, Information und Vertraulichkeit im Aufsichtsrat, Rn. 298.

834 *Hopt/Roth* in: GroßKommAktG, § 111 AktG, Rn. 64; *Habersack* in: MüKoAktG, § 111 AktG, Rn. 90.

835 *Habersack* in: MüKoAktG, § 111 AktG, Rn. 85, 90.

836 *Mertens/Cahn* in: KölnerKommAktG, § 111 AktG, Rn. 56; *Hopt/Roth* in: GroßKommAktG, § 111 AktG, Rn. 417.

837 *Habersack* in: MüKoAktG, § 111 AktG, Rn. 85, 90.

a) Rangverhältnis der durch den Vorstand erfolgenden Information zu der Selbstinformation des Aufsichtsrats im Rahmen von § 111 Abs. 2 S. 2 AktG

Wie bereits festgestellt, gibt es Fälle, in denen der Aufsichtsrat nach § 111 Abs. 2 S. 2 AktG verpflichtet ist, tätig zu werden. Als weitergehende Problemstellung stellt sich in diesem Zusammenhang nun die Frage, wann der Aufsichtsrat aus eigener Motivation tätig werden darf – mithin *berechtigt* ist. Denn es ist umstritten, ob der Aufsichtsrat von dem Einsichts- und Prüfungsrecht nach eigenem Belieben Gebrauch machen darf oder ob ein derartiges Rangverhältnis zwischen der vorstandsunabhängigen Information auf der einen und der Information durch den Vorstand auf der anderen Seite besteht, dass der Aufsichtsrat zunächst weitere Berichte durch den Vorstand anfordern muss und nur in gesonderten Einzelfällen Sachverständige zur Prüfung einsetzen darf.

Die Beauftragung eines Sachverständigen zur Informationsbeschaffung muss im Zusammenhang mit der Informationsversorgung des Aufsichtsrats durch den Vorstand gesehen werden. Denn der Wortlaut des § 111 Abs. 2 S. 2 AktG lässt offen, ob die Informationsversorgung des Aufsichtsrats bevorzugt in die Hände des Vorstands gelegt werden soll oder der Aufsichtsrat auch in gleicher Weise in eigener Initiative tätig werden darf. Auch § 90 AktG beschreibt lediglich, in welchen Bereichen der Vorstand dem Aufsichtsrat zu berichten hat. Es geht aber nicht aus dem Wortlaut hervor, ob diese Berichterstattung vorrangig vor der eigenen Informationsbeschaffung des Aufsichtsrats oder mit dieser gleichrangig erfolgen soll.

Wirft man einen Blick auf den Zweck des Einsichts- und Prüfungsrechts, so dient es der ordnungsgemäßen Erfüllung der Überwachungsaufgabe durch den Aufsichtsrat.[838] Dem Aufsichtsrat soll neben dem Zugang zu den ihm vom Vorstand überlassenen Informationen die Möglichkeit eingeräumt werden, diese überlassenen Informationen zu überprüfen sowie eigene Recherchen durchzuführen, wodurch offen gebliebene Fragen geklärt werden können, um die vom Vorstand gewährten Informa-

838 *Veil* in: BeckOGK-AktG, § 111 AktG, Rn. 41; *Habersack* in: MüKoAktG, § 111 AktG, Rn. 72.

tionen zu ergänzen.[839] Es handelt sich folglich beim Einsichts- und Prüfungsrecht um ein weiteres Überwachungsinstrument des Aufsichtsrats, von dem er grundsätzlich im Rahmen eines breiten Ermessens zum Zwecke der angemessenen Erfüllung seiner Überwachungsaufgabe Gebrauch machen kann. Er hat sich dabei lediglich vom Gesellschaftsinteresse leiten zu lassen.[840]

Bei dem Aspekt der Reichweite des breiten Ermessensspielraums vom Aufsichtsrat bei der Beauftragung des Sachverständigen ist einzuhaken und dieser vertiefend zu beleuchten. Denn es wird unterschiedlich beurteilt, ob der Aufsichtsrat stets aus eigener Initiative heraus auf das Mittel der Beauftragung eines Sachverständigen zurückgreifen darf oder ob der Einsatz dieses Instruments subsidiär zur Informationsversorgung durch den Vorstand erfolgt. In letzterem Fall kommt die Beauftragung eines Sachverständigen lediglich dann in Betracht, wenn die vom Vorstand gewährten Informationen als Informationsgrundlage für den Aufsichtsrat zur angemessenen Erfüllung seiner Überwachungsaufgabe nicht ausreichend sind.

aa) Gleichrangigkeit des Einsichts- und Prüfungsrechts

So streiten einige Autoren dafür, die vorstandsunabhängige Information des Aufsichtsrats über § 111 Abs. 2 S. 2 AktG als gleichrangig zu denjenigen Informationen anzusehen, die der Aufsichtsrat durch den Vorstand erhält.[841] Die Begründung dafür liege in der Entwicklung vom Verständnis einer guten Corporate Governance innerhalb der AG in den vergangenen Jahren.[842] Transparenz innerhalb der Vorgänge der Gesellschaft sowie die Übernahme angloamerikanischer Standards spiele bei der Unternehmensführung inzwischen eine deutlich größere Rolle als noch in der Vergangenheit, weshalb das Argument, dass die Wahrnehmung

839 *Groß-Bölting/Rabe* in: Hölters/Weber, § 111 AktG, Rn. 54; *Veil* in: BeckOGK-AktG, § 111 AktG, Rn. 47 f.; *Habersack* in: MüKoAktG, § 111 AktG, Rn. 72.

840 *Habersack* in: MüKoAktG, § 111 AktG, Rn. 72; *Lutter/Krieger/Verse*, Information und Vertraulichkeit im Aufsichtsrat, Rn. 304.

841 *Hopt/Roth* in: GroßKommAktG, § 111 AktG, Rn. 397; *Roth*, AG 2004, 1 (7); *Leyens*, Information des Aufsichtsrats, 2006, S. 158 ff., insbes. S. 172 ff.; *Schneider, Sven H.*, Informationspflichten und Informationssystemeinrichtungspflichten im Aktienkonzern, 2006, S. 104 f.

842 *Roth*, AG 2004, 1 (7).

des Einsichts- und Prüfungsrechts ein Misstrauensvotum seitens des Aufsichtsrats gegenüber dem Vorstand darstelle, praktisch deutlich entwertet sei.[843] Die Beauftragung eines Sachverständigen habe sich vielmehr normalisiert als noch in der Vergangenheit, weshalb das Verhältnis zwischen Vorstand und Aufsichtsrat dadurch nicht mehr erheblich belastet werde.[844]

Darüber hinaus sieht auch der Bundesgerichtshof die Information durch den Vorstand nach § 90 Abs. 3 AktG *insbesondere* in der Unternehmenskrise als gleichrangig neben dem Recht des Aufsichtsrats aus § 111 Abs. 2 AktG stehend an und fordert vom Aufsichtsrat, jegliche ihm zur Verfügung stehenden Erkenntnismöglichkeiten auszuschöpfen.[845] Zwar ist durch den Vermerk auf Krisensituationen nicht zwingend hinsichtlich der Frage weitergeholfen, ob der Aufsichtsrat stets anlasslos von seinem Prüfungsrecht Gebrauch machen darf.

Gleichzeitig öffnet der Bundesgerichthof aber mit seiner Formulierung den Weg hin zu einer gleichrangigen Nutzung von § 111 Abs. 2 S. 1 und S. 2 AktG, wenn er den Aufsichtsrat als verpflichtet ansieht, sich ein genaues Bild von der wirtschaftlichen Situation des Unternehmens zu machen, indem dieser jegliche Erkenntnisquellen auszuschöpfen hat. Denn diese umfangreiche Verpflichtung beschränkt der Bundesgerichtshof nicht lediglich auf Krisensituationen, sondern er hebt sie für diese nur gesondert hervor und impliziert damit zumindest seine Tendenz, den Aufsichtsrat zu einem stetigen Ausschöpfen seiner Informationsquellen verpflichten zu wollen.[846]

bb) Lediglich subsidiärer Einsatz des Einsichts- und Prüfungsrechts

Einem vorbehaltlosen Einsatz von Sachverständigen stehen Einwände in der Literatur entgegen, wonach der Aufsichtsrat nur aus konkretem Anlass einen Sachverständigen mit dem Einsichts- und Prüfungsrecht

843 *Roth*, AG 2004, 1 (7). Ebenfalls den Schutz des Vorstands weniger gewichtend als die ordnungsgemäße Erfüllung der Überwachungsaufgabe *Koch*, § 111 AktG, Rn. 35; *Habersack* in: MüKoAktG, § 111 AktG, Rn. 78, 88.

844 *Roth*, AG 2004, 1 (7).

845 BGH, Urteil v. 16.3.2009 – II ZR 280/07, NZG 2009, 550, Rn. 15.

846 BGH, Urteil v. 16.3.2009 – II ZR 280/07, NZG 2009, 550, Rn. 15.

beauftragen dürfe.[847] Die Informationsversorgung durch den Vorstand dürfe nicht in ausreichender Weise erfolgt sein oder ein anderer konkreter Anlass oder eine bestimmte Frage müssten ein selbstständiges Tätigwerden des Aufsichtsrats begründen. Eine davon abweichende Handhabe stelle einen zu intensiven Eingriff in das Gesellschaftsfüge dar und käme einer öffentlich ausgetragenen Misstrauensbekundung gegenüber dem Vorstand gleich.[848] Insbesondere der DCGK ist von seiner früheren Haltung abgewichen, wonach er die Informationsversorgung des Aufsichtsrats als „gemeinsame" Aufgabe von Vorstand und Aufsichtsrat gesehen hat.[849] Zusätzlich sieht inzwischen die Regierungskommission die primäre Pflicht der Informationsversorgung beim Vorstand und beim Aufsichtsrat lediglich eine sekundäre Pflicht in Form einer nachrangigen Holschuld, die korrespondierend zur Primärpflicht des Vorstands erst dann zum Tragen kommen soll, wenn der Vorstand seinen Informationspflichten nicht in umfassender Weise nachgekommen ist.[850] Der Aufsichtsrat solle bei unvollständiger Informationsversorgung zunächst den Vorstand auffordern, zu bestimmten Punkten eine erneute Begründung zur Verfügung zu stellen.[851] Teilweise wird sogar noch weitergehend einschränkend angenommen, dass, soweit Informationen (potentiell) über einen Vorstandsbericht erlangt werden können, der Aufsichtsrat diese Informationen nur ausschließlich darüber erhalten dürfe.[852]

b) Bewertung

Bei der Wahrnehmung des Einsichts- und Prüfungsrechts durch den Aufsichtsrat oder einen von ihm beauftragten Sachverständigen muss die

---

847 *Koch*, § 90 AktG, Rn. 1a; *Arnold*, ZGR 2014, 76 (89 f.); *Lutter/Krieger/Verse*, Information und Vertraulichkeit im Aufsichtsrat, Rn. 305; *H. Schäfer* in: Ghassemi-Tabar, DCGK, Grds. 16, Rn. 3; *Hoffmann-Becking*, FS Hüffer, 2010, S. 337 (347); *Hüffer*, NZG 2007, 47 (49f.); *Hoffmann-Becking*, ZGR 2011, 136 (146 f.).

848 So etwa *Hoffmann-Becking*, ZGR 2011, 136 (147 f.).

849 *H. Schäfer* in: Ghassemi-Tabar, DCGK, Grds. 16, Rn. 3.

850 *H. Schäfer* in: Ghassemi-Tabar, DCGK, Grds. 16, Rn. 3, 7; *Lutter* in: Kremer/Bachmann/Lutter/Werder, DCGK Grds. 15, Rn. 6; *Hoffmann-Becking*, ZGR 2011, 136 (146).

851 *Hoffmann-Becking*, ZGR 2011, 136 (147).

852 *Steinbeck*, Überwachungspflicht und Einwirkungsmöglichkeiten des Aufsichtsrats in der AG, S. 128.

aktienrechtliche Kompetenzordnung als äußerste Grenze des Zulässigen stets gewahrt bleiben. Es ist richtig, dass die Information durch den Vorstand über § 90 AktG das gesetzliche Leitbild darstellt und darüber ein großer Teil des Informationsbedürfnisses des Aufsichtsrats getilgt wird.[853] Gleichzeitig erwähnt weder die Vorschrift des § 90 AktG noch § 111 AktG ihrem Wortlaut nach eine Rangordnung hinsichtlich der Art und Weise, wie die Aufsichtsratsinformation zu erfolgen hat. Die gesetzlichen Normen, die die Informationsversorgung des Aufsichtsrats regeln, sind somit offen formuliert und begründen aus sich heraus keinen zwingenden Vorrang der Vorstandsinformation.

Die Forderung einiger Vertreter in der Literatur, wonach ein konkreter Anlass für die Beauftragung eines Sachverständigen notwendig sein soll, wird trotz fehlender Anhaltspunkte im Wortlaut verständlich, wenn man die verschiedenen Berichte in § 90 AktG, Regelberichte sowie Anforderungsberichte einer Gesamtbetrachtung unterzieht und sie als ein lückenloses Informationssystem innerhalb der AG betrachtet, in welchem Informationen erst durch das Zusammenspiel und der jeweiligen Ergänzung der unterschiedlichen Berichte im Ergebnis vollständig beim Empfänger angelangen.[854] Eine Lücke in der Informationsversorgung des Aufsichtsrats solle demnach den Ausnahmefall darstellen. § 111 Abs. 2 AktG stelle die Antwort auf solche Ausnahmefälle dar.

Dem ist zu entgegnen, dass die Beauftragung eines Sachverständigen durch den Aufsichtsrat nicht ersichtlich in die Berichtspflichten des Vorstands und damit in seine Geschäftsführungskompetenz eingreift. § 111 Abs. 2 AktG gibt dem Aufsichtsrat nämlich gerade nicht das Recht, eigene umfassende Berichte zu erstellen, sondern soll ihm die punktuelle Informationsgewinnung für spezifische Fragen ermöglichen. Der Aufsichtsrat bleibt weiterhin trotz fortschreitender Professionalisierung auf eine umfassend aufbereitete Berichterstattung des Vorstands angewiesen.[855] Die eigene Informationsgewinnung des Aufsichtsrats entbindet den Vorstand daher weder von seiner Berichtspflicht noch von seinem Recht zur

853 So auch *Hopt*, ZGR 2019, 507 (529).

854 Siehe dazu *Leyens*, Information des Aufsichtsrats, S. 172f.

855 *Leyens*, Information des Aufsichtsrats, S. 173.

Berichterstattung.[856] Vielmehr führt das Wissen um die Möglichkeit des Aufsichtsrats, eigene Nachforschungen anstellen zu können, dazu, dass der Vorstand im eigenen Interesse die Berichtspflicht umfassend und sorgfältig erfüllt. Dieses Wissen kann die Qualität der Vorstandsberichte erhöhen.

Daneben ist anzuführen, dass der Aufsichtsrat bei seiner Aufgabenwahrnehmung von der Pflicht zur effektiven Erfüllung seiner Überwachungsaufgabe geleitet wird.[857] Dazu gehört es auch, sich stichprobenartig von der Richtigkeit der Informationen aus den Vorstandsberichten selbstständig zu überzeugen. Denn ansonsten würde man annehmen, dass sich der Aufsichtsrat bei der Überwachung des Vorstands grundsätzlich allein auf die vom Vorstand zur Verfügung gestellten Dokumente stützen und verlassen müsste. Es erscheint jedoch unpraktikabel, wenn die als Grundlage für die Überwachung dienenden Informationen immer zunächst von der überwachten Partei gefiltert würden. Eine solche Handhabe würde die effektive Erfüllung dieser Pflicht zumindest erschweren, da sich der Aufsichtsrat nur schwieriger ein eigenes und vor allem ungefiltertes Bild von der konkreten Materie machen könnte. Um somit seine Kontrollaufgabe umfassend und effektiv erfüllen zu können, steht dem Aufsichtsrat das Einsichts- und Prüfungsrecht nicht lediglich subsidiär zu.

Aus praktischen Gesichtspunkten ist überdies zu bedenken, dass die fortschreitend stärkere Einbindung des Aufsichtsrats in Geschäftsführungsaufgaben das Informationsbedürfnis des Aufsichtsrats simultan dazu steigen lässt. Dies bedeutet grundsätzlich einen Mehraufwand für den Vorstand bei der Informationsversorgung des Aufsichtsrats, was einerseits in einer lückenhaften Informationsweitergabe resultieren kann und andererseits diese generelle Notwendigkeit, zunächst den Vorstand bezüglich einer begehrten Information zu konsultieren, den Vorstand zusätzlich belasten und ihm wichtige Zeit zur Erfüllung seiner übrigen Leitungsaufgaben rauben würde.[858] Daher kann die Möglichkeit des Aufsichtsrats, sich

856 Zur Unterscheidung zwischen Berichtsrecht und Berichtspflicht *Leyens*, Information des Aufsichtsrats, S. 173.

857 *Habersack* in: MüKoAktG, § 111 AktG, Rn. 72.

858 *Cahn*, NZG 2023, 299 (300); Anregungen zu logistischen Möglichkeiten, den Aufsichtsrat kosten- und zeitsparend mit Informationen zu versorgen, bei *v. Schenck*, NZG 2002, 64 (67).

durch einen Sachverständigen selbstständig Informationen zu beschaffen, den Vorstand punktuell sogar entlasten. Gleichzeitig muss die grundsätzliche Kompetenz zur Informationsversorgung des Aufsichtsrats freilich beim Vorstand verbleiben.[859] Die Möglichkeit des Rückgriffs auf das Einsichts- und Prüfungsrecht durch den Aufsichtsrat darf nicht zulasten der sorgfältigen Informationsübermittlung durch den Vorstand gehen.

Aufsichtsrat und Vorstand stehen als gleichberechtigte Organe nebeneinander.[860] In der Konsequenz ist die Geschäftsleitungsaufgabe des Vorstands daher nicht höher zu gewichten als die Überwachungstätigkeit des Aufsichtsrats. Wenn wie dargestellt die Beauftragung des Sachverständigen keinen Eingriff in die Geschäftsführungsaufgaben des Vorstands begründet und gleichzeitig nach dem pflichtgemäßen Ermessen des Aufsichtsrats zur Erfüllung seines Überwachungsauftrags erforderlich erscheint, bestehen daher hinsichtlich der gleichrangigen Nutzung von § 111 Abs. 2 S. 2 AktG für die Informationsgewinnung keine Bedenken für die Wahrung der aktienrechtlichen Kompetenzordnung.

Dem Zweck einer unabhängigen Überwachung entspräche es daher, den Aufsichtsrat von diesem Recht anlasslos Gebrauch machen zu lassen, damit er auf diese Art die Richtigkeit der ihm überlassenen Informationen unabhängig und ohne Filterung durch ein anderes Organ überprüfen kann.[861] Die Möglichkeit der effektiven Wahrnehmung der Überwachungspflicht muss in diesem Fall Vorrang vor der Schonung des Vorstands haben. Daher kann der Aufsichtsrat das Recht aus § 111 Abs. 2 S. 2 AktG

---

859 Wenn auch grundsätzlich gegen eine immer weiter fortschreitende Einbindung des Aufsichtsrats argumentiert wird: Zu der potentiellen Überforderung des Vorstands bei der Informationsversorgung des Aufsichtsrats aufgrund der stärker werdenden Einbindung in Geschäftsführungsmaßnahmen *Cahn*, NZG 2023, 299 (300).

860 Zur Gleichberechtigung von Vorstand und Aufsichtsrat *Spindler* in: MüKoAktG, Vorb. § 76 AktG, Rn. 54; *Kubis* in: Kubis/Tödtmann, Arbeitshandbuch für Vorstandsmitglieder, § 1, Rn. 36.

861 *Koch*, § 111 AktG, Rn. 34; *M. Arnold* in: Goette/Arnold, AR-HdB, § 4, Rn. 135. Lediglich bei der Einsichtnahme in Vorstandsprotokolle muss ein konkreter Prüfungsanlass sowie Kontrollgrund vorliegen, da der Aufsichtsrat von den Vorstandssitzungen ausgeschlossen ist und eine regelmäßige Einsichtnahme die Beratungsautonomie des Vorstands beeinträchtigen würde, zutreffend *Mertens/Cahn* in: KölnerKommAktG, § 111 AktG, Rn. 53; *Hoffmann-Becking*, ZGR 2011, 136 (149); *Lutter*, Information und Vertraulichkeit im Aufsichtsrat, Rn. 297.

zur Informationsgewinnung gleichrangig zu der vorstandsabhängigen Information nutzen.

III. Die (unmittelbare) Befragung von Angestellten des Unternehmens durch den Aufsichtsrat als Teil des Einsichts- und Prüfungsrechts

Weiterhin unterschiedlich beurteilt wird auch die Frage, ob vom Einsichts- und Prüfungsrecht nach § 111 Abs. 2 S. 2 AktG auch das Recht umfasst ist, Angestellte des Unternehmens durch den beauftragten Sachverständigen außerhalb von Aufsichtsratssitzungen zu befragen. Es handelt sich dabei um eine dem Einsatz des Einsichts- und Prüfungsrechts nachgeordnete Fragestellung, die sich auf eine konkrete Art und Weise der Wahrnehmung dieses Rechts bezieht.

Der Gesetzgeber lässt die Möglichkeit eines unmittelbaren Zugriffs des Aufsichtsrats auf Angestellte offen.[862] Zwar spricht das Gesetz an keiner Stelle von einem derartigen Informationsfluss von Mitarbeitern (beispielsweise der mittleren Führungsebene) hin zum Aufsichtsrat, gleichzeitig verbietet er eine solche Form der Informationsversorgung aber auch nicht ausdrücklich.[863] Klar ist hingegen, dass es in vielen Fällen notwendig sein dürfte, den Sachverständigen zumindest beim Auffinden bestimmter Daten oder Dokumente von einzelnen Mitarbeitern auf organisatorische Art und Weise zu unterstützen.[864] Eine solche Form der Unterstützung ist für den Sachverständigen notwendig, um die Einsichtnahme in und die Prüfung von Dokumenten, wofür er vom Aufsichtsrat beauftragt wurde, überhaupt durchführen zu können. Deshalb darf er diese technische Mithilfe von einzelnen Mitarbeitern im Rahmen einer Annexkompetenz einfordern und verlangen.[865]

---

862 Siehe dazu *Hopt/Roth* in: GroßKommAktG, § 111 AktG, Rn. 485.

863 Darauf hinweisend *Lutter/Krieger/Verse*, Information und Vertraulichkeit im Aufsichtsrat, § 6, Rn. 246; *Lutter*, AG 2006, 517 (520f.).

864 *Hoffmann-Becking*, ZGR 2011, 136 (152).

865 *Lutter/Krieger/Verse*, Information und Vertraulichkeit im Aufsichtsrat, § 6, Rn. 247;

Schwieriger zu beurteilen ist die Frage, ob der Aufsichtsrat oder der von ihm beauftragte Sachverständige darüber hinaus rechtliche Möglichkeiten haben soll, Mitarbeiter auch inhaltlich detailliert zu befragen und bei der Durchführung der Prüfung umfangreich einzuspannen und mitwirken zu lassen. Daran entzünden sich zwei Problemstellungen. Unter *a)* ist zunächst darzustellen, ob der Aufsichtsrat stets berechtigt sein soll, Mitarbeiter zu befragen oder ob dafür ein besonderer Anlass vorliegen muss. Im Anschluss unter *b)* wird erläutert, ob und in welchem Maß der Vorstand in die Befragung eingebunden werden muss. Hintergrund dessen ist nämlich, dass in den Fällen des § 111 Abs. 2 S. 2 AktG das Direktionsrecht über die Mitarbeiter weiterhin beim Vorstand verbleibt und weder auf den Aufsichtsrat noch auf den von ihm beauftragten Sachverständigen übergeht.[866] Weist der Vorstand also seine Mitarbeiter zur inhaltlichen Mithilfe bei der Wahrnehmung des Einsichts- und Prüfungsrechts an, ist dies unproblematisch. Vielmehr in dem Fall, in dem der Vorstand seine Mitarbeiter nicht zur Mithilfe anweist bzw. eine solche Anweisung verweigert, ist umstritten und daher im Folgenden darzustellen, welche rechtlichen Möglichkeiten dem Aufsichtsrat offenstehen.[867] Unter *c)* wird zum Abschluss die inhaltliche Reichweite des Rechts zur Befragung von Mitarbeitern dargestellt.

1. Rahmenbedingungen für eine zulässige Befragung von Mitarbeitern durch den Aufsichtsrat bei Erfüllung seiner Überwachungsaufgabe

a) Schrifttum

Überwiegend wird eine direkte Befragung der Mitarbeiter des Unternehmens durch den Aufsichtsrat unter Hinweis auf die Umgehung und die damit einhergehende Untergrabung der Autorität des Vorstands als eigentlichem Vorgesetzten *grundsätzlich* abgelehnt. Nur *ausnahmsweise,* wenn bspw. ein konkreter Verdacht für ein Fehlverhalten des Vorstands in

Leyens, Information des Aufsichtsrats, S. 175 f.; *Hoffmann-Becking*, ZGR 2011, 136 (153); *Kropff*, NZG 2003, 346 (350).

866 *Kropff*, NZG 2003, 346 (350); *Hoffmann-Becking*, ZGR 2011, 136 (152).

867 *Hoffmann-Becking*, ZGR 2011, 136 (152).

Form einer Pflichtverletzung oder einer bewusst unrichtigen Informationsweitergabe an den Aufsichtsrat vorliegt, wird eine direkte Befragung durch den Aufsichtsrat gestattet.[868] Man kann in diesem Zusammenhang von einem *Grundsatz-Ausnahme-Verhältnis* sprechen. Der Aufsichtsrat braucht danach einen konkreten Anlass für die Befragung der Mitarbeiter des Unternehmens. Diese Annahme wird durch den Gesetzgeber gestützt, der im Rahmen des FISG[869] mit der Einfügung des § 107 Abs. 4 S. 4 AktG wiederholt klarstellt, dass es sich bei dieser Norm um eine nicht allgemeingültige Sondervorschrift handle, weshalb weiterhin gemäß § 90 AktG der Vorstand für den Aufsichtsrat der richtige Adressat für ein Auskunftsverlangen bliebe.[870]

Auch in der Begründung des Regierungsentwurfs wird (erneut) ausdrücklich betont, dass die Informationsversorgung des Aufsichtsrats grundsätzlich in den Händen des Vorstands verbleiben solle.[871] Die Befragung von Mitarbeitern ohne triftigen Grund würde damit einen Eingriff in die Geschäftsführungsaufgaben des Vorstands darstellen und dadurch im Widerspruch zur Informationsordnung im Aktienrecht stehen. Weiterhin wird vorgebracht, dass die Rolle des Vorstands abgewertet werden würde, könnte der Aufsichtsrat stets und ohne jeden Anlass die Mitarbeiter befragen. Ein solches Verhalten würde dem Unternehmensinteresse widersprechen.[872]

Einen davon leicht abgewandelten Ansatz verfolgt *Grunewald*, wonach eher auf ein *Vorrang-Nachrang-Verhältnis* abgestellt werden sollte.[873] Es sei vorrangig stets zunächst der Vorstand zu konsultieren, um die Auf-

868 *Lutter/Krieger/Verse*, Information und Vertraulichkeit im Aufsichtsrat, § 6, Rn. 247; *Grunewald*, ZGR 2020, 469 (479 f.); *Veil* in: BeckOGK-AktG, § 111 AktG, Rn. 42; *Mertens/Cahn* in: KölnerKommAktG, § 90 AktG, Rn. 55 und § 109 AktG, Rn. 34; *Semler*, Leitung und Überwachung, Rn. 171 f.; *Steinbeck*, Überwachungspflicht, S. 135; *Langenbucher* in: Aktien- und Kapitalmarktrecht, 5. Aufl. 2021, § 5, Rn. 91; *Koch*, § 90 AktG, Rn. 11, § 111 AktG, Rn. 36; *Bürgers/Lieder* in: Bürgers/Lieder, § 111 AktG, Rn. 14; *Hoffmann-Becking* in: MünchHdB GesR IV, § 29, Rn. 44; *Lutter*, AG 2006, 517, 520f.; *v. Rosen*, AG 2008, 537 (537 f.); *Arnold*, ZGR 2014, 76 (91).

869 Finanzmarktintegritätsstärkungsgesetz.

870 RegBegr. BT-Drs. 19/26966, 116; *Koch*, § 107 AktG, Rn. 44.

871 Siehe auch *DAV-Handelsrechtsausschuss*, NZG 2020, 1380 (1383).

872 *Koch*, § 111 AktG, Rn. 36.

873 *Grunewald*, ZGR 2020, 469 (479 f.).

klärung durchzuführen und erst, wenn auch über diesen Weg die begehrten Informationen nicht zum Aufsichtsrat gelangen, komme im Nachgang eine direkte Befragung von Mitarbeitern überhaupt in Betracht.[874] Denn für eine jederzeit mögliche Befragung von Mitarbeitern bestehe ohnehin kein Bedarf, da Mitarbeiter als Auskunftspersonen im Sinne von § 109 AktG auch schlicht im Rahmen von Aufsichtsratssitzungen befragt werden könnten.[875] Dem ist aus Sicht des Aufsichtsrats freilich entgegenzuhalten, dass er in diesem Falle mit der Befragung von Mitarbeitern stets an die Termine der Aufsichtsratssitzungen gebunden ist und nicht kurzfristig den Mitarbeiter anrufen kann. Es wird ebenfalls angeführt, dass eine generell zulässige direkte Befragung durch den Aufsichtsrat zu stark in die aktienrechtliche Kompetenzordnung eingreifen würde.[876]

Andererseits wird von einer immer stärker werdenden Gruppe befürwortet, dass der Aufsichtsrat oder der von diesem beauftragte Sachverständige eigenständig und zu jeder Zeit Angestellte der Gesellschaft befragen können dürfen soll.[877] Zwar unterstehen die Mitarbeiter des Unternehmens dem Vorstand, doch die Befragung soll gerade der Informationsgewinnung im Zusammenhang mit der Überwachung des Vorstands dienen.[878] So soll durch die Befragung von Mitarbeitern der Aufsichtsrat seine Überwachungsaufgabe effektiv wahrnehmen können. Auch eine Untergrabung der Kompetenzen des Vorstands ist durch die Befragung einzelner Mitarbeiter nicht angezeigt. Denn der Aufsichtsrat versucht sich gerade nicht in Geschäftsführungsaufgaben des Vorstands einzumischen, sondern die Überwachung ebenjener ist sein Ziel.[879] Daher sollte die Befragung von Mitarbeitern nicht als Misstrauensvotum gegenüber dem Vor-

874 *Grunewald*, ZGR 2020, 469 (479 f.).

875 *Grunewald*, ZGR 2020, 469 (479 f.).

876 *Grunewald*, ZGR 2020, 469 (479 f.).

877 *Hopt/Roth* in: GroßKommAktG, § 111 AktG, Rn. 485 ff.; *Habersack* in: MüKoAktG, § 111 AktG, Rn. 80; *Hopt*, ZGR 2019, 507 (529 ff.), *Leyens*, Information des Aufsichtsrats, S. 191 ff.; *Schneider, Sven H.*, Informationspflichten und Informationssystemeinrichtungspflichten im Aktienkonzern, S. 103 ff.; *Roth*, AG 2004, 1 (7); *Habersack*, FS Stilz, 2014, S. 191 (199 f.); *Habersack*, AG 2014, 1 (6 f.); *Drygala* in: K. Schmidt/Lutter, § 111 AktG, Rn. 43.

878 *Habersack*, AG 2014, 1, (7).

879 *Habersack*, AG 2014, 1, (7).

stand angesehen werden, sondern als ein Mittel zur Wahrnehmung der Überwachungsaufgabe. Würde stets der Vorstand im Vorfeld einer Befragung konsultiert werden, stünde dies einer effektiven Kontrolle durch den Aufsichtsrat erheblich entgegen.[880]

b) Bewertungsmaßstab und Grenze für die Frage nach einer zulässigen Befragung von Mitarbeitern

Bei der Befragung von Mitarbeitern durch einen vom Aufsichtsrat beauftragten Sachverständigen müssen die den Organen durch das Aktiengesetz zugewiesenen Kompetenzen gewahrt bleiben. Sähe man demnach in der Befragung von Mitarbeitern durch den Sachverständigen eine Aneignung von Geschäftsführungsmaßnahmen des Vorstands, stellte dies eine Durchbrechung dieses Prinzips dar. Ein relevantes Kriterium für die Beurteilung, ob eine Einsichtnahme bzw. Prüfung durch den Sachverständigen zulässig ist, sollte daher zunächst die Frage sein, zu welchem Zweck die Maßnahme erfolgt. Möglich erscheint dabei die Unterscheidung in zwei unterschiedliche Richtungen. Einerseits die Befragung von Mitarbeitern zum Zweck der ordnungsgemäßen Wahrnehmung der Überwachungsaufgabe und andererseits die Befragung im Zusammenhang mit einer durch den Aufsichtsrat zu erfüllenden Geschäftsführungsmaßnahme. Selbst wenn der Zweck in der Wahrnehmung einer Geschäftsführungsmaßnahme liegt, so wäre dies nicht unmittelbar gleichbedeutend mit einem unzulässigen Durchbruch des aktienrechtlichen Kompetenzgefüges. Denn auch der Aufsichtsrat nimmt in der AG bereits jetzt regelmäßig einzelne Geschäftsführungsmaßnahmen selbst war. Die Zuordnung zum Zweck einer Geschäftsführungsmaßnahme ist daher nicht kategorisch unzulässig. Stattdessen könnte es naheliegen, in diesen Fällen einen anderen, möglicherweise strengeren Bewertungsmaßstab heranzuziehen.

Eine gänzlich pauschale Differenzierung, zu welchem Zweck eine einzelne Frage erfolgt, ist oftmals nicht möglich, sondern ist abhängig von der Befragung im Einzelfall und den Umständen, wie bspw. den angesprochenen Themen oder auch dem Zeitpunkt der Befragung. Anhand dessen könnte es eine sinnvolle Möglichkeit sein, anders als im Rahmen

880 *Hopt*, ZGR 2019, 507 (530).

der aktuellen Diskussion, die Frage nach der zulässigen Befragung von Unternehmensmitarbeitern durch den Aufsichtsrat nicht lediglich isoliert zu stellen, sondern zu differenzieren, welcher Zweck im Einzelfall mit der Befragung verfolgt wird.

Erfolgt die Befragung als Mittel zur sorgfältigen Erfüllung des Überwachungsauftrags, sprechen die folgenden Argumente dafür, eine unmittelbare Befragung durch den Aufsichtsrat auch ohne konkreten Anlass als zulässig zu erachten. Handelt es sich um die Erfüllung des Überwachungsauftrags, wäre zunächst das vorgebrachte Argument, dass eine Umgehung des Vorstands bei der Befragung von Angestellten dessen Ansehen innerhalb des Unternehmens schädigen würde, weniger gewichtig, denn die Wahrnehmung ureigener Aufgaben des Aufsichtsrats schränkt den Vorstand nicht unangemessen in seinen Rechten und Pflichten ein. Im Sinne eines funktionierenden Systems der *Checks and Balances* muss der Aufsichtsrat eine ausreichende und umfassende Informationsgrundlage haben, um seinem Kontrollauftrag nachkommen zu können.

Um die Aufsichtsratsarbeit zu effektuieren, scheint die unmittelbare Befragung von Mitarbeitern, insbesondere der mittleren Führungsebene, sinnvoll. Denn diese Personen haben oftmals den besten Überblick über deren (Teil-)Ressort und können daher dem Aufsichtsrat Informationen aus erster Hand geben, die nicht durch den Vorstandsbericht gefiltert werden. Die Prüfung durch den Aufsichtsrat, ob sich Informationen aus dem Vorstandsbericht mit Informationen von Mitarbeitern decken, ist Teil der Überwachungsarbeit – am besten geeignet für eine solche Überprüfung ist ein vom Aufsichtsrat berufener Sachverständiger, der besondere Expertise in dem jeweiligen Themenbereich aufweist. Auch die Arbeit mit den Vorstandsberichten an sich profitiert qualitativ von einem vereinzelten Austausch des Aufsichtsrats mit Mitarbeitern. Denn durch das direkte Gespräch mit den Mitarbeitenden erhält der Aufsichtsrat möglicherweise einen differenzierten Blickwinkel auf im Vorstandsbericht aufgeführte Aspekte. Es geht also nicht ausschließlich um die Kontrolle der ihm vom Vorstand zugeleiteten Informationen, sondern zu einem nicht unwesentlichen Teil auch um die verbesserte Arbeit mit den bereits erhaltenen Informationen. Die direkte Befragung von Mitarbeitern sollte daher vor diesem Hintergrund nicht lediglich in Konkurrenz zur Informationsversorgung durch den Vorstand gesehen werden, sondern als hilfreiche, im Gesellschaftsinteresse stehende Ergänzung zu ebenjener.

Darüber hinaus würde eine Befragung durch den Aufsichtsrat, analog der Ansicht der noch herrschenden Meinung bei der Frage nach dem lediglich subsidiären Einsatz von §111 Abs. 2 S. 2 AktG, ohnehin lediglich in wenigen Einzelfällen relevant werden. Denn der Aufsichtsrat hat stets bei seiner Entscheidung über die Befragung von Mitarbeitern das Gesellschaftsinteresse zu wahren und die Konsequenzen seiner Entscheidung für Gesellschaft sowie deren Organe miteinander abzuwägen. Er wird sich daher mit der Befragung von Mitarbeitern in der Praxis auf diejenigen Fälle beschränken, für die er es als zwingend notwendig erachtet – sei es, weil er auf anderem Wege nicht an die begehrte Information gelangt oder aufgrund einer vorangegangenen Pflichtverletzung des Vorstands. Für praktische Fälle wird daher die Befragung von Mitarbeitern durch den Aufsichtsrat aufgrund der notwendigen Abwägungsentscheidung also ohnehin auf Einzelfälle beschränkt bleiben. Systematisch wird die Entscheidung über die Befragung der Mitarbeiter damit in die Hände des Aufsichtsrats gelegt. Er muss für den Einzelfall abwägen, ob die Befragung angemessen ist. Gelangt er zu einem positiven Ergebnis, ist die Befragung damit zulässig.

Um das Ergebnis dieser Abwägungsentscheidung zu normieren oder zumindest vorhersehbarer zu gestalten, könnte es sich anbieten, eine Informationsordnung auszuarbeiten, aus welcher sich Leitlinien für die Befragung von Mitarbeitern durch den Aufsichtsrat ergeben könnten.[881] Eine solche Informationsordnung kann Berichterstattungsabläufe transparenter gestalten und den Informationsfluss zwischen den Parteien fördern.[882] Es kann geregelt werden, mit welchen Angestellten der Aufsichtsrat überhaupt in Kontakt treten darf oder ob die Kontaktaufnahme lediglich durch einzelne Aufsichtsratsmitglieder, nur durch das Gesamtgremium

881 *Hopt/Roth* in: GroßKommAktG, § 111 AktG, Rn. 503; *Koch*, § 111 AktG, Rn. 36. Differenzierte Betrachtungsweise bei *H. Schäfer* in: Ghassemi-Tabar, DCGK, Grds. 16, Rn. 13 wonach die Implementierung einer Informationsordnung zwar generell nicht empfohlen wird, im Einzelfall für das Unternehmen aber sinnvoll sein kann und daher im Ermessen des jeweiligen Aufsichtsrats liegen sollte.

882 *H. Schäfer* in: Ghassemi-Tabar, DCGK, Grds. 16, Rn. 13.

oder auch durch einen Sachverständigen erfolgen darf.[883] Gleichlaufend sollte aus Sicht der Mitarbeiter eine Pflicht verankert werden, wonach auf eine Kontaktaufnahme durch den Aufsichtsrat auch reagiert werden muss, wenn die festgelegten Kriterien erfüllt sind.[884]

2. (Notwendige) Einbindung des Vorstands in die Befragung des Aufsichtsrats

Besonders für die praktische Anwendung des Fragerechts ist relevant, in welchem Maß der Vorstand für die Ausübung des Fragerechts vom Aufsichtsrat eingebunden werden muss. Macht man sich nämlich bewusst, dass das Direktionsrecht über die Mitarbeiter beim Vorstand verbleibt,[885] besteht die Gefahr, dass das Einsichts- und Prüfungsrecht zu einem wirkungslosen Kontrollmittel verkommt.[886] Denn wenn die Mitarbeiter auf Fragen des Aufsichtsrats bzw. des von ihm eingesetzten Sachverständigen nicht antworten müssen, könnten einzelne Mitarbeiter die Beantwortung von Fragen des Sachverständigen ablehnen, sofern sie sich ausschließlich ihrem Vorgesetzten auf Vorstandsebene verpflichtet fühlen – diese Fragen blieben dann schlicht unbeantwortet. Die bloße Befugnis des Aufsichtsrats, einen Sachverständigen mit der Befragung von Mitarbeitern zu betrauen, böte daher keinen weitergehenden Nutzen für den Aufsichtsrat für eine vom Vorstand unabhängige Ausübung seiner Überwachungstätigkeit. Es würde von der Kooperationsbereitschaft des jeweiligen Mitarbeiters abhängen, ob der Aufsichtsrat eine Antwort auf seine Frage erhält.

a) Begründung einer Anweisungspflicht des Vorstands

Es erscheint als eine Möglichkeit, den Vorstand, der das Weisungsrecht innehat, zu verpflichten, den Mitarbeiter zur Kooperation mit dem Auf-

883 *Hopt/Roth* in: GroßKommAktG, § 111 AktG, Rn. 503.

884 *Hopt/Roth* in: GroßKommAktG, § 111 AktG, Rn. 504.

885 Und eben weder auf den Aufsichtsrat noch auf den vom Aufsichtsrat beauftragten Sachverständigen übergeht.

886 *Kropff*, NZG 2003, 346 (349 f.); *Hoffmann-Becking*, ZGR 2011, 136 (152); a. A. *Dreher*, FS Ulmer, 2003, S. 87 (98).

sichtsrat anzuweisen.[887] Diese Möglichkeit stützt der Vorteil, dass auf diese Art zwar das Weisungsrecht beim Vorstand verbleibt, die Mitarbeiter aber trotzdem verpflichtet werden, dem Aufsichtsrat und dem von diesem eingesetzten Sachverständigen zu antworten, damit dieser die von ihm begehrte Information erhält.

Unmittelbar aus § 111 Abs. 2 S. 2 AktG ergibt sich eine solche Verpflichtung des Vorstands zur Anweisung seiner Mitarbeiter nicht.[888] Die Pflicht des Vorstands zur Anweisung seiner Mitarbeiter wird stattdessen einer allgemeinen Kooperationspflicht im Verhältnis zum Aufsichtsrat entnommen, wonach der Vorstand die Wahrnehmung des Einsichts- und Prüfungsrechts unterstützen und ermöglichen müsse.[889] Orientiert man sich am Zweck des Einsichts- und Prüfungsrechts, wonach dem Aufsichtsrat ein eigenständiges Kontrollinstrument an die Hand gegeben werden soll, erscheint eine solche Pflicht des Vorstands sinnvoll. Andernfalls könnte er indirekt die Ausübung des Einsichts- und Prüfungsrechts durch einen vom Aufsichtsrat beauftragten Sachverständigen sabotieren, indem er sich verweigert, seine Mitarbeiter zur Beantwortung entsprechender Fragen anzuweisen.

Eine andere Grundlage zur Begründung einer Verpflichtung des Vorstands könnte in § 90 Abs. 3 AktG liegen. Danach kann der Aufsichtsrat vom Vorstand zu jeder Zeit einen Bericht über Angelegenheiten der Gesellschaft verlangen. Man könnte daraus ableiten, dass, wenn der Vorstand die Information nicht selber geben kann oder möchte, er zumindest seine mit Kenntnis über den Sachverhalt versehenen Mitarbeiter anzuweisen hat, dem Aufsichtsrat oder dem von ihm beauftragten Sachverständigen die entsprechende Information zu übermitteln.[890] § 90 Abs. 3 AktG als Grundlage für eine Anweisungspflicht heranzuziehen, ist greifbarer als auf eine bloß frei schwebende allgemeine Kooperations- und Unterstüt-

887 So etwa *Habersack* in: MüKoAktG, § 111 AktG, Rn. 76; wohl auch *Hopt/Roth* in: GroßKommAktG, § 111 AktG, Rn. 391.

888 Siehe *Hoffmann-Becking*, ZGR 2011, 136 (153).

889 *Hopt/Roth* in: GroßKommAktG, § 111 AktG, Rn. 389; *Mertens/Cahn* in: KölnerKommAktG, § 111 AktG, Rn. 55; *Krieger/Illhardt* in: Lutter/Bayer, § 8 Rn. 8.28; *Lutter*, Information und Vertraulichkeit im Aufsichtsrat, Rn. 288.

890 Siehe zu dieser Argumentation *Hoffmann-Becking*, ZGR 2011, 136 (154).

zungspflicht des Vorstands abzustellen. Auch stellt die Anweisung eines Mitarbeiters zur Informationsweitergabe ein vergleichbares Begehren wie § 90 Abs. 3 AktG dar. Der Aufsichtsrat verlangt bei der Befragung zwar keinen Bericht i. S. d. § 90 Abs. 3 AktG, sondern lediglich eine weniger aufwändige Anweisung an einen dem Vorstand unterstellten Mitarbeiter. Als *argumentum a maiore ad minus* müsste eine solche Anweisung daher erst recht zulässig sein.

b) Einschränkung der Weisungspflicht auf Fälle mit konkretem Anlass?

Es ist bereits angeklungen, dass der Vorstand verpflichtet sein soll, seine nachgeordneten Mitarbeiter zur Auskunft gegenüber einem vom Aufsichtsrat beauftragten Sachverständigen anzuweisen, sofern er nicht selbst zur Auskunft in der Lage ist oder keine Auskunft geben will. Aus der Begründung einer solchen Verpflichtung kann daher folglich automatisch der Rückschluss gezogen werden, dass der Vorstand stets verpflichtet sein soll, seine Mitarbeiter für jedwede Fragen des Aufsichtsrats zur Antwort anzuweisen. Abzugrenzen von Fällen, in denen der Vorstand keine Antwort geben kann bzw. keine Antwort geben möchte, sind nämlich solche, in denen der Vorstand grundsätzlich zur Auskunft bereit ist, der Aufsichtsrat über seinen Sachverständigen die Information jedoch von dem Mitarbeiter erhalten möchte und mit diesem ggf. bereits Kontakt aufgenommen hat. Soll der Vorstand auch in diesen Fällen verpflichtet sein, den Mitarbeiter zur Auskunft anzuweisen? Oder kann der Mitarbeitende die Auskunft verweigern, sodass der Sachverständige an den Vorstand verwiesen ist?

Die Beantwortung dieser Frage ergibt sich auf einer vorgelagerten Ebene,[891] bei welcher der Aufsichtsrat die Entscheidung, ob er einen Mitarbeiter direkt anspricht, auf Grundlage einer sorgfältigen Abwägungsentscheidung zu treffen hat. Darf oder muss der Aufsichtsrat bzw. der von ihm beauftragte Sachverständige davon ausgehen, dass die begehrte Information unmittelbar durch den Vorstand zu erhalten ist, gebietet es das Gesellschaftsinteresse, sich in diesen Fällen auch an den Vorstand zu halten und eben keine Mitarbeiter direkt anzusprechen. Auf diese Weise

891 Siehe B.IV.3.a).

könnte Unruhe in der Gesellschaft aufkommen, weshalb die schonendere Variante mit der Auskunft über den Vorstand zu wählen ist.

3. Darüber hinausgehendes Fragerecht des Aufsichtsrats im Zusammenhang mit der Erfüllung von Geschäftsführungsaufgaben?

Anders könnte die Beurteilung ausfallen, wenn die Befragung der Mitarbeiter nicht der bloßen Überwachung des Vorstands dienen soll, sondern sich auf die Erfüllung von Geschäftsführungsaufgaben und sonstigen, außerhalb der Überwachungsaufgabe liegende Aufgaben bezieht. Denn der Aufsichtsrat selbst nimmt neben der Überwachungsaufgabe auch weitere Aufgaben für die Gesellschaft wahr, für deren Erfüllung eine ausreichende Informationsgrundlage nützlich und sogar notwendig ist, um im Interesse der Gesellschaft agieren zu können. Zu denken ist dabei beispielweise an die Befragung von Mitarbeitern zur inhaltlichen Vorbereitung einzelner Investorengespräche. Trifft der Aufsichtsrat unternehmerische Entscheidungen, ist eine ausreichende Informationsgrundlage dafür wesentlich.[892] Für den Aufsichtsrat hat es somit hohe praktische Relevanz, ob er in rechtlich zulässiger Weise auf das Einsichts- und Prüfungsrecht für die Wahrnehmung von Geschäftsführungsaufgaben zurückgreifen darf und dieses Mittel auch in Fällen, die außerhalb der Erfüllung seiner Überwachungsaufgabe gelagert sind, nutzen kann. Sähe man dieses jedoch als reines zum Zwecke der Erfüllung von Überwachungsaufgaben zu nutzendes Werkzeug an, so stünde dies einer Anwendung im Zusammenhang mit der Erfüllung von Geschäftsführungsfragen entgegen.

Das Einsichts- und Prüfungsrechts gilt gemeinhin als Instrument zur Überwachung und ist nicht als Mittel zur Informationsbeschaffung für die Erfüllung von Geschäftsführungsaufgaben anerkannt.[893] Diese allgemeine Annahme schließt einen darüber hinausgehenden Gebrauch dieses Mittels aber nicht aus. So ist § 111 AktG mit der amtlichen Überschrift „Aufgaben und Rechte des Aufsichtsrats“ betitelt. Eine Einschränkung die-

892 Vgl. auch *Hopt*, ZGR 2019, 507 (528).

893 Siehe *Habersack* in: MüKoAktG, § 111 AktG, Rn. 27; *Henssler* in: Henssler/Strohn, § 111 AktG, Rn. 10; *Drygala* in: K. Schmidt/Lutter, § 111 AktG, Rn. 32.

ser „Aufgaben und Rechte“ auf lediglich Überwachungsaufgaben ergibt sich daraus nicht. An einer solchen Einschränkung fehlt es ebenfalls im Wortlaut des § 111 Abs. 2 S. 1 und 2 AktG[894], der Raum für einen weitergehenden Gebrauch des Einsichts- und Prüfungsrechts für weitere Aufgaben neben der Überwachung der Geschäftsführung lässt.

Neben dem offen gehaltenen Wortlaut der Norm sprechen auch Zweckmäßigkeitserwägungen für eine umfassende Nutzungsmöglichkeit. Der Übergang zwischen den unterschiedlichen Aufgaben des Aufsichtsrats ist fließend, daher ist eine trennscharfe Abgrenzung anhand des Zwecks, für den das Einsichts- und Prüfungsrecht durch den Aufsichtsrat genutzt wird, nicht immer möglich. Man erwäge an dieser Stelle den Fall, dass der Aufsichtsrat vom Einsichts- und Prüfungsrecht nach § 111 Abs. 2 S. 1 AktG im Kontext seiner Überwachungsaufgabe Gebrauch macht. Soll es ihm dann im Anschluss verboten sein, dadurch erlangte Informationen in einem von ihm im Anschluss geführten Investorengespräch zu nutzen, selbst wenn die Art der verwendeten Information rechtlich zulässig wäre? Eine solche Handhabe erscheint umständlich und weder kosten- noch ressourcenschonend. Es wirkt nicht zu rechtfertigen, dass man dem Aufsichtsrat für von ihm im Rahmen seiner Kompetenzen wahrzunehmende Aufgaben je nach Anlass unterschiedliche Informationskanäle gestatten möchte. Freilich ist der Aufsichtsrat auch bei einer Befragung von Mitarbeitern zum Zwecke der Erfüllung einer Geschäftsführungstätigkeit an die allgemeinen Maßstäbe, insbesondere die Wahrung des Gesellschaftsinteresses durch sorgfältige Abwägung im Einzelfall, gebunden. Dies führt dazu, dass er ohnehin zunächst auf die ihm vom Vorstand zugeleiteten Informationen verwiesen ist und erst, wenn diese nicht ausreichend sein sollten, eine Befragung von Mitarbeitern in Erwägung gezogen werden kann. Im Mittelpunkt der Erwägungen sollte stehen, dass der Aufsichtsrat die von ihm zu treffenden Entscheidungen auf bestmöglicher Infor-

894 „Der Aufsichtsrat kann die Bücher und Schriften der Gesellschaft sowie die Vermögensgegenstände, namentlich die Gesellschaftskasse und die Bestände an Wertpapieren und Waren, einsehen und prüfen. Er kann damit auch einzelne Mitglieder oder für bestimmte Aufgaben besondere Sachverständige beauftragen.“ Ebenfalls *Hoffmann-Becking*, ZGR 2011, 136 (144) sieht eine solche Auslegung mit dem Gesetzestext als „ohne weiteres vereinbar“ an.

mationsgrundlage treffen kann. Daher sollte der hinter der Informationsbeschaffung liegende Zweck zweitrangig sein.

Hinzu kommt, dass gerade durch eine allgemein stärkere Einbindung des Aufsichtsrats in Leitungsaufgaben der Gesellschaft simultan das Bedürfnis wächst, dem Aufsichtsrat schnelleren und in diesem Falle unmittelbaren Zugang zu den entsprechend fachkompetenten Personen als Informationsquellen zu gewähren. Denn es erscheint nicht stringent, dem Aufsichtsrat einerseits mehr Leitungsaufgaben anzuvertrauen und deren Wahrnehmung durch ihn zu erwarten, und ihm auf der anderen Seite weiterhin lediglich diejenigen Informationsquellen offenzuhalten, die ihm zur Erfüllung seiner Überwachungsaufgabe dienen sollen. Wenn er Leitungsaufgaben wahrnehmen soll und muss, sollte er auch auf ein für die Wahrnehmung adäquates Informationsfundament zurückgreifen können. Es ist nicht im Sinne der Gesellschaft und ihrer Organe, dass der Aufsichtsrat Maßnahmen, die nicht der Erfüllung seiner Überwachungsaufgabe dienen, auf einer nicht optimalen Informationsgrundlage vollzieht.

Daher ist es zulässig, dass der Aufsichtsrat die Befragung von Mitarbeitern als ein Informationsmittel auch neben dem Einsatz als Überwachungsmittel der Geschäftsführung für die Erfüllung weiterer Aufgaben nutzen kann.

IV. Zwischenergebnis

Im Rahmen der Informationsversorgung des Aufsichtsrats waren verschiedene Problemfelder zu behandeln. An erster Stelle steht die Diskussion, ob für die Beauftragung eines Sachverständigen durch den Aufsichtsrat ein konkreter Anlass notwendig ist oder ob der Sachverständige stets vom Einsichts- und Prüfungsrecht nach § 111 Abs. 2 S. 2 AktG Gebrauch machen darf.[895] Diskutiert wird, ob an dieser Stelle ein Rangverhältnis zwischen der Informationsversorgung des Vorstands und der vorstandsunabhängigen Informationsversorgung des Aufsichtsrats besteht. Im Ergebnis sollte der Sachverständige für eine lückenlose Informationsversorgung auch ohne

895 Siehe dazu B.IV.2.b).

konkreten Anlass tätig werden können, um Informationen für den Aufsichtsrat zu erlangen. Er darf auch stichprobenartig ohne Anhaltspunkte für eine Fehlinformation dieses Recht nutzen. Dabei hat der Aufsichtsrat im Rahmen einer gewissenhaften und umfassenden Abwägung, insbesondere unter besonderer Berücksichtigung des Gesellschaftsinteresses, zu entscheiden, in welchen Fällen er einen Sachverständigen mit dem Einsichts- und Prüfungsrecht betraut.

Darauf aufbauend ist umstritten, ob von dem Recht aus § 111 Abs. 2 S. 2 AktG auch die direkte Befragung von Mitarbeitern des Unternehmens durch den Sachverständigen mitumfasst ist.[896] Nach Ansicht des Verfassers sollte auch dies dem Aufsichtsrat beziehungsweise dem von ihm beauftragten Sachverständigen gestattet sein. Um die Überwachungsarbeit des Aufsichtsrats zu effektuieren, ist es sinnvoll, wenn diesem die Möglichkeit offensteht, Mitarbeiter des Unternehmens direkt befragen zu können. Bei seiner Abwägungsentscheidung, ob im konkreten Einzelfall Mitarbeiter direkt befragt werden sollen, ist der Aufsichtsrat ebenfalls an die Wahrung des Gesellschaftsinteresses gebunden. Da die direkte Befragung von Mitarbeitern noch stärker geeignet ist, das Verhältnis zum Vorstand zu belasten als die bloße Einsichtnahme in Dokumente, wird sich eine solche Befragung in der Praxis auf Ausnahmefälle beschränken, die entweder in einer Sondersituation, in der sich die Gesellschaft befindet, zu sehen ist, oder aber in Fällen, in denen der persönliche Austausch mit Mitarbeitern nicht anderweitig zu ersetzen ist.

Konsequenterweise ist der Vorstand darüber hinaus verpflichtet, bei der Befragung von Mitarbeitern mitzuwirken, damit der Aufsichtsrat das Einsichts- und Prüfungsrecht effizient nutzen kann.[897] Der Vorstand hat daher die Mitarbeiter anzuweisen, mit dem vom Aufsichtsrat beauftragten Sachverständigen zusammenzuarbeiten. Ob man die Mitwirkungspflicht des Vorstands dabei auf eine allgemeine Kooperationspflicht des Vorstands oder auf § 90 Abs. 3 zurückführen kann, darf dahinstehen.

896 Siehe dazu B.IV.3.

897 Siehe dazu D.III.2.

3. Teil: Thesenartige Zusammenfassung der wesentlichen Untersuchungsergebnisse

Überwindung des „Geschäftsführungsverbots, § 111 Abs. 4 S. 1 AktG

1. Das „Geschäftsführungsverbot" des Aufsichtsrats aus § 111 Abs. 4 S. 1 AktG ist nicht als allgemeingültiges generelles Verbot hinsichtlich der Wahrnehmung jeglicher Geschäftsführungsaufgaben zu sehen. Vielmehr bezweckt die Vorschrift, dass sich der Aufsichtsrat nicht beliebig weitere Geschäftsführungsaufgaben selbst übertragen kann.
2. Die Sicht auf den Aufsichtsrat als reines Binnenorgan der AG kann somit bei genauerer Betrachtung nicht geteilt werden. Der Aufsichtsrat nimmt an verschiedenen Stellen Aufgaben in der Außendarstellung der Gesellschaft wahr. §§ 77, 111 Abs. 4 S. 1 AktG kann daher einer nach außen gerichteten Kompetenzwahrnehmung des Aufsichtsrats nicht pauschal entgegengehalten werden. Die Vorschriften der §§ 77, 111 Abs. 4 S. 1 AktG sind teleologisch zu reduzieren.
3. Der Maßstab für die Übernahme ausgewählter Geschäftsführungsaufgaben durch den Aufsichtsrat ist ein funktionierendes System der *Checks and Balances* innerhalb der AG.

Beantwortung von Aktionärsfragen in der Hauptversammlung der AG

4. Nach § 131 Abs. 1 AktG hat der Aktionär in der Hauptversammlung ein Auskunftsrecht gegen die Gesellschaft. Der Anspruch setzt voraus, dass die Beantwortung der Frage zur Beurteilung eines Gegenstands der Tagesordnung erforderlich ist. Eine Verweigerung der Auskunft ist nur in den in § 131 Abs. 3 AktG ausdrücklich genannten Fällen möglich.
5. Die Auslegung der Vorschrift des § 131 Abs. 1 S. 1 AktG ergibt, dass die Norm eine Auskunftsberechtigung (auch) des Aufsichtsrats für Fragen von Aktionären, die den Kompetenzbereich des Aufsichtsrats betreffen, zulässt. Der Wortlaut der Norm lässt trotz der singulären Verpflichtung des Vorstands zur Beantwortung der Aktionärsfragen Raum für eine flankierende Berechtigung des Aufsichtsrats zur Beantwortung von Fragen, die seinen Kompetenzbereich betreffen. Systematisch regelt die Norm das Verhältnis zwischen Aktionär und Gesellschaft. Eine Beantwortung durch den Aufsichtsrat würde dem nicht widersprechen. Auch aus teleologischen Gesichtspunkten spricht die bestmögliche Erfüllung des Informationsinteresses des fragenden Aktionärs dafür, eine Beantwortung der den Kompetenzbereich des Aufsichtsrats betreffenden Fragen durch den Aufsichtsrat zu gestatten.
6. Der Aufsichtsrat ist gegenüber dem Aktionär nicht verpflichtet, in der Hauptversammlung an ihn gerichtete und seinen Rechts- und Pflichtenkreis betreffende Fragen zu beantworten. So ergibt sich eine solche sanktionierbare Verpflichtung weder aus einer verpflichtenden Ergänzung eines mangelhaften Aufsichtsratsberichts gemäß §§ 176 Abs. 1 S. 2, 171 Abs. 2 AktG, noch folgt diese Pflicht aus der Sorgfaltspflicht des Aufsichtsrats hinsichtlich seiner Amtswahrnehmung aus §§ 116 S. 1, 93 Abs. 1 AktG.
7. Der fragende Aktionär hat keinen einklagbaren Anspruch gegen den Aufsichtsrat. Es wird für die Praxis dennoch empfohlen, dass der Aufsichtsrat solche Aktionärsfragen beantwortet, deren Beant-

wortung er für die Beurteilung eines Tagesordnungspunktes durch den Aktionär für erforderlich hält.

Kommunikation mit Investoren

8. Die Felder einer zulässigen Investorenkommunikation sind eng gesteckt. So darf der Aufsichtsrat in den dargestellten Grenzen in einzelnen Bereichen in den Dialog mit Investoren eintreten. Im Hinblick auf Personalfragen darf der Aufsichtsrat mit Investoren auf das Vergütungssystem sowie die Kriterien für die Besetzung einzelner Vorstandspositionen zu sprechen kommen. Auch über die Abschlussprüfung darf der Aufsichtsrat mit Investoren in den Dialog eintreten, sofern dadurch die Prüfung durch den Abschlussprüfer nicht beeinträchtigt wird. Auch Äußerungen zur Erfüllung des generellen Beratungs- und Überwachungsauftrags des Aufsichtsrats können zulässig sein, sofern dadurch kein Eingriff in die Kompetenzen des Vorstands zu erwarten ist. Aufgrund des stetigen Bezugs zum Vorstandshandeln bei die Überwachung betreffenden Äußerungen ist in diesem Bereich auf Seiten des Aufsichtsrats besondere Zurückhaltung geboten.
9. Äußerungen des Aufsichtsrats zur Unternehmensstrategie gegenüber Investoren stellen eine Durchbrechung des aktienrechtlichen Trennungsprinzips dar und sind daher rechtlich unzulässig. Die Kommunikationskompetenz bei Fragen der strategischen Ausrichtung des Unternehmens obliegt also allein dem Vorstand.
10. Der Aufsichtsrat hat vor der Weitergabe von Informationen an Investoren sorgfältig zu prüfen, ob diese die Schwelle der Kursrelevanz übersteigen. Ist dies anzunehmen, so handelt es sich um Insiderinformationen, für welche besondere kapitalmarktrechtliche Vorschriften Anwendung finden. Nach Art. 14 lit. c MAR ist die Weitergabe von Insiderinformationen grundsätzlich verboten. Lediglich innerhalb eng gesteckter Grenzen in Bezug auf Informationen, die dem Kompetenzbereich des Aufsichtsrats entstammen, ist die Weitergabe von Insiderinformationen an Inves-

toren (hypothetisch) zulässig und nicht unrechtmäßig im Sinne des Art. 10 Abs. 1 S. 1 MAR. Dafür muss die Informationsweitergabe zur Erfüllung der Aufgaben des Aufsichtsrats erforderlich sein. In der Praxis sind solche Konstellationen regelmäßig nicht anzutreffen.

11. Eine generelle Privilegierung institutioneller Investoren beim Dialog betreffend einzelner bestimmter Themen ist nicht angezeigt. Insbesondere mit dem Verbot der Weitergabe von Insiderinformationen (Art. 14 lit. c MMVO) lässt sich eine allgemeingültige pauschale Regelung für die zulässige Weitergabe von Informationen aufgrund der Vielzahl an verschiedenen gesellschaftsspezifischen Konstellationen nicht vereinbaren.

Anwendbarkeit von § 119 Abs. 2 AktG (analog) auf den Aufsichtsrat

12. Im Hinblick auf die Anwendbarkeit von § 119 Abs. 2 AktG analog auf den Aufsichtsrat liegt eine gesetzliche Regelungslücke vor. Diese ist planwidrig. Weder die Wortlautgrenze noch die Gesetzesbegründung zu § 119 Abs. 2 AktG stehen einer analogen Anwendung der Vorschrift auf den Aufsichtsrat generell entgegen. Bei der Anwendbarkeit von § 119 Abs. 2 AktG auf den Vorstand sowie auf den Aufsichtsrat ist unter Bezugnahme auf das Telos der Vorschrift eine vergleichbare Interessenlage anzunehmen. § 119 Abs. 2 AktG ist daher in analoger Anwendung grundsätzlich auf den Aufsichtsrat anwendbar.
13. Für die Beantwortung der Frage nach einer Vorlagebefugnis des Aufsichtsrats bei Vergütungsfragen ist einerseits zwischen dem Vergütungssystem und andererseits der Entscheidung über die konkrete Vergütung zu differenzieren. Das Vergütungssystem kann der Hauptversammlung nicht durch den Aufsichtsrat nach § 119 Abs. 2 AktG analog vorgelegt werden. Einer solchen entsprechenden Anwendung stehen insbesondere die Gesetzesbegründung zu § 120a Abs. 1 AktG sowie dessen systematische Stellung

im Gesetz entgegen. Eine Hauptversammlungsvorlage nach § 119 Abs. 2 AktG analog hinsichtlich der konkreten Vergütung kann hingegen im Einzelfall zulässig, wird aber lediglich in atypisch strukturierten Gesellschaften von praktischer Relevanz sein. Insbesondere die vom Aufsichtsrat anzuwendende Sorgfaltspflicht nach § 116 S. 1 i. V. m. § 93 Abs. 1 AktG im Zusammenhang mit seiner Aufgabenwahrnehmung steht einer solchen Vorlagebefugnis regelmäßig entgegen.

14. Der Aufsichtsrat kann der Hauptversammlung nach § 119 Abs. 2 AktG analog grundsätzlich keine Anstellungsverträge mit Vorstandsmitgliedern zur Entscheidung vorlegen. Praktisch relevant kann diese Möglichkeit ebenfalls lediglich in atypisch strukturierten Gesellschaften werden. Beispiele bieten Gesellschaften mit einem kleineren und überschaubaren Gesellschafterkreis.
15. Aufgrund vorrangiger spezialgesetzlicher Vorschriften besteht kein Raum für eine Vorlagebefugnis des Aufsichtsrats gemäß § 119 Abs. 2 AktG analog in Bezug auf die Geltendmachung von Organhaftungsansprüchen gegen Vorstandsmitglieder.

Das Recht des Aufsichtsrats zur Prüfung durch Sachverständige nach § 111 Abs. 2 S. 2 AktG

16. Die grundsätzliche Kompetenz zur Informationsversorgung des Aufsichtsrats obliegt dem Vorstand. Im Rahmen des Einsichts- und Prüfungsrechts nach § 111 Abs. 2 AktG darf sich der Aufsichtsrat auch selbstständig Informationen verschaffen. Auf diese Weise kann er eine möglichst lückenlose Information des eigenen Organs gewährleisten. Leitlinie für die selbstständige Informationsbesorgung des Aufsichtsrats ist die ordnungsgemäße Erfüllung seines Überwachungsauftrags. Der zulässige Umfang der Informationsgewinnung richtet sich dabei nach dem Gesellschaftsinteresse. Die Begrenzung dieses Informationsrechts des Aufsichtsrats wird ebenfalls anhand der ordnungsgemäßen Erfüllung seines Überwachungsauftrags gezogen. So erstreckt sich dieses Recht nur auf

Informationen, die für die Überwachung der Geschäftsleitung relevant sind. Insbesondere darf der Aufsichtsrat das Einsichts- und Prüfungsrecht nicht dafür nutzen, den Vorstand standardisiert in Alltagsfragen zu kontrollieren.

17. Der Aufsichtsrat darf Sachverständige nach § 111 Abs. 2 S. 2 AktG nicht nur subsidiär im Verhältnis zu den Informationen, die er durch den Vorstand erlangt, einsetzen. Er darf vielmehr auch ohne konkreten Anlass Sachverständige damit beauftragen, für ihn Information über die Geschäftsführung der Gesellschaft zu erlangen.
18. Im Sinne einer Effektuierung der Überwachung der Geschäftsleitung darf der Aufsichtsrat oder der von ihm beauftragte Sachverständige Mitarbeiter des Unternehmens unmittelbar befragen. Praktisch kann die direkte Befragung von Mitarbeitern durch den Aufsichtsrat eine mitunter erhebliche Belastung für das interorganschaftliche Verhältnis zwischen Aufsichtsrat und Vorstand darstellen. Daher ist die Befragung auf Sondersituationen der Gesellschaft zu beschränken oder aber auf Fälle, in denen der persönliche Austausch mit Mitarbeitern nicht anderweitig zu ersetzen ist.

Literaturverzeichnis

Adler, Hans/Düring, Walter/Schmaltz, Kurt: Rechnungslegung und Prüfung der Unternehmen – Kommentar zum HGB, AktG, GmbHG, PublG nach den Vorschriften des Bilanzrichtlinien-Gesetzes, 6. Auflage, Stuttgart 1994.

Altmeppen, Holger: Grenzen der Zustimmungsvorbehalte des Aufsichtsrats und die Folgen ihrer Verletzung durch den Vorstand, in: *Bitter, Georg/Lutter, Marcus/Priester, Hans-Joachim/Schön, Wolfgang/Ulmer, Peter (Hrsg.)*: Festschrift für Karsten Schmidt zum 70. Geburtstag, Köln 2009, S. 23–41.

Arbeitsgruppe Initiative „Developing Shareholder Communication": Leitsätze für den Dialog zwischen Investor und Aufsichtsart, AG, 2016, S. R300-R302.

Arnold, Michael: Verantwortung und Zusammenwirken des Vorstands und Aufsichtsrats bei Compliance-Untersuchungen, ZGR, 2014, S. 76–106.

Bachmann, Gregor: Gesellschaftsrecht in der Diskussion 2016: Jahrestagung der Gesellschaftsrechtlichen Vereinigung (VGR), 1. Auflage, Köln 2017.

Bachmann, Gregor/Pauschinger, Philipp: Die Neuregelung der Vorstands- und Aufsichtsratsvergütung durch das ARUG II, ZIP 2019, S. 1–10.

Backhaus, Richard/Tielmann, Jörgen (Hrsg.): Der Aufsichtsrat – Kommentar, 2. Auflage, München 2023 (zitiert als: *Bearbeiter* in: Backhaus/Tielmann).

Baums, Theodor (Hrsg.): Bericht der Regierungskommission Corporate Governance: Unternehmensführung – Unternehmenskontrolle – Modernisierung des Aktienrechts, Köln 2001.

Bayer, Walter: Die Vergütung von Vorstands- und Aufsichtsratsmitgliedern börsennotierter Gesellschaften nach dem RefE für das ARUG II, DB 2018, S. 3034–3042.

Bayer, Walter/Habersack, Matthias (Hrsg.): Aktienrecht im Wandel, Band II, Tübingen 2007.

Becker, Michael: Verwaltungskontrolle durch Gesellschafterrechte: Eine vergleichende Studie nach deutschem Verbandsrecht und dem amerikanischen Recht der corporation, Tübingen 1997.

beck-online.GROSSKOMMENTAR zum Aktienrecht, *Henssler, Martin (Gesamtherausgeber für das Handels- und Gesellschaftsrecht)/Spindler, Gerald/Stilz, Eberhard (Hrsg.)*, München 2022 (Stand: 11.8.2025) (zitiert als: *Bearbeiter* in: BeckOGK-AktG).

Beck'scher Bilanz-Kommentar: Herausgegeben von *Grottel, Bernd/Justenhoven, Petra/Schubert, Wolfgang J./Störk, Ulrich (Hrsg.)*: Handels- und Steuerbilanz – §§ 238 bis 339, 342 bis 342a HGB, 14. Auflage, München 2024 (zitiert als: *Bearbeiter* in: BeckBilanzKomm. HGB).

Berger, Lucina: Vorstandsbestellung im Lichte der Marktmissbrauchsverordnung, BOARD 2018, S. 100–102.

Bednarz, Liane: Die Kundgabe von Beschlüssen des Aufsichtsrats durch den Aufsichtsratsvorsitzenden – ein Fall des § 174 S. 1 BGB? – zugleich Besprechung von OLG Düsseldorf, NZG 2004, 141 ff., NZG 2005, S. 418–425.

Begemann, Arndt/Laue, Bastian: Der neue § 120 Abs. 4 AktG – ein zahnloser Tiger?, BB 2009, S. 2442–2446.

Bernau, Falk: Konzernrechtliche Ersatzansprüche als Gegenstand des Klageerzwingungsrechts nach § 147 Abs. 1 S. 1 AktG, AG 2011, S. 894–900.

Beuthien, Volker: Zur Zulässigkeit beschließender Aufsichtsratsausschüsse – Am Beispiel des Personalausschusses, NZG 2010, S. 333–335.

Bock, Kurt/Decher, Christian/Habersack, Mathias/Hommelhoff, Peter/Jungo Brüngger, Renata/Kley, Karl-Ludwig/Koch, Jens/Krieger, Gerd/Löbbe, Marc/Niggemann, Michael/Poelzig, Dörte/Roßkopf, Gabriele/Teyssen, Johannes/Verse, Dirk/Vetter, Jochen/Winkeljohann, Norbert: Arbeitskreis Recht des Aufsichtsrats: Eckpunkte für eine Reform des Aufsichtsratsrechts, NZG 2021, S. 477–483.

Bommer, Kay/Steinbach, Martin: Aufsichtsräte für den Kapitalmarkt – Wie Aufsichtsräte das Wissen von Investor Relations nutzen sollten, BOARD 2013, S. 219–222.

Borges, Georg: Selbstregulierung im Gesellschaftsrecht – zur Bindung an Corporate Governance-Kodizes, ZGR 2003, S. 508–540.

Bortenlänger, Christine: Aufsichtsratsdialog mit Investoren in oder gar vor der Hauptversammlung? Der Druck wächst!, BOARD 2014, 71–72.

Bosse, Christian: Das Gesetz zur Angemessenheit der Vorstandsvergütung (VorstAG) – Überblick und Handlungsbedarf, BB 2009, S. 1650–1654.

Breidenich, Andreas: Die Organisation der Aufsichtsratsarbeit durch den Aufsichtsratsvorsitzenden, Tübingen 2020.

Brocker, Till: Unternehmensmitbestimmung und Corporate Governance, München 2006.

Brodey, Martin/Vetter, Jochen: Zulässigkeit und Grenzen der Kommunikation des Aufsichtsrats mit Investoren (Teil 1). Rechtslage in Deutschland und Österreich, ecolex 2017, S. 219–224.

Brouwer, Tobias: Zustimmungsvorbehalte des Aufsichtsrats im Aktien- und GmbH-Recht – Zur Funktion und Wirkweise von Aufsichtsratsvorbehalten im Einzelunternehmen und im Konzern, Berlin 2008.

Brouwer, Tobias/Franzmann, Georg/Greven, Tobias/Hennke, Peter/Simons, Cornelius/Steudner, Anna/Wolters, Mark: Arbeitsgruppe des Verbands der Chemischen Industrie (VCI)-Fachausschusses Unternehmensrecht: Stellungnahme zu den Vorschlägen des Arbeitskreises Recht des Aufsichtsrats zur Reform des Aufsichtsratsrechts, NZG 2022, S. 156–162.

Brox, Hans: Plakatwerbung der Gewerkschaften im Betrieb, DB 1965, S. 731–735.

Buck-Heeb, Petra: Kapitalmarktrecht, 13. Auflage, Heidelberg 2023.

Bürgers, Tobias/Lieder, Jan (Hrsg.): Heidelberger Kommentar zum Aktiengesetz, 6. Auflage, Heidelberg 2025 (zitiert als: *Bearbeiter* in: Bürgers/Körber/Lieder).

Bunz, Thomas: Vorbereitungs- und Reaktionsmöglichkeiten börsennotierter Unternehmen auf Shareholder Activism, NZG 2014, S. 1049–1053.

Butzke, Volker: Die Hauptversammlung der Aktiengesellschaft, 5. aktualisierte und überarbeitete Auflage, Stuttgart 2011.

Cahn, Andreas: Die Leitung der Aktiengesellschaft durch den Vorstand, NZG 2023, S. 299–302.

Conyon, Martin J.: Compensation Consultants and Executive Pay: Evidence from the United States and the United Kingdom (May 2008), abrufbar unter SSRN: https://ssrn.com/abstract=1106729 (Stand: 5. Mai 2023).

Dehnen, Peter (Hrsg.): Der professionelle Aufsichtsrat, Frankfurt 2015.

Deutscher Anwaltsverein (DAV-) Handelsrechtsausschuss: Stellungnahme zum Referentenentwurf des BMF und des BMJV zum Entwurf eines Gesetzes zur Stärkung der Finanzmarktintegrität (FISG), NZG 2020, S. 1380–1383.

Diekmann, Hans/Wurst, Friederike: Die Organisation der Aufsichtsratsarbeit, NZG 2014, S. 121–127.

Dietz-Vellmer, Fabian: Hauptversammlungsbeschlüsse nach § 119 II AktG – geeignetes Mittel zur Haftungsvermeidung für Organe?, NZG 2014, S. 721–729.

Dreher, Meinrad: Direktkontakte des Aufsichtsrats in der Aktiengesellschaft zu dem Vorstand nachgeordneten Mitarbeitern, in: *Habersack, Mathias/Hommelhoff, Peter/Hüffer, Uwe/Schmidt, Karsten (Hrsg.)*: Festschrift für Peter Ulmer zum 70. Geburtstag am 2. Januar 2003, Berlin 2003, S. 87–104.

Drinhausen, Florian/Marsch-Barner, Reinhard: Die Rolle des Aufsichtsratsvorsitzenden in der börsennotierten Aktiengesellschaft, AG 2014, S. 337–351.

Drygala, Tim: A Step Ahead of the Crowd – Zur selektiven Information von Finanzanalysten nach amerikanischem und deutschen Kapitalmarktrecht – Teil II –, WM 2001, S. 1313–1324.

Drygala, Tim: Aufsichtsratsbericht und Vertraulichkeit im System der Corporate Governance, AG 2007, S. 381–392.

Duden, Konrad: Gleichbehandlung bei Auskünften an Aktionäre, in: *Ficker (ehemals Taschner), Hans Claudius/König, Detlef/Kreuzer, Karl F./Leser, Hans G./von Bieberstein, Wolfgang/Schlechtriem, Peter (Hrsg.)*: Festschrift für Ernst von Caemmerer zum 70. Geburtstag, Tübingen 1978, S. 499–516.

Düwell, Franz Josef: Leiharbeitnehmer zählen bei Schwellenwerten, BB 2019, S. 2615–2618.

Ekkenga, Jens: Kapitalmarktrechtliche Aspekte der „Investor Relations", NZG 2001, S. 1–8.

Fischbach, Jonas: Hauptversammlungsvorlagen des Aufsichtsrats, ZIP 2013, S. 1153–1160.

Fisch, Jill E./Sale, Hillary A.: The Securities Analyst as Agent: Rethinking the Regulation of Analysts, Philadelphia, USA, 2003, S. 1035–1098. (zitiert als: *Fisch/Sale*, 88 Iowa L. Rev. 1035 (2003), 1035).

Fleischer, Holger: Das Gesetz zur Angemessenheit der Vorstandsvergütung (VorstAG), NZG 2009, S. 801–806.

Fleischer, Holger: Zur Leitungsaufgabe des Vorstands im Aktienrecht, ZIP 2003, S. 1–11.

Fleischer, Holger: Gestaltungsgrenzen für Zustimmungsvorbehalte des Aufsichtsrats nach § 111 Abs. 4 S. 2 AktG, BB 2013, S. 835–843.

Fleischer, Holger: Haftungsfreistellung, Prozesskostenersatz und Versicherung für Vorstandsmitglieder – eine rechtsvergleichende Bestandsaufnahme zur Enthaftung des Managements, WM 2005, S. 909–920.

Fleischer, Holger: Investor Relations und informationelle Gleichbehandlung im Aktien-, Konzern- und Kapitalmarktrecht, ZGR 2009, S. 505–541.

Fleischer, Holger: Related Party Transactions bei börsennotierten Gesellschaften: Deutsches Aktien(konzern)recht und Europäische Reformvorschläge, BB 2014, S. 2691–2700.

Fleischer, Holger: Vergleiche über Organhaftungs-, Einlage- und Drittansprüche der Aktiengesellschaft, AG 2015, S. 133–150.

Fleischer, Holger/Bedkowski, Dorothea: Aktien- und kapitalmarktrechtliche Probleme des Pilot Fishing bei Börsengängen und Kapitalerhöhungen, DB 2009, S. 2195–2200.

Fleischer, Holger/Kalss, Susanne/Vogt, Hans-Ueli: Konvergenzen und Divergenzen im deutschen, österreichischen und schweizerischen Gesellschafts- und Kapitalmarktrecht, Tübingen 2011.

Fleischer, Holger/Wansleben, Till/Bauer, Leopold: Investorenkontakte des Aufsichtsrats: Zulässigkeit und Grenzen, DB 2015, S. 360–368.

Florstedt, Tim: Die wesentlichen Änderungen des ARUG II nach den Empfehlungen des Rechtsausschusses – Weitere sozial- und ökopolitische Indienstnahme der AG, Höchstgrenzen für Vorstandsgehälter und Effektuierung des Aktionärsschutzes bei related party transactions, ZIP, S. 1–9.

Fonk, Hans-Joachim: Zustimmungsvorbehalte des AG-Aufsichtsrats, ZGR 2006, S. 841–847.

Freund, Stefan: Starke Aufsichtsräte in der Organhaftung, NZG 2018, S. 1361–1368.

Gadow, Wilhelm/Heinichen, Eduard/Schmidt, Eberhard/Schmidt, Walter/Weipert, Otto, Großkommentar Aktiengesetz, Berlin 1939 (zitiert als: *Bearbeiter* in: Gadow/Heinichen/Schmidt/Schmidt/Weipert-AktG 1939).

Gärtner, Matthias/Himmelmann, Elena: Beschlüsse der Hauptversammlung zur Vorstandsvergütung nach ARUG II, AG 2021, S. 259–270.

Gernot, Jan/Wernicke, Thomas: Neue Entwicklungen zum Bericht des Aufsichtsrats an die Hauptversammlung, NZG 2010, S. 531–535.

Ghassemi-Tabar, Nima: Deutscher Corporate Governance Kodex – Kommentar, 2. Auflage, München 2023 (zitiert als: *Bearbeiter* in: Ghassemi-Tabar, DCGK).

Gietzen, Nicole: Unternehmensmitbestimmung, Corporate Governance und der Deutsche Corporate Governance Kodex, Tübingen 2013.

Goette, Wulf: Zum Zusammenwirken von Vorstand und Aufsichtsrat im Spannungsfeld von Informationsordnung und Zustimmungsvorbehalt, in: *Siekmann, Helmut (Hrsg.)*: Festschrift für Theodor Baums zum siebzigsten Geburtstag, Band I, Tübingen 2017, S. 475–484.

Goette, Wulf/Arnold, Michael (Hrsg.): Handbuch Aufsichtsrat, 2. Auflage, München 2024 (zitiert als: *Bearbeiter* in: Goette/Arnold, AR-HdB).

Godin, Reinhard/Wilhelmi, Hans: Gesetz über Aktiengesellschaften und Kommanditgesellschaften auf Aktien (Aktiengesetz), 2. Auflage, Berlin 1950.

Götz, Heinrich: Rechte und Pflichten des Aufsichtsrats nach dem Transparenz- und Publizitätsgesetz, NZG, 2002, S. 599–604.

Grigoleit, Hans Christoph: Aktiengesetz Kommentar, 2. Auflage, München 2020 (zitiert als: *Bearbeiter* in: GrigoleitAktG).

Grootherhorst, Johannes: Pflichten und Haftung des Aufsichtsrats bei zustimmungsbedürftigen Geschäften des Vorstands, NZG 2011, S. 921–926.

Groß, Wolfgang: Vorbereitung und Durchführung von Hauptversammlungsbeschlüssen zu Erwerb oder Veräußerung von Unternehmensbeteiligungen, AG 1996, S. 111–119.

Groß, Wolfgang: Informations- und Auskunftsrecht des Aktionärs, AG 1997, S. 97–107.

Großkommentar zum Aktiengesetz: Herausgegeben von *Hirte, Heribert/Mülbert, Peter O./Roth, Markus*, 5. Auflage,
Band 3/1, §§ 53a–66, Berlin/Boston 2021,
Band 4/1, §§ 76–91, Berlin/Boston 2014,
Band 4/2, §§ 92–94, Berlin/Boston 2015,
Band 5, §§ 95–116, Berlin/Boston 2019,
Band 6, § 117, Unternehmensmitbestimmung, Vorbemerkungen, MitbestG, DrittelbG, Montan-MitbestG, MitbestErgG, Nachtrag § 76 Abs. 4 AktG, Berlin/Boston 2018,
Band 7/1, §§ 118–130, Berlin/Boston 2017,
Band 7/2, §§ 131–146, Berlin/Boston 2019,

Band 8, §§ 150–178, Berlin/Boston 2018, (zitiert als: *Bearbeiter* in: GroßKommAktG)

Grunewald, Barbara: Der Einfluss des Aufsichtsrats auf die Geschäftsführung – was ist erwünscht, was ist erlaubt?, ZIP 2016, S. 2009–2011.

Grunewald, Barbara: Information als Grundlage für Leitung und Überwachung, ZGR 2020, S. 469–484.

Habersack, Mathias: 19 Jahre „ARAG/Garmenbeck" – und viele Fragen offen, NZG 2016, S. 321–327.

Habersack, Mathias: Der Aufsichtsrat zwischen Geschäftsführungsverbot und Überwachungsaufgabe, NZG 2020, 881–887.

Habersack, Mathias: Der Aufsichtsrat im Visier der Kommission, ZHR 168 (2004), S. 373–381.

Habersack, Mathias: Grund und Grenzen der Compliance-Verantwortung des Aufsichtsrats der AG, AG 2014, S. 1–8.

Habersack, Mathias: Die Teilhabe des Aufsichtsrats an der Leitungsaufgabe des Vorstands gemäß § 111 Abs. 4 S. 2 AktG, dargestellt am Beispiel der Unternehmensplanung, in: *Kindler, Peter/Koch, Jens/Ulmer, Peter/Winter, Martin (Hrsg.)*: Festschrift für Uwe Hüffer zum 70. Geburtstag, München 2010, S. 1103–1127.

Habersack, Mathias: Zur Aufklärung gesellschaftsinternen Fehlverhaltens durch den Aufsichtsrat der AG in *Habersack, Mathias (Hrsg.)*: Festschrift für Eberhard Stilz zum 65. Geburtstag, München 2014, S. 191–204.

Habersack, Mathias: Verzichts- und Vergleichsvereinbarungen gemäß § 93 Abs. 4 S. 3 AktG – de lege lata und de lege ferenda, in: *Siekmann, Helmut (Hrsg.)*: Festschrift für Theodor Baums zum siebzigsten Geburtstag, Band I, Tübingen 2017, S. 531–545.

Habersack, Mathias/Mülbert, Peter O./Schlitt, Michael: Handbuch der Kapitalmarktinformation, 3. Auflage, München 2020 (zitiert als: *Bearbeiter* in: Habersack/Mülbert/Schlitt, Kapitalmarktinf-Hdb.).

Hanau, Peter/Ulmer, Peter (Begr.)/Habersack, Matthias/Henssler, Martin (Erläuterungen): Mitbestimmungsrecht – Kommentierung des MitbestG, des DrittelbG, des SEBG und des MgVG, 4. Auflage, München 2018.

Harnos, Rafael: Gerichtliche Kontrolldichte im Gesellschaftsrecht, Köln 2021.

Hasselbach, Kai: Überwachungs- und Beratungspflichten des Aufsichtsrats in der Krise, NZG 2012, S. 41–48.

Haßler, Thyl N.: Informationsquellen des Aufsichtsrats bei der Ermittlung haftungsrelevanter Sorgfaltspflichtverletzungen des Vorstands, BB 2017, S. 1603–1608.

Heidel, Thomas (Hrsg.): Aktienrecht und Kapitalmarktrecht, 6. Auflage, Baden-Baden 2024.

Heinen, Alexander/Schilz, Lukas/Kahle, Tobias: Revitalisierung des Systems von Checks and Balances in der AG – Vorschläge zur Reform des Aufsichtsratsrechts, ZIP 2022, S. 553–563.

Henze, Hartwig: Holzmüller vollendet das 21. Lebensjahr, in: *Habersack, Mathias/Hommelhoff, Peter/Hüffer, Uwe/Schmidt, Karsten (Hrsg.)*: Festschrift für Peter Ulmer zum 70. Geburtstag am 2. Januar 2003, Berlin 2003, S. 211–242.

Hemeling, Peter: Die Durchführung der Hauptversammlung – die Chance des UMAG nutzen!, AG 2004, S. 262–263.

Henning, Peter: Information als Grundlage für Leitung und Überwachung – Beobachtungen und Schlussfolgerungen aus der Aufsichtsratspraxis – Responsio –, ZGR 2020, S. 485–494.

Henssler, Martin/Strohn, Lutz: Gesellschaftsrecht, 6. Auflage, München 2024.

Hirt, Hans-Christoph/Hopt, Klaus J./Mattheus, Daniela: Dialog zwischen dem Aufsichtsrat und Investoren – Rechtsvergleichende und rechtsdogmatische Überlegungen zur Investorenkommunikation in Deutschland, AG 2016, S. 725–739.

Hirte, Heribert: Kapitalgesellschaftsrecht, 9. Auflage, Köln 2023.

Hölters, Wolfgang/Weber, Markus (Hrsg.): Aktiengesetz, Kommentar, 5. Auflage, München 2025.

Hoffmann-Becking, Michael: Das erweiterte Auskunftsrecht des Aktionärs nach § 131 Abs. 4 AktG, in: *Pfeiffer, Gerd/Wiese, Günther/Zimmermann, Klaus (Hrsg.)*: Festschrift für Heinz Rowedder zum 75. Geburtstag, München 1994, S. 155–170.

Hoffmann-Becking, Michael: Der Aufsichtsrat der AG und sein Vorsitzender in der Hauptversammlung, NZG 2017, S. 281–291.

Hoffmann-Becking, Michael: Münchener Handbuch des Gesellschaftsrechts, Band 4 Aktiengesellschaft, 6., neubearbeitete Auflage, München 2025 (zitiert als: *Bearbeiter* in: MünchHdB GesR IV).

Hoffmann-Becking, Michael: Das Recht des Aufsichtsrats zur Prüfung durch Sachverständige nach § 111 Abs. 2 S. 2 AktG, ZGR 2011, S. 136–154.

Hoffmann-Becking, Michael: Deutscher Corporate Governance Kodex – Anmerkungen zu Zulässigkeit, Inhalt und Verfahren, in: *Kindler, Peter/Koch, Jens/Ulmer, Peter/Winter, Martin (Hrsg.)*: Festschrift für Uwe Hüffer zum 70. Geburtstag, München 2010, S. 337–354.

Hohenstatt, Klaus-Stefan: Das Gesetz zur Angemessenheit der Vorstandsvergütung, ZIP 2009, S. 1349–1358.

Holle, Philipp Maximilian: Kommunikation des Aufsichtsrats mit Marktteilnehmern, ZIP 2019, S. 1895–1901.

Hommelhoff, Peter: Die Konzernleitungspflicht: zentrale Aspekte eines Konzernverfassungsrechts, Köln, München 1982.

Hopt, Klaus: Der Aufsichtsrat – Bedeutungswandel, Konvergenz, unternehmerische Mitverantwortung, Pflichten- und Haftungszuwachs –, ZGR 2019, S. 507–543.

Hüffer, Uwe: Die leitungsbezogene Verantwortung des Aufsichtsrats, NZG 2007, S. 47–54.

Hüffer, Uwe (Begr.)/Koch, Jens (Bearb.): Aktiengesetz, 19. Auflage, München 2025.

Ihrig, Hans-Christoph/Schäfer, Carsten (Verf.): Rechte und Pflichten des Vorstands, 2. Auflage, Köln 2020.

Jäger, Axel: Thema Börse (8): Investor Relations und Publizität, NZG 2000, S. 186–189.

Kalass, Susanne/Nowotny, Christian/Schauer, Martin (Hrsg.): Österreichisches Gesellschaftsrecht, 2. Auflage, Wien, Österreich 2017.

Kiethe, Kurt: Anfechtbarer Beschluss über die Entlastung des Aufsichtsrats der AG durch unzureichende Berichterstattung, NZG 2006, S. 888–892.

Klöhn, Lars: Die Regelung selektiver Informationsweitergabe gem. § 15 Abs. 1 S. 4 u. 5 WpHG – eine Belastungsprobe, WM 2010, S. 1869–1882.

Klöhn, Lars (Hrsg.): Marktmissbrauchsverordnung – Verordnung (EU) Nr. 596/2014 über Marktmissbrauch, Kommentar, München 2018.

Knorr, Elisa Sophia: Kapitalmarktkommunikation durch den Aufsichtsrat einer Aktiengesellschaft: Zulässigkeit und Grenzen des Investorendialogs mit dem Aufsichtsrat und seinem Vorsitzenden, Baden-Baden 2021.

Koch, Jens: 20 Jahre Deutscher Corporate Governance Kodex – Missverständnisse auf hohem Niveau, AG 2022, S. 1–2.

Koch, Jens: Der Vorstand im Kompetenzgefüge der Aktiengesellschaft, in: *Fleischer, Holger/Koch, Jens/Kropff, Bruno/Lutter, Martin (Hrsg.)*: 50 Jahre Aktiengesetz, ZGR-Sonderheft 19, Berlin 2016, S. 65–102.

Koch, Jens: Die Überwachung des Aufsichtsrats durch den Vorstand, ZHR (2016), S. 578–612.

Koch, Jens: Informationsweitergabe und Informationsasymmetrien im Gesellschaftsrecht, ZGR 2020, S. 183–216.

Koch, Jens: Investorengespräche des Aufsichtsrats, AG 2017, S. 129–141.

Kocher, Dirk/Lönner, Andreas: Erforderlichkeit, Nachfrageobliegenheiten und Gremienvertraulichkeit – Begrenzungen des Auskunftsrechts in der Hauptversammlung: Kommentar zu BGH v. 5.11.2013 – II ZB 28/12, AG 2014, S. 81–84.

Kölner Kommentar zum Aktiengesetz: Herausgegeben von *Zöllner, Wolfgang,* 1. Auflage
Band 1, §§ 1–147 AktG, Köln 1985 (zitiert als: *Bearbeiter* in: KölnerKommAktG, 1. Auflage 1985)

Kölner Kommentar zum Aktiengesetz: Herausgegeben von *Mertens, Hans-Joachim/Cahn, Andreas,* 3. Auflage
Band 2/1, §§ 76–94 AktG, Köln 2010, (zitiert als: *Bearbeiter* in: KölnerKommAktG, 3. Auflage 2010),
Band 2/2, §§ 95–117 AktG, Köln 2013 (zitiert als: *Bearbeiter* in: KölnerKommAktG).

Kölner Kommentar zum Aktiengesetz: Herausgegeben von *Zöllner, Wolfgang/Noack, Ulrich,* 3. Auflage
Band 1/3, §§ 53a–66 AktG, Köln 2010,
Band 3/2, §§ 142–178 AktG, Köln 2015 (zitiert als: *Bearbeiter* in: KölnerKommAktG).

Kölner Kommentar zum Aktiengesetz: Herausgegeben von *Zetsche, Dirk/Noack Ulrich,* 4. Auflage
Band 7, §§ 76–94 AktG, Köln 2023,
Band 9/1, §§ 118–120a AktG, Köln 2023,
Band 9/3, §§ 129–132 AktG, Köln 2023 (zitiert als: *Bearbeiter* in: KölnerKommAktG).

Krämer, Lutz/Kiefner, Alexander: Ad-hoc-Publizität nach dem Final Report der ESMA – Praxisfragen und weiterer Korrekturbedarf, AG 2016, S. 621–627.

Kremer, Thomas/Bachmann, Gregor/Lutter, Marcus/von Werder, Markus: Deutscher Corporate Governance Kodex – Kommentar, 9. Auflage, München 2023 (zitiert als: *Bearbeiter* in: Kremer/Bachmann/Lutter/Werder, DCGK).

Krieger, Gerd: Interne Voraussetzungen für die Abgabe der Entsprechenserklärung nach § 161 AktG, in: *Habersack, Mathias/Hommelhoff, Peter/Hüffer, Uwe/Schmidt, Karsten (Hrsg.)*: Festschrift für Peter Ulmer zum 70. Geburtstag am 2. Januar 2003, Berlin 2003.

Krieger, Gerd: Personalentscheidungen des Aufsichtsrats, Köln et al. 1981.

Krieger, Gerd: Zum Aufsichtsratspräsidium, ZGR 1985, 338–364.

Kropff, Bruno: Aktiengesetz: Textausgabe des Aktiengesetzes vom 6.9.1965 (Bundesgesetzbl. I S. 1089) und des Einführungsgesetzes zum Aktiengesetz vom 6.9.1965 (Bundesgesetzbl. I S. 1185) mit Begründung des Regierungsentwurfs, Bericht des Rechtsausschusses des Deutschen Bundestags, Verweisungen und Sachverzeichnis; Im Anhang: Aktiengesetz von 1937, Düsseldorf 1965.

Kropff, Bruno: Die Unternehmensplanung im Aufsichtsrat, NZG 1998, S. 613–619.

Kropff, Bruno: Zur Information des Aufsichtsrats über das interne Überwachungssystem, NZG 2003, S. 346–350.

Kubis, Dietmar: Auskunft ohne Grenzen? – Europarechtliche Einflüsse auf den Informationsanspruch nach § 131 AktG – Zugleich eine Anmerkung zum Beschluss des BGH vom 5.11.2013 (II ZB 28/12), ZGR 2014, S. 608–626.

Kubis, Dietmar/Tödtmann, Ulrich (Hrsg.): Arbeitshandbuch für Vorstandsmitglieder, 3. Auflage, München 2022 (zitiert als: *Bearbeiter* in: Kubis/Tödtmann, Arbeitshandbuch für Vorstandsmitglieder).

Landsittel, Jana: Investorenkommunikation – Unter besonderer Berücksichtigung der persönlichen Investorenkommunikation des Aufsichtsrats und seines Vorsitzenden, Berlin 2019.

Lange, Oliver: Zustimmungsvorbehaltspflicht und Kataloghaftung des Aufsichtsrats nach neuem Recht, DStR 2003, S. 376–381.

Langenbucher, Katja: Aktien und Kapitalmarktrecht – Ein Studienbuch, 5. Auflage, München 2021.

Larenz, Karl/Canaris, Claus-Wilhelm: Methoden richterlicher Rechtsfortbildung, 3. Auflage, Berlin/Heidelberg 1995.

Leyendecker-Langner, Benjamin: Kapitalmarktkommunikation durch den Aufsichtsratsvorsitzenden, NZG 2015, S. 44–47.

Leyens, Patrick C.: Information des Aufsichtsrats, Tübingen 2006.

Leyens, Patrick C.: System der Aktionärsinformation – Auskunft, Sonderprüfung, Sondervertretung, Investorendialog und horizontale Kommunikation –, ZGR 2019, S. 544–587.

Lieder, Jan: Unternehmerische Entscheidungen des Aufsichtsrats, ZGR 2018, S. 523–583.

Linker, Anja Celina/Zinger, Georg: Rechte und Pflichten der Organe einer Aktiengesellschaft bei der Weitergabe vertraulicher Unternehmensinformationen, S. 497–502.

Loritz, Karl-Georg: Unternehmerische Mitbestimmung in deutschen Großunternehmen und Qualität der Aufsichtsratsarbeit, ZfA 2009, S. 477–540.

Lutter, Marcus: Der Aufsichtsrat im Konzern, AG 2006, S. 517–521.

Lutter, Marcus: Der Aufsichtsrat: Kontrolleur oder Mit-Unternehmer, in: *Sadowski, Dieter (Hrsg.)*: Entrepreneurial Spirits – Festschrift für Horst Albach zum 70. Geburtstag, Wiesbaden 2001.

Lutter, Marcus: Der Bericht des Aufsichtsrats an die Hauptversammlung, AG 2008, S. 1–11.

Lutter, Marcus: Information und Vertraulichkeit im Aufsichtsrat, 3. Auflage, Köln 2006.

Lutter, Marcus: Professionalisierung des Aufsichtsrats, DB 2009, S. 775–779.

Lutter, Marcus: Unternehmensplanung und Aufsichtsrat, AG 1991, S. 249–255.

Lutter, Marcus: Vergleichende Corporate Governance – Die deutsche Sicht, ZGR 2001, S. 224–237.

Lutter, Marcus/Bayer, Walter (Hrsg.): Holding-Handbuch: Konzernrecht, Konzernsteuerrecht, Konzernarbeitsrecht, Betriebswirtschaft, 6. Auflage, Köln 2020 (zitiert als: *Bearbeiter* in: Lutter/Bayer).

Lutter, Marcus/Krieger, Gerd/Verse, Dirk: Rechte und Pflichten des Aufsichtsrats, 7. Auflage, Köln 2020.

Markworth, David: Zur Einbeziehung von Leiharbeitnehmern in die Anwendungsschwellenwerte der Mitbestimmungsgesetze – Zugleich eine Besprechung des Urteils des BGH v. 25.6.2019 – II ZB 21/18, RdA 2020, S. 119–123.

Marsch-Barner, Reinhard: Zur Berichterstattung des Aufsichtsrats, in: *Habersack, Mathias/Huber, Karl/Spindler, Gerald*: Festschrift für Eberhard Stilz zum 65. Geburtstag, München 2014, S. 397–410.

Marsch-Barner, Reinhard/Schäfer, Frank A. (Hrsg.): Handbuch börsennotierte AG – Aktien- und Kapitalmarktrecht, 4. neu bearbeitete Auflage, Köln 2018 (zitiert als: *Bearbeiter* in: Handbuch börsennotierte AG, 4. Auflage 2018).

Marsch-Barner, Reinhard/Schäfer, Frank A. (Hrsg.): Handbuch börsennotierte AG – Aktien- und Kapitalmarktrecht, 6. Auflage, Köln 2025 (zitiert als: *Bearbeiter* in: Handbuch börsennotierte AG).

Maser, Peter/Bäumker, Michael: Steigende Anforderungen an die Berichtspflicht des Aufsichtsrats, AG 2005, S. 906–910.

Meilicke, Heinz/Heidel, Thomas: Das Auskunftsrecht des Aktionärs in der Hauptversammlung (Teil II), DStR 1992, S. 113–118.

Menkel, Andreas: Die Vertretungsbefugnis des Aufsichtsrates bei der Beauftragung Sachverständiger nach § 109 Abs. 1 S. 2, § 111 Abs. 2 S. 2 AktG sowie nach § 25d KWG, AG 2019, S. 330–340.

Mense, Christian/Klie, Marcus: Deutscher Corporate Governance Kodex 2017 – Auswirkungen der aktuellen Änderungen für die Praxis, BB 2017, S. 771–777.

Mense, Christian/Klie, Marcus: Geplante Kodex-Änderungen für 2017 – Investorengespräche des Aufsichtsratsvorsitzenden und Compliance im Fokus der Kodex-Kommission, GWR 2017, S. 1–5.

Merkner, Andreas/Schmidt-Bendun, Rüdiger: Auskunftserteilung des Aufsichtsrats in der Hauptversammlung – ein weiteres Thema für die Aktienrechtsnovelle 2011/2012?, AG 2011, S. 734–740.

Merkner, Andreas/Sustmann, Marco/Retsch, Alexander: Insiderrecht und Ad-hoc Publizität im neuen Emittentenleitfaden der BaFin, AG 2019, S. 621–633.

Meyer-Landrut, Joachim: Verschwiegenheitspflicht der Aufsichtsratsmitglieder – Besprechung der Entscheidung BGHZ 65, 325, S. 510–516.

Meyer, Andreas/Veil, Rüdiger/Rönnau, Thomas: Handbuch zum Marktmissbrauchsrecht, 2. Auflage 2023 (zitiert als: *Bearbeiter* in: Meyer/Veil/Rönnau, Handbuch zum Marktmissbrauchsrecht).

Münchner Kommentar zum Aktiengesetz: Herausgegeben von *Goette, Wulf/Habersack, Mathias/Kalss, Susanne*, 4. Auflage,

Band 3, §§ 118–178 AktG, München 2018
(zitiert als: *Bearbeiter* in: MüKoAktG, 4. Auflage 2018).

Münchner Kommentar zum Aktiengesetz: Herausgegeben von *Goette, Wulf/Habersack, Mathias/Kalss, Susanne*, 6. Auflage,
Band 1, §§ 1–75 AktG, München 2024,
Band 3, §§ 118–178 AktG, München 2024
(zitiert als: *Bearbeiter* in: MüKoAktG).

Münchner Kommentar zum Aktiengesetz: Herausgegeben von *Goette, Wulf/Habersack, Mathias/Kalss, Susanne*, 6. Auflage,
Band 2, §§ 76–117 AktG, München 2023 (zitiert als: *Bearbeiter* in: MüKoAktG).

Oetker, Hartmut: Arbeitnehmerüberlassung und Unternehmensmitbestimmung im entleihenden Unternehmen nach § 14 II 5 und 6 AÜG, NZA 2017, S. 29–35.

Oetker, Hartmut: Das Recht der Unternehmensmitbestimmung im Spiegel der neueren Rechtsprechung, ZGR 2000, S. 19–60.

Paefgen, Walter: Struktur und Aufsichtsratsverfassung der mitbestimmten AG: zur Gestaltungsmacht der Satzung und der Geschäftsordnung des Aufsichtsrats, Köln 1982.

Peltzer, Martin: Handlungsbedarf in Sachen Corporate Governance, NZG 2002, S. 593–599.

Peltzer, Martin/von Werder, Axel: Der „German Code of Corporate Governance (GCCG)" des Berliner Initiativkreises, AG 2001, S. 1–15.

Peus, Egon: Besitz an Aufsichtsratsprotokollen und deren Beschlagnahme, ZGR 1987, S. 545–553.

Peus, Egon: Der Aufsichtsratsvorsitzende. Seine Rechtsstellung nach dem Aktiengesetz und dem Mitbestimmungsgesetz, Köln/Berlin/Bonn/München 1983.

Pollmann, Felix D.: Hauptversammlungsvorlagen des Aufsichtsrats analog 119 Abs. 2 AktG? – Eine Betrachtung de lege lata und de lege ferenda –, WM 2023, S. 1349–1356.

Potthoff, Erich/Trescher, Karl/Theisen, Manuel René: Das Aufsichtsratsmitglied: Ein Handbuch der Aufgaben, Rechte und Pflichten, 6. neu bearbeitete Auflage, Stuttgart 2003.

Prinz, Ulrich/Winkeljohann, Norbert (Hrsg.): Beck'sches Handbuch der GmbH: Gesellschaftsrecht – Steuerrecht, 6. Auflage, München 2021 (zitiert als: *Bearbeiter* in: BeckHdb-GmbH).

Rack, Manfred: Die Verantwortung des Aufsichtsrats für das Compliance-Management-System im Unternehmen – Teil 1, CB 2017, S. 59–63.

Raiser, Thomas/Veil, Rüdiger/Jacobs, Matthias: Mitbestimmungsgesetz und Drittelbeteiligungsgesetz, 7. Auflage, Berlin 2020.

Renner, Moritz: Hauptversammlungszuständigkeit und Organadäquanz, AG 2015, S. 513–523.

Reutershahn, Laura: Unternehmensbezogene Außenkommunikation des Aufsichtsratsvorsitzenden, 1. Auflage, Baden-Baden, 2019 (zugleich Dissertation Mainz 2018).

Ritter, Carl/Ritter, Justus (Hrsg.): Aktiengesetz, 2. Auflage, Berlin/München 1939.

Rosengarten, Joachim: Die vorzeitige Beendigung von Vorstandsämtern und die Rolle der Aufsichtsratsvorsitzenden, NZG 2022, S. 1515–1526.

Roßkopf, Gabriele/Gayk, Thorsten: Praxisrelevante Probleme im Zusammenhang mit dem besonderen Vertreter nach § 147 Abs. 2 AktG, DStR 2020, S. 2078–2085.

Roth, Markus: Information und Organisation des Aufsichtsrats, ZGR 2012, S. 343–381.

Roth, Markus: Kommunikation des Aufsichtsrats, in: *Dreher, Meinrad/Mülbert, Peter O./Verse, Dirk A. (Hrsg.)/Altmeppen, Holger (Verf.)*: Festschrift für Alfred Bergmann zum 65. Geburtstag am 13. Juli 2018, Berlin 2018, S. 515–582.

Roth, Markus: Möglichkeiten vorstandunabhängiger Information des Aufsichtsrats, AG 2004, S. 1–13.

Ruhwedel, Peter/Epstein, Rolf: Eine empirische Analyse der Strukturen und Prozesse in den Aufsichtsräten deutscher Aktiengesellschaften, BB 2003, S. 161–166.

Säcker, Franz Jürgen: Rechtliche Anforderungen an die Qualifikation und Unabhängigkeit von Aufsichtsratsmitgliedern, AG 2004, S. 180–186.

Schaefer, Hans: Shareholder Activism und Corporate Governance, NZG 2007, S. 900–903.

Schaper, Martin: Unternehmenskommunikation und Vertraulichkeit in der Europäischen Aktiengesellschaft (SE) im Vergleich zur AG, AG 2018, S. 356–364.

Schauer, Pirmin: Aufsichtsratskommunikation: Ein Beitrag zur Definition der Rolle des Aufsichtsrats und seines Vorsitzenden im Bereich der Investor Relations einer kapitalmarktorientierten Aktiengesellschaft, Baden-Baden 2021.

Schick, Werner Paul: Anforderungen an die Erklärung der Zustimmung durch den Aufsichtsrat nach § 111 Abs. 4 Satz 2 AktG, in: *Hoffmann-Becking, Michael/Hommelhoff, Peter (Hrsg.)*: Festschrift für Gerd Krieger zum 70. Geburtstag, München 2020, S. 799–812.

Schilha, Ralph/Theusinger, Ingo: Aufsichtsratskommunikation – insbesondere in der Unternehmenskrise: Aktienrechtsdogmatik trifft auf Praxiserwartung, NZG 2019, S. 521–527.

Schlegelberger, Franz/Quassowski, Leo: Aktiengesetz: Gesetz über Aktiengesellschaften und Kommanditgesellschaften auf Aktien vom 30. Januar 1937; Kommentar, 3. Auflage, Berlin 1939.

Schlitt, Christian: Der aktive Aufsichtsratsvorsitzende – Zum Handlungsspielraum des Aufsichtsratsvorsitzenden im aktienrechtlichen Normgefüge –, DB 2005, 2007–2013.

Schmidbauer Dirk/Kürten, Carola: Die Willensbildung in der Aktiengesellschaft außerhalb der Hauptversammlung, NZG 2021, S. 1150–1159.

Schmidt, Karsten/Lutter, Marcus (Begr.)/Schmidt, Karsten/Bayer, Walter/Vetter, Jochen (Hrsg.), Aktiengesetz, 5. Auflage, Köln 2024 (zitiert als: *Bearbeiter* in: Schmidt/Lutter).

Schmolke, Klaus Ulrich: Aufsichtsrat und Whistleblowing – Two ships passing in the night?, in: *Dauner-Lieb, Barbara/Hennrichs, Joachim/Henssler, Martin/Liebscher, Thomas/Morell, Alexander/Müller, Hans-Friedrich/Schlitt, Michael (Hrsg.)*: Festschrift für Barbara Grunewald zum 70. Geburtstag, Köln 2021, S. 1041–1059.

Schneider, Sven H.: Informationspflichten und Informationssystemeinrichtungspflichten im Aktienkonzern – Überlegungen zu einem Unternehmensinformationsgesetzbuch, Berlin 2006.

Schneider, Uwe H./Singhoff, Bernd: Die Weitergabe von Insidertatsachen in der konzernfreien Aktiengesellschaft, insbesondere im Rahmen der

Hauptversammlung und an einzelne Aktionäre – Ein Beitrag zum Verhältnis von Gesellschaftsrecht und Kapitalmarktrecht –, in: *Hönn, Günther/Konzen, Horst/Kreutz, Peter (Hrsg.)*: Festschrift für Alfons Kraft zum 70. Geburtstag, Neuwied 1998, S. 585–606.

Schockenhoff, Martin/Culmann, Johannes: Shareholder Activism in Deutschland, ZIP 2015, S. 297–307.

Schockenhoff, Martin/Nußbaum, Anton: Kostenlose Serviceleistungen der Aktiengesellschaft an einzelne Aktionäre, AG 2019, S. 321–329.

Schubert, Claudia/Liese, Christian: Berücksichtigung von Leiharbeitnehmern bei den Schwellenwerten der Unternehmensmitbestimmung – Von der Rechtsprechung zur AÜG-Reform, NZA 2016, S. 1297–1303.

Schüppen, Matthias: Vorstandvergütung – (K)ein Thema für die Hauptversammlung?, ZIP 2010, 905–913.

Schürnbrand, Jan: Normadressat der Pflicht zur Abgabe einer Entsprechenserklärung, in: *Burgard, Ulrich/Hadding, Walther/Mülbert, Peter O./Nietsch, Michael/Welter, Reinhard (Hrsg.)*: Festschrift für Uwe H. Schneider zum 70. Geburtstag, Köln 2011, S. 1197–1210.

Schürnbrand, Jan: Organschaft im Recht der privaten Verbände, Tübingen 2007.

Schuler, Hans: Auskunftsrecht der Aktionäre über Vorstandsbezüge, NJW 1962, S. 841–844.

Schwark, Eberhard/Zimmer, Daniel: Kapitalmarktrechts-Kommentar, 5. Auflage, München 2020.

Seebach, Daniel: Kontrollpflicht und Flexibilität – Zu den Möglichkeiten des Aufsichtsrats bei der Ausgestaltung und Handhabung von Zustimmungsvorbehalten, AG 2012, S. 70–77.

Seibert, Ulrich: Von der Aktienrechtsnovelle 2011 zum VorstKoG in der 17. Wahlperiode – Zu den Aufs und Abs eines Gesetzgebungsverfahrens – in *Bork, Reinhard (Hrsg.)*: Festschrift für Bruno M. Kübler, München 2015, S. 665–680.

Seibt, Christoph H.: Finanzanalysten im Blickfeld von Aktien- und Kapitalmarktrecht, ZGR 2006, 501–539.

Seibt, Christoph H./Danwerth, Christopher: Ad-hoc-Publizitätspflichten beim Vorstandswechsel zwischen Börsenunternehmen, NZG 2019, S. 121–127.

Seibt, Christoph H./Danwerth, Christopher: Aktionärskommunikation und (Online-)Hauptversammlung: Das Vorfeld ist das Hauptfeld!, AG 2021, S. 369–379.

Seibt, Christoph H./Mohamed, Jean: Das Konzept des Deutschen Corporate Governance Kodex – Zwingend durch unionsrechtliche und internationale Vorstellungen?, AG 2022, S. 357–361.

Seibt, Christoph H./Scholz, Philipp: Wahlkandidaten der Gesellschaft für den Aufsichtsrat – Möglichkeiten der Einbeziehung in die Tätigkeit und strategische Überlegungen des Aufsichtsrats in Vorbereitung der Hauptversammlung, AG 2016, S. 739–748.

Semler, Johannes: Rechtsvorgabe und Realität der Organzusammenarbeit in der Aktiengesellschaft, in: *Hommelhoff, Peter/Schneider, Uwe H.* (*Hrsg.*): Festschrift für Marcus Lutter zum 70. Geburtstag: deutsches und europäisches Gesellschafts-, Konzern- und Kapitalmarktrecht, Köln 2000, S. 721–734.

Semler, Johannes (Begr.)/von Schenck, Kersten (Hrsg. u. Bearb.): Arbeitshandbuch für Aufsichtsratsmitglieder, 4. Auflage, München 2013 (zitiert als: *Bearbeiter* in: Semler/v. Schenck, AR-HdB, 4. Auflage 2013).

Semler, Johannes (Begr.)/von Schenck, Kersten/Wilsing, Hans-Ulrich (Hrsg.): Arbeitshandbuch für Aufsichtsratsmitglieder, 5. Auflage, München 2021 (zitiert als: *Bearbeiter* in: Semler/v. Schenck/Wilsing, AR-HdB, 5. Auflage, 2021).

Semler, Johannes/Wagner, Elisabeth: Deutscher Corporate Governance Kodex – Die Entsprechenserklärung und Fragen der gesellschaftsinternen Umsetzung, NZG 2003, S. 553–558.

Spindler, Gerald: Grundlagen und Grenzen der Kommunikation mit Aktionären und Investoren (Investor Relations) – de lege lata und de lege ferenda, in: *Bergmann, Alfred/Hoffmann-Becking, Michael/Noack, Ulrich*: Festschrift für Ulrich Seibert zum 65. Geburtstag, Köln 2019, S. 855–870.

Steinbeck, Claudia: Überwachungspflicht und Einwirkungsmöglichkeiten des Aufsichtsrats in der Aktiengesellschaft, Münsterische Beiträge zur Rechtswissenschaft, Band 60, Berlin 1992.

Steiner, Klaus: Die Hauptversammlung der Aktiengesellschaft, München 1995.

Streyl, Annedore/Schaper, Martin: Kompetenzverteilung und Haftung bei Strukturmaßnahmen in der AG und im Konzern – Die Grenzen des Zustimmungsvorbehalts bei Beschlüssen nach § 83 AktG und damit zusammenhängende Haftungsfragen, ZIP 2017, S. 410–417.

Sünner, Eckart: Anfechtung eines Hauptversammlungs-Entlastungsbeschlusses – Zugleich Anmerkung zu OLG Stuttgart v. 15.3.2006 – 20 U 25/05, AG 2006, 378, AG 2006, S. 450–453.

Thaeter, Ralf/Guski Roman: Shareholder Activism: Gesellschaftsrechtliche Schranken aktiven Aktionärsverhaltens, AG 2007, S. 301–308.

Theisen, Manuel René: Grundsätze ordnungsgemäßer Kontrolle und Beratung der Geschäftsführung durch den Aufsichtsrat, AG 1995, 1993–203.

Theisen, Manuel Renè/Linn, Alexander/Schöll, Sebastian: Die Berichterstattung des Aufsichtsrats im Wandel – Eine empirische Analyse der Aufsichtsratsberichte 2005 im Vergleich zu 1984 bis 1994, DB 2007, S. 2493–2501.

Theusinger, Ingo/Guntermann, Lisa Marleen: Wann vertritt der Aufsichtsrat die AG? – Neues vom BGH zu § 112 AktG, AG 2017, S. 798–805.

Trescher, Karl: Die Auskunftspflicht des Aufsichtsrats in der Hauptversammlung, DB 1990, S. 515–516.

Trescher, Karl: Überwachungsberichte des Aufsichtsrats, DB 1989, S. 1981–1984.

Ulmer, Peter: Der Deutsche Corporate Governance Kodex – ein neues Regulierungsinstrument für börsennotierte Aktiengesellschaften, ZHR 166 (2002), S. 150–181.

Ulmer, Peter: Der Einfluß des Mitbestimmungsgesetzes auf die Struktur von AG und GmbH, Heidelberg/Karlsruhe 1979.

Veil, Rüdiger: Weitergabe von Informationen durch den Aufsichtsrat an Aktionäre und Dritte, ZHR 172 (2008), S. 239–273.

Verse, Dirk A.: Der Gleichbehandlungsgrundsatz im Recht der Kapitalgesellschaften, Tübingen 2006.

Verse, Dirk A.: Regulierung der Vorstandsvergütung – mehr Macht für die Aktionäre?, NZG 2013, S. 921–930.

Vetter, Eberhard: Auskünfte des Aufsichtsrates in der Hauptversammlung – Gedanken de lege ferenda, in: *Aderhold, Lutz/Grunewald, Barbara/Klingberg, Dietgard/Paefgen, Walter G. (Hrsg.)*: Festschrift für Harm Peter Westermann zum 70. Geburtstag, Köln 2008, S. 1589–1604.

Vetter, Eberhard: Der Aufsichtsrat – Spagat zwischen gesetzlichen Vorgaben und wachsenden Herausforderungen, in: *Fleischer, Holger/Koch, Jens/*

Kropff, Bruno/Lutter, Martin (Hrsg.): 50 Jahre Aktiengesetz, ZGR-Sonderheft 19, Berlin 2016, S. 103–153.

Vetter, Eberhard: Der Bericht des Aufsichtsrats gemäß § 171 Abs. 2 AktG an die Hauptversammlung und die CSR-Berichterstattung, in: *Bergmann, Alfred/Hoffmann-Becking, Michael/Noack, Ulrich*: Festschrift für Ulrich Seibert zum 65. Geburtstag, Köln 2019, S. 1007–1020.

Vetter, Eberhard: Der kraftlose Hauptversammlungsbeschluss über das Vorstandsvergütungssystem nach § 120 Abs. 4 AktG, ZIP 2009, S. 2136–2143.

Vetter, Eberhard: Die Berichterstattung des Aufsichtsrates an die Hauptversammlung als Bestandteil seiner Überwachungsaufgabe, ZIP 2006, S. 257–265.

Vetter, Eberhard: Kapitalmarktkommunikation, Kapitalmarktdruck und Corporate Governance, AG 2014, S. 387–393.

Vetter, Eberhard: Shareholders Communication – Wer spricht mit den institutionellen Investoren?, AG 2016, S. 873–877.

Vetter, Jochen: Die Beantwortung von Fragen durch den Aufsichtsratsvorsitzenden in der Hauptversammlung, in: *Grunewald, Barbara/Koch, Jens/Tielmann, Jörgen (Hrsg.)*: Festschrift für Eberhard Vetter zum 70. Geburtstag, Köln 2019, S. 833–855.

Volhard, Rüdiger: Presseerklärungen von Mitgliedern des Aufsichtsrats einer AG, GRUR 1980, S. 496–501.

von Falkenhausen, Joachim: Enthaftung durch Hauptversammlungsbeschluss – Kann § 93 IV 1 AktG den Vorstand vor Haftung schützen?, NZG 2016, S. 601–605.

von Falkenhausen, Joachim: Der Aufsichtsrat der Aktiengesellschaft als Geschäftsführungs- und Vertretungsorgan, ZIP 2015, S. 956–961.

von Rechenberg, Wolf-Georg: Zustimmungsvorbehalte des Aufsichtsrats für die Unternehmensplanung, BB 1990, S. 1356–1363.

von Rosen, Rüdiger: Fehlentwicklungen bei Compliance und Risikomanagement – Zugleich eine Anmerkung zum Regierungsentwurf des BilMoG, AG 2008, S. 537–538.

von Schenck, Kersten: Der Aufsichtsrat und sein Vorsitzender – Eine Regelungslücke, AG 2010, 649–657.

von Schenck, Kersten: Die laufende Information des Aufsichtsrats einer Aktiengesellschaft durch den Vorstand, NZG 2002, S. 64–68.

von Werder, Axel: Überwachungseffizienz und Unternehmensmitbestimmung, AG 2004, S. 166–172.

Wachter, Thomas (Hrsg.): Aktiengesetz Kommentar, 4. neu bearbeitete Auflage, Köln 2022.

Weber-Rey, Daniela/Reps, Markus: Ankerbeteiligungen: Chancen für die Corporate Governance, Rechtsrahmen und Investorenvereinbarungen – Ein Beitrag zu der rechtspolitischen Debatte um verantwortungsbewusste Aktionäre, ZGR 2013, S. 597–646.

Wellhöfer, Werner/Peltzer, Martin/Müller, Welf (Bearb.): Die Haftung von Vorstand Aufsichtsrat Wirtschaftsprüfer mit GmbH Geschäftsführer, München 2008.

Wilsing, Hans-Ulrich: Corporate Governance in Deutschland und Europa – Die Rolle der institutionellen Investoren, der Proxy Advisors und die der Aktionäre, ZGR 2012, S. 191–308.

Wilsing, Hans-Ulrich/von der Linden, Klaus: Selbstbefreiung des Aufsichtsrats vom Gebot der Gremienvertraulichkeit, ZHR 178 (2014), S. 419–442.

Wilsing, Hans-Ulrich (Hrsg.): DCGK – Deutscher Corporate Governance Kodex Kommentar, München 2012 (zitiert als: *Bearbeiter* in: Wilsing, DCGK 2012).

Winter, Martin: Die Verantwortlichkeit des Aufsichtsrats für „Corporate Compliance", in: *Kindler, Peter/Koch, Jens/Ulmer, Peter/Winter, Martin (Hrsg.)*: Festschrift für Uwe Hüffer zum 70. Geburtstag, München 2010, S. 1103–1127.

Wißmann, Hellmut/Kleinsorge, Georg/Schubert, Claudia: Mitbestimmungsrecht, Kommentar, 6. Auflage, München 2024. (zitiert als: *Bearbeiter* in: Wißmann/Kleinsorge/Schubert, MitbestG)

Zetsche, Dirk: § 53a AktG als Informationsnorm? – Zur Informationsgleichbehandlung im Aktien-, Bilanz- und Kapitalmarktrecht, AG 2019, 701–708.